KB212428

네가 읽는 것을 깨닫느뇨?

네가 읽는 것을 깨닫느뇨?

개정판 1쇄 인쇄 2024년 11월 4일
개정판 1쇄 발행 2024년 11월 14일
지은이 권연경
발행인 이성만
발행처 야다북스
등록번호 제2007-000306호
주소 서울특별시 강남구 강남대로 320, 1108호(역삼동)
이메일 colorcomuni@gmail.com
편집 최성욱 이의현
마케팅 이재혁 김명진
디자인 최건호
ISBN 979-11-988421-3-8 (03230)
값 23,000원

• 야다북스는 (주)칼라커뮤니케이션의 임프린트 브랜드입니다.
• 잘못 만들어진 책은 구입처에서 교환해드립니다.

네가 읽는 것을 깨닫느뇨?

권연경 지음

야다북스

추천의 글

이 책은 '제대로 된 성경 읽기'의 여러 사례를 담고 있다. 본서에 따르면, '제대로 된 읽기'의 첫 단계는 성경숭배와 성경 '제대로 존중하기'의 차이를 아는 데서 시작한다. 성경을 읽는 독자들이 정확무오한 원본 성경은 더 이상 존재하지 않으며, 현재 우리가 가진 성경은 오랜 세월에 많은 사람들의 필사를 거쳐 전해진 사본들을 갖고서 합성한 사본을 번역한 성경이라는 것을 알아야 한다는 것이다. 저자는 성경무오설과 축자영감설 등을 비판하려고 하지 않는다. 성경의 저작 목적상 무오류성을 부인하지 않는다. 성경을 제대로 존중하는 것이 무엇인지 다양하게 시범을 보여준다. 다만 성경무오설에 대한 맹목적 주장이 성경 제대로 읽기를 방해할 가능성을 걱정한다. 이런 큰 전제를 갖고 저자는 이 책에서 네 갈래 주제로 글을 쓰면서 성경을 자세히 읽어보고 싶은 열망을 불러일으킨다.

첫째, 성경은 저작 목적을 수행함딤후3:16~17, 교훈, 책망, 바르게 함, 의로 교육하기에 합당, 하나님의 사람으로 선한 일을 할 능력을 구비케 함에 있어서는 완전하지만, 우리가 읽는 성경은 사본들의 합성, 조합, 절충 등을 통해서 만들어졌기 때문에 성경을 숭배해서는 안 된다. 특히 특정 역본들말씀보존학회의 KJV숭배, 특정 구절들을 특권적으로 우대하거나 숭배해서는 안 된다고린도전서의 여성 교우 침묵명령 구절. '성경은 제대로 읽고 해석해야 할 책이다. 그러기 위해서 자세히, 단어에 집착하기보다는 맥락을 존중하면서 읽어야 한다.'

둘째, 자세히 읽기만 해도 우리가 잘못 이해하여 걸림돌로 여겼던 성경 구절들의 참된 의미를 발견할 수 있다. 이 책 전체에서 저자가 제일 자주 강조하는 것이 '본문 관찰'이다. 반면에 가장 경계하는 태도가 본문 제대로 읽는 과정을 거치지 않은 채 내리는 섣부른 교리적 판단이다. 이런 읽기는 성경의 신적 흡입력과 감화력을 약화한다. 저자는 본문들을 잘 관찰하기만 해도 성경의 매력에 끌리게 될 것임을 말한다.

셋째, 성경 제대로 읽기는 지적 유희가 아니라, 삶의 유희해방, 행복, 자유여야 한다. 하나님의 말씀이 우리 삶에 침투해 오도록 자기를 부인하고 개방하는 일이 성경 읽기의 목적지이다.

넷째, 성경 읽기의 첫 두 단계인 본문 관찰과 번역만 중요한 것이 아니라, 성경 읽기의 단계인 해석과 적용도 중요하다. 이 과정에서 독자는 자신이 주관적 위치에 있음을 의식하고 그것에 대한 부단한 자기성찰을 해야 한다. 자기 부인적 읽기가 아니라, 자기 복무적 성경 읽기가 얼마든지 성경 제대로 읽기의 이름으로 가능하기 때문이다. 성경이 아무리 하나님의 영감으로 된 신적 권위를 가졌다고 해도 인간 해석자인 우리의 해석과 성경 읽기는 오류에 빠질 가능성이 높다.

저자는 비록 "읽기"라고 표현했으나, 대부분의 글은 신구약의 여러 구절을 올바르게 주석하는 시범을 보여주고 있다. 이 시범을 통해 저자는 친숙하게 오해되는 구절들, 교리적 강박으로 오해된 구절들, 그리고 성경의 신빙성을 손상시킬 수 있는 난해구절들을 설득력 있게 해명해 주고 있다. 전체적으로 저자의 다른 책에서처럼 논리가 명쾌하고 문체는 간결하며 초청적이다. 저자의 강의나 성경공부반에 참여하고 싶은 마음을 불러일으키기에 충분히 친절한 성경 읽기 안내서다.

_**김회권**숭실대학교 기독교학과 교수 및 기독교학대학원장

"원숭이 엉덩이는 빨개, 빨가면 사과, 사과는 맛있어…, 비행기는 높아, 높으면 백두산." 어려서 이 동요를 많이 불렀다. 혼자 부르기도 하고 동네 아이들과 함께 부르기도 했다. 깔깔거리며 불렀던 이 노래는 항상 백두산이 나오면 끝났는데, 나중에야 그 의미를 알게 되었다. 일제강점기 때부터 부르기 시작했다는 이 노래는 '원숭이'와 '사과' 같은 일본을 대표하는 것들을 나열하면서 일본이 좋다는 것을 은유적으로 노래하다가 가장 우위에 있는 것은 '백두산'이라는 반전이 있는 노래라는 것을.

권연경 교수님의 『네가 읽는 것을 깨닫느뇨?』는 그 구성이 옛날 내가 불렀던 "원숭이 엉덩이는 빨개"라는 동요와도 같다. "뭣이 중헌디?" 하면서 하나하나 더 중요한 것을 캐내기 위해 전개되는 과정이 마치 재미있는 소설을 보듯 흥미를 갖고 책을 끝까지 읽게 한다. 그리고 결국 우리 신앙의 가장 정점인 부활 신앙으로 가서 멈춘다. 그래, 우리가 성경을 읽으면서 해석을 못하니 바른 실천이 안 나오는 것이고, 참된 은총을 모르니 신앙의 가장 중요한 부활 신앙을 소유하지 못하는 것이다.

에티오피아 내시가 성경을 읽으면서도 그 뜻을 이해하지 못했을 때 빌립이 이사야의 말씀을 해석해 준 것 같이, 이 책이 거짓 선지자들로 인해 성경을 읽어도 제대로 깨닫지 못하는 한국교회 교인들에게 빌립과 같은 역할을 해줄 수 있을 것이다. 에티오피아 내시가 "네가 읽는 것을 깨닫느뇨?"라고 질문했던 빌립을 자신의 수레로 초청한 것 같이 모든 그리스도인이 이 책을 한 권씩 곁에 두면 좋겠다.

_**오대식**높은뜻덕소교회 담임목사

목차

추천의 글 5

개정판 서문 11

프롤로그 15

Chapter 1
성경, 해석과 만나다

성경관과 성경해석 23

복음, 비틀린 일상 49

해석이라는 이름의 정치 63

원문이 존재하지 않는(?) 하나님의 말씀 73

번역 성경 읽기 87

Chapter 2
해석자, 자리를 찾다

멋을 음미하는 성경 읽기 103

말씀의 논리 따라잡기 113

말씀의 칼날 피하기 125

산 위의 동네, 등경 위의 등불 141

달면 삼키고 쓰면 뱉기 153

나의 입장과 말씀의 입장 163

서신서와 형식 175

Do you understand what you are reading?

Chapter 3
해석, 삶으로 침투하다

믿음과 착각 195

믿음을 잃지 않는 기도 209

용서 219

성숙한 신앙 231

미래를 생각하는 믿음 241

희망, 오늘을 지탱하는 힘 253

능력, 천국의 열쇠 263

대박과 축복 273

하나님의 꿈 285

Chapter 4
묵상, 세계를 일깨우다

은총에 관한 묵상 299

성탄에 관한 묵상 309

성찬, 차별 없는 은혜와 성도의 하나됨 321

부활의 충격과 깨달음의 뜨거움 333

부활의 주님, 우리를 살리시는 영 343

에필로그 355

주(註) 365

일러두기

1. 독자들의 이해를 돕기 위해 성경 구절을 다수 추가 인용하였고, 주로 <개역개정>을 사용하였습니다.
2. 저자가 사역(私譯)한 성경 구절에 대해서는 별도의 표기를 하지 않았습니다.
3. 2008년 첫 출간 이후 시간 흐름을 반영하여 몇 군데 표현을 수정하였습니다.

개정판 서문

2008년에 나왔던 책을 다시 낸다. 시간이 꽤 지났지만 그래도 찾는 사람들이 꾸준히 있었던 셈이라 한번 포장을 바꾸어 재활용해도 괜찮지 않을까 하는 생각에서다. 학문적 자세로 쓴 글이 아니라서, 오히려 시간의 때를 덜 타는 면도 있으리라. 함께 재탕하는 다른 책과 마찬가지로, 이 책의 '개정'도 대부분 문장을 약간 고친 수준이다. 살짝 가필한 부분도 있지만, 한두 군데 정도다. 이 책 이후 좀 더 격식을 갖춘 성서해석 책을 쓰고 싶은 생각이 있었고 구체적인 계획을 세우기도 했지만, 아직 손을 대지 못했다. 그러는 사이 탄탄하고 유익한 책들이 많이 나와 내심 굳이 하나를 더 얹을 필요가 있을까 하는 생각이 점점 커진다. '나는 이거 하나면 됐다' 하는 마음이랄까. 물론 나중 일이야 알 수 없지만.

서툰 글인데, 그래도 읽고 도움을 받았다는 분들이 많아 감사한 마음이 컸다. 책의 에필로그에 장황하게 쓴 것처럼, 오래전부터 '글'과 질긴 애증 관계를 유지해 온 사람이라 더욱 그렇다. 직업이 직업인지라, 이 책이 나온 이후로 여러 책을 썼다. 앞으로도 많이 '떠들고' 많이 '끄적이며' 살아갈 것이다. 애는 쓰겠지만, 늘 알찬 말일 수는 없다. 읽는 분들에게 늘 유익하기는 더욱 어려울 것이다. 사도 야고보의 말처럼, 말에 실수가 없다면 그야말로 하산해도 좋은 경지일 테니 말이다. 그렇다고 "선생이 되지 말라"는 야고보의 충고를 따르기엔 너무 늦었다. 그렇다면 더 큰 심판을 각오하는 수밖에 없다.

70년대에 그룹 보니 엠Boney M이 '리메이크'해서 큰 인기를 끌었던 〈바벨론 강가에서〉By the Rivers of Babylon라는 노래가 있다. **(원곡과 달리)** 시편 137편을 거의 그대로 가져온 노래다. 그런데 가사에는 포로 생활의 아픔을 노래하는 시편의 앞부분만 나온다. 바벨론의 압제자들을 향한 적나라한 증오와 잔인한 '저주'는 없다. 노래는 그 섬뜩한 저주의 말 대신 시편 19편의 마지막 구절로 건너뛴다. "내 입의 말과 마음의 묵상이 주님 앞에 열납되기를 원하나이다"시19:14. 성경에서 가장 잔인한 저주의 언어가 나와야 할 자리에 대신 하나님이 기뻐 받으실 언어를 위한 기도를 넣었다. 작사가의 의도는 알 수 없지만, 흥미롭다고 생각했다. 가끔 이 노래를 다시 들을 때마다 137편의 그 증오의 언어와 19편의 그 겸허한 기원이 겹쳐 들린다. 원래 시의 적나라한 정서를 노래가 망친 것일까? 아니면 대안적인 시나리오를 상상하는 새로운 시를 쓴 것일까? 새로운 서문을 쓰면서, 뜬금없이 이런 생각이 든다.

독자들도 잘 알겠지만, 이 책의 제목은 사도행전 8장에서 전도자 빌립이 이사야 두루마리를 읽고 있는 에티오피아의 관리에게 던진 질문이다. 개역개정에는 "깨닫느냐"로 바뀌었지만, 분위기를 살리느라 예전 개역한글의 "깨닫느뇨"를 썼다. 그리고 두 번역에는 없는 주어 "네가"를 더했다. 번역으로는 표현할 수 없지만, 사실 이 구절에는 살짝 말장난이 있다. 원문을 소리로 옮기면 이렇다. "기노스케이스 하 아나기노스케이스*γινώσεις ἅ ἀναγινώσκεις*?" '기노스케이스'는 '당신이 안다'는 뜻이고, '아나-기노스케이스'는 '당신이 읽는다'는 뜻이다. '안다'는 단어에 '아나'*ἀνα-*라는 접두사가 붙으면 '읽는다'는 말이 된다. 사도행전의 저자는 같은 소리가 겹치는 두 단어를 붙여 재미있는 언어유희를 한 셈이다. 약간 TMI 같지만, 제목 설명 삼아 소개한다.

처음 나올 때도 그랬지만, 옷을 살짝 바꾸어 다시 나오는 마당에 감사할 사람들이 많다. 이름을 다 들 수는 없지만, 가능한 한 많은 얼굴들을 떠올리며 감사의 마음을 전한다. 오랜 책에 옷을 갈아입혀 주신 야다북스의 이의현, 최성욱 두 분과 또 함께 수고해 주신 출판사의 모든 분께도 감사의 마음을 전한다. 늘 가장 가까운 삶의 버팀목으로 함께하며 사랑의 통로가 되어 준 아내 최인화와 딸 세라에게 고마움을 전한다.

처음 서문을 쓸 때도 그랬지만, 지금도 삶은 다사다난하다. 사적으로도 그렇고, 지구촌 전체로도 그렇다. 일상의 터전을 떠나 잠시 타국의 도시에 와 있지만, 허리케인이 남긴 큰 피해 때문에 여기도 아픔은 깊다. 거침없는 삶의 행보 앞에서 우리의 언어는 참 무력해 보인다. 반대로 고통이 깊을수록 우리의 언어가 더 큰 위력을 발휘하기도 한다. 아픔에 대한 공감이 없이는, 뜻이 통하는 말이 어렵다는 사실을 새삼 느낀다. 시편 시인의 마음을 잠시 헤아려 본다. 하늘이 하나님의 영광을 선포하고, 궁창이 그 손의 작품을 노래하는 것처럼, 또 율법이 하나님의 뜻을 생생하고 강력하게 담아내는 것처럼, 내 입의 말과 내 마음의 묵상도 주님이 흡족하게 받으실만한 제물이 될 수 있을까? 가장 순수한 언어로 찬양의 노래를 만들고자 씨름했던 시편 시인처럼, '언어의 과부'를 생각하며 말을 추리고 또 추리던 김현승 시인처럼, 많은 말보다는 적절한 말하는 법을 배웠으면 좋겠다. 이전 나의 글을 다시 읽고 또 손질하면서, 여기 담긴 글들이 독자들을 참된 '말씀'과 가까워지게 하는 일에 요긴하게 사용될 수 있기를, 그래서 이 책이 내 이웃을 위한 사랑의 통로이자 섬김의 작은 도구가 되기를 희망해 본다. 이 책을 **(다시)** 읽는 모든 이들에게 성령의 비추심이 있기를!

2024년 가을
애틀랜타에서

프롤로그

(2008년 초판 서문)

이 책의 화두는 한마디로 '성경 제대로 읽기'다. 여기서 필자의 관심사는 '제대로'에 놓인다. 말씀을 읽으려는 열정에 비해 상대적으로 우리의 읽기를 돌아보는 신중함이 부족하다는 생각 때문이다. 물론 열정 자체가 부족하다고 개탄하는 사람도 많겠지만, 필자 생각에는 말씀에 대한 관심 부족 역시 제대로 된 읽기의 부재와 무관하지 않다. 시 즐기는 법을 제대로 배우지 못한 사람을 두고 시집을 읽지 않는다고 불평한들 그것이 무슨 의미가 있을 것인가.

다윗은 하나님의 율법을 두고 "꿀보다 더 달다"라는 표현을 썼다시19:10. 시인 특유의 과장일까? 아니면 그의 절실함이 이렇게 말로 터져 나온 것일까? 부작용 없는 수면제로 널리 각광받는 성경책을 달콤하게 느끼는 것이 과연 가능하기나 한 일일까? 다윗은 도대체 무슨 생각으로 이런 노래를 부르게 되었을까?

또 히브리서 저자는 성경의 말씀을 두고 “하나님의 말씀은 살아 있고 움직이는 힘이 있다”라고 말했다히4:12. 이는 또 무슨 말일까? 성경에 기록된 말씀이 정말로 나의 삶을 움직일 수 있다는 것일까? 아니면 이런 자신감 역시 그저 분위기에 어울리는 경건한 수사로 치부하는 것이 현명한 태도일까? 이런 고백들은 모두 우리에게 익숙하고 경건한 말장난에, 경건하긴 하지만 우리가 뼛속 깊이 믿고 있지는 않은 그런 수사에 불과한 것일까?

우리에게 성경이란 과연 무엇일까? 물론 하나님의 말씀이라는 고백이 나올 것이다. 하지만 여기서 나의 물음은 그런 고백을 끌어내려는 것이 아니다. 실제로 우리의 삶에서 성경이 어떤 위력을 발휘하고 있는가를 묻는 것이다. 성경을 연구하며 글을 써내고 그렇게 밥벌이를 하고 있지만, 이런 활동을 넘어 성경의 메시지는 내 삶에 과연 어떤 변화를 일으키는 것일까? 성경을 뒤적이며 설교를 준비하고, 거품을 물고 남들에게 이를 선포하고 있지만, 정작 내 삶은 이 말씀으로부터 어떤 영향을 받고 있을까? 성경을 100독하여 영웅적 신앙을 표현할 수는 있지만, 백 번을 읽은 그 말씀의 내용이 과연 나에게 어떤 의미가 있었던 것일까? 성경은 단지 우리의 직업적이고 종교적인 열정의 수단에 지나지 않는 것인가, 아니면 정말로 살아 위력을 발휘하는 그 무엇인가? 성경이 살아 계신 하나님의 아들이라는 그 고백 속에 얼마나 절실한 우리의 ‘아멘’이 담긴 것일까? 내가 말씀을 주무르고 있는 것인가, 말씀이 나를 움직이고 있는 것인가?

엄밀한 의미에서, 필자가 '제대로'에 관심을 두는 것은 순전히 방법론적 차원의 문제만은 아니다. 이런저런 기교를 배워 성경 읽기가 달라질 수 있다면, 아마 우리의 고민은 벌써 해결되었을지도 모른다. 모든 '읽기'가 마찬가지겠지만, 성경 역시 올바른 읽기가 어려운 것은 방법론적 무지를 넘어, 보다 근본적이고 실존적인 방해가 개입되기 때문이다. 따라서 제대로 된 성경 읽기의 핵심은 외면적 해석의 기교보다는 오히려 이런 내면적 방해물들을 발견하고 제거하려는 노력이 될 것이다. 수사적으로 표현하자면, 성경을 해석하는 기술만큼이나 성경을 마주하는 나 자신을 해석하는 기술이 필요하다는 것이다.

이 책에 실린 글들은 이런 필자의 관심사를 반영한다. 성경 읽기의 기술에 관한 글도 있다. 하지만, 보다 많은 경우 필자의 일차적 관심은 성경 읽기의 태도와 관계가 있다. 그렇다고 이 책이 성경 읽기 태도에 관한 지침서로 의도된 것은 아니다. 책을 넘겨보면 금방 알 수 있겠지만, 여기 담긴 글들은 성경 읽기에 관한 원론적 지침이나 설명이 아니라 필자가 성경을 읽어가는 실제 사례들이다. 말하자면, 성경 읽기의 한 구체적인 예를 보여줌으로써 독자들의 성경 읽기를 돕자는 것이다.

이런 교육적인 의도로 인해 이 책에는 통상적인 해석과는 다른 해석이 자주 등장한다. 잘 알고 있다고 생각하지만 쉽게 오해하는 구절들을 골라, 그 오해 속에 숨겨진 우리의 문제를 밝혀내는 방식이 유익하리라는 생각에서다. 물론 필자의 해석에 대한 독자들의 반응은 다양할 것이다. 어떤 이들은 묵은 체증이 내려갔다고 시원해할 것이고, 어떤 이들은 괴상한 해석으로 혼란을 조장한다고 불쾌해할 것이다. 어떤 입장을 취하든 독자들이 이 책을 읽으며 자신의 성경 읽기를 한 번 더 성찰하고, 또 보다 정제된 해석을 위한 자극을 받을 수 있다면, 이로써 필자는 "기뻐하고 또 기뻐할" 수 있다.

에필로그의 일부를 포함해서 이 책은 「복음과 상황」에 "성경과 해석"이라는 제목으로 연재했던 글을 묶은 것이다. 물론 이 책의 내용 중 많은 부분은 성경해석학이나 바울서신과 같은 과목들을 강의하면서 학생들과 나눈 이야기들이다. 학교나 교회에서 필자의 강의를 들었던 이들은 이 책 속에서 거듭 강의 시간의 기억을 즐겨아니면 괴로운 마음으로(?) 떠올릴 것이다. 그간 그런 이야기들을 한 권의 책으로 엮으면 좋겠다는 학생들의 요구가 있긴 했지만 손을 대지 못했다. 그러다 「복음과 상황」을 통해 "성경과 해석"이라는 제목의 연재를 시작하면서 비로소 글로 옮길 기회를 갖게 되었다.

이 책에는 애초에 다양한 상황을 통해 전달된 이야기들이고, 뒤에 짧은 글들로 연재되었던 것이 모아져 있다. 그런 까닭에 '성경 제대로 읽기'라는 주도적 관심 외에 어떤 형식적 일관성을 찾기 어렵다. 글의 성격을 따져 대충 장을 구분하기는 했지만, 독자들은 쉽게 글의 뒤섞임을 느낄 것이다. 장의 구분에 개의치 말고 그저 한 편 한 편 천천히 읽으면서 거기에 표현된 관심사를 짚어가면 유익할 것이다. 책 뒤에 약간의 주가 달려 있긴 하지만, 이 역시 나중에 더해진 것들이므로 무시하고 읽어도 글의 흐름에는 아무런 지장이 없다.

서문을 쓰면서 여러 사람의 얼굴이 떠오른다. 필자의 이야기를 재미있게 경청해 주었던 학생들과 성도들, 그리고 필자와 많은 이야기를 나누며 생각을 자극해 주었던 동료 교수들에게 감사의 마음을 전한다. 이 글을 연재하는 과정에 도움을 주신 복음과 상황의 여러 식구에게도 새삼 고맙다는 말씀을 전한다. 지난번처럼, 이번에도 SFC가 이 책의 출판을 맡아 주었다. 책으로 엮는 과정에서 많은 수고를 해주신 출판부 식구들, 특별히 김성민, 이의현 두 간사님께 깊은 감사의 마음을 전한다.

언제나처럼, 나의 가족에게 감사의 마음을 전한다. 우리를 위해 염려하고 기도하시는 세 분 부모님의 사랑에 감사드린다. 당연한 이야기가 되겠지만, 나의 아내 인화와 딸 세라에게 특별히 감사의 마음을 전한다. 평소에 다 들은 이야기라 그런지, 자기 일이 바빠서 그런지 정작 남편의 '책'에는 별 관심이 없는 아내지만, 그리고 어른들 책만 쓰지 말고 아이들을 위한 책을 써 달라고 우기는 딸이지만, 그럼에도 나의 이 부족한 책이 그들의 수고와 사랑에 대한 조그만 보답이 되었으면 좋겠다.

마지막으로, 실속 없는 고백과 외침이 판을 치는 우리의 삶에, 실속 있는 하나님의 말씀이 더욱 큰 위력으로 역사하기를 기도한다. 그리고 여기 나누는 부족한 글들이 말씀의 역사를 돕는 작은 도구로 사용될 수 있기를 바라는 마음 간절하다.

RE_READ

Do you understand what you are reading?

Chapter 1

성경, 해석과 만나다

성경관과 성경해석

복음, 비틀린 일상

해석이라는 이름의 정치

원문이 존재하지 않는(?) 하나님의 말씀

번역 성경 읽기

성경은 비평의 대상이 아니지만, 성경에 대한 우리의 해석은 철저한 검증과 비평의 대상이다. 곧 우리가 어떤 방식으로 성경을 읽고 활용하는가에 관한 검증이다. 우리가 성경을 어떻게 정치적 도구로 활용하고 있는가를 밝히는 것은 보다 진솔한 모습으로 하나님의 말씀을 듣고자 하는 노력의 일부다. 우리는 명백한 가르침에 슬쩍 눈을 감기도 하고, 성경의 논점을 슬쩍 비틀기도 하며, 애매한 해석으로 사태의 핵심을 흐리기도 한다. 이런 식으로 우리는 해석이라는 이름의 정치를 수행한다. 성경을 해석한다는 명분 아래, 끊임없이 우리의 삶을 방어하는 것이다. 그러한 우리의 '작업'을 정확히 드러내는 것이 진리를 향한 첫 걸음이다.

_『해석이라는 이름의 정치』 중에서

성경관과 성경해석

글을 읽을 때 우리는 앞에 놓인 글의 종류나 성격, 그러니까 그 글의 '장르'를 나름대로 예측한다. 그리고 이 잠정적인 예측은 우리가 실제 그 글을 읽는 방식에 결정적인 영향을 미친다. 같은 글이라도 그것을 시로 알고 읽을 때와 수필로 알고 읽을 때 그 맛이 다르다. 물론, 그 내용을 수용하는 방식도 달라진다. 연애소설을 읽다가 난해한 문장을 만나면 '글을 엉터리로 쓴' 작가를 욕한다. 하지만 시를 읽다 난해한 대목을 만나면 '시를 제대로 이해하지 못하는' 내 머리를 쥐어박는다. 서로 기대치가 다르기 때문이다. 같은 편지라도 멀리 있는 연인에게서 온 편지를 펼칠 때와 변호사에게서 온 편지를 펼칠 때 그 읽는 방식이 서로 다를 수밖에 없다.

그렇다면 성경은 어떠할까? 우리는 성경을 무엇이라 생각하고, 또 어떻게 읽고 있을까?

무오無誤한 하나님, 무오하지 않은 인간

하나님은 완전하신 분이지만, 그 하나님을 바라보는 우리는 그렇지 않다. 이 구분은 중요하다. 인간의 전적 부패 교리를 들먹이지 않더라도, 우리가 죄인이라는 사실은 모든 생각의 출발점이 되어도 좋을 만큼 기본이고 상식이다. 우리는 죄에 오염된 머리로 하나님에 관해 사색하고, 죄에 오염된 몸짓으로 하나님의 아들 흉내를 낸다. 당연히 우리가 되살려내는 신앙적 몸짓과 신학적 생각들은 완전하지도 않으며 무오無誤, 오류가 없음, inerraccy하지도 않다. 죄에 물든 우리의 몸짓이 도덕적으로 완벽하지 않듯, 죄로 물든 우리의 사색 역시 신학적으로 완벽하지 않다.

그렇다고 해서 우리 생각의 모호함과 우리 몸짓의 어설픔을 가리키며 우리 삶이 신실하지 않다고도 말하지는 않는다. 그러니까 어색한 행보와 어눌한 언어로 살아가는 오늘의 우리에게 신실함과 완벽함은 같은 말이 아니다. 적어도 이 땅에서 살아가는 우리의 삶 속에서는 그렇다. 우리는 하나님의 절대성과 하나님을 향한 우리 신앙의 신실함을 고백하지만, 이는 하나님을 향한 나의 삶이나 생각이 완벽하다는 말이 아니다.

신앙의 언어에서, 하나님의 절대성과 인간의 한계는 분명히 구분되어야 한다. 특별히 우리가 겪는 불행의 많은 부분이 하나님의 절대성과 인간의 상대성을 구분하지 못한 결과라는 점을 생각하면 더욱 그렇다. 가령, 교회는 하나님께서 만드신 공동체다. 그래서 교회는 인간적 잣대로 재단할 수 없는 신적 권위를 갖는다.

하지만, 동시에 교회는 이 땅의 사람들이 어울려 만든 제도이기도 하다. 그래서 교회는 '이 세대'의 가치에 영향받으며 자주 그 논리에 굴복한다. 인간적 약점을 비판하느라 교회의 신적 거룩함을 망각하는 것이 잘못이라면, 교회의 거룩함을 내세우면서 그 인간적 약점을 가리려는 것 또한 위험하기는 마찬가지다.

실제로 우리는 거룩한 하나님과 교회의 이름을 빌려 거룩하지 못한 우리의 계획을 성사하는 일에 얼마나 능숙한가? 우리의 거룩한 신앙고백이 거룩하지 못한 삶으로부터 우리를 지켜주는 예방주사가 아니라는 것 또한 얼마나 뻔한 사실인가?[1]

한때 '다빈치 코드'나 '유다복음'과 관련된 책들이 바람을 일으킨 적이 있었다. 이런 현상에 대응하는 일부 기독교인들의 모습을 보면, 성경의 초월성과 인간성을 제대로 구분하지 못하고 있음이 잘 드러난다. 신약성경에 의하면, 예수님께서는 미혼이었다. 서른을 조금 넘긴 나이에 십자가에서 처형당했다.

그런데 『다빈치 코드』*The Da Vinci Code*라는 소설의 저자는 전혀 다른 주장을 소개한다. 예수님께서는 막달라 마리아와 결혼했고, 그 혈통은 아직도 이어지고 있다는 것이다. 신약성경에 의하면, 유다는 돈에 팔려 예수님을 배반한 자다. 그런데 「유다복음서」는 다르다. 유다는 예수님의 뜻을 가장 깊이 이해한 제자이며, 그의 배신은 예수님의 뜻에 대한 순종이었다. 새삼스러울 것도 없는 이야기들이다. 그런데, 이런 '수정주의적' 주장이나 '음모론적' 가설은 우리 마음을 불편하게 한다. 왜일까?

역사적 가설은 절대적 확신이 아닌 상대적 개연성의 영역이다. 하지만 성경은 하나님의 영감을 받은 절대 진리이고, 따라서 그 속에 제시된 내용들은 역사적 가설의 영역을 넘어서는 신적 계시다. 그런데 '다빈치 코드'나 '유다복음'은 이 초월적 계시에 도전장을 내민다. 갑자기 우리의 신적 계시가 역사적 가설들의 하나로 경쟁한다. 미처 대비하지 못한 상대 앞에 우리는 당황한다. 우리의 계시와 경쟁하는 가설들의 피상적 개연성은 우리의 당혹감을 더욱 증폭시킨다. 그래서 우리의 수비는 곧잘 다급한 불 끄기 양상을 띤다. 당연히 우리의 수비는 침착하지 못하다. 성경의 절대성을 내세우며 닳고 닳은 전략을 시도하지만, 효과가 있을 리 없다. 신적 절대성 자체가 아니라, 그 절대성이 상대적인 우리의 삶에 전달되는 과정이 문제라는 사실을 제대로 알아채지 못하기 때문이다.

물론 관중은 우리 편이 아니다. 국민투표가 무능한 정권에 대한 심판이라면, 『다빈치 코드』 같은 책에 대한 세상의 환호는 부패하고 무능한 교회에 대한 심판으로 읽힐 수 있다. '다빈치 코드' 자체가 좋아서라기보다는 그 책이 교회를 '물 먹이는' 내용이라 신나는 것이다. 그런데도 우리는 여전히 '민심' 읽기에 실패한다. '다빈치 코드'가 엉터리임을 증명하기만 하면 문제가 해결되리라고 생각한다. 하지만, 사실 그런 정당한 노력조차도 교회에 대한 실망과 분노로 요약되는 민심의 본질을 건드리는 해결책은 아니다.

교회는 영화 상영 금지를 위해 '실력'을 행사하기도 하고, 법정

투쟁을 시도하기도 한다. 하지만, 이는 모두 정치적 힘겨루기라는 세상의 전략에 휘말리는 일일 뿐이다. 우리 자신의 영적, 도덕적 무능함에 대한 통렬한 자기반성은 어디에도 없다. 이런 소동을 통해 세상이 확인하는 우리의 모습은 진리를 사랑하고 진리를 추구하는 겸허한 구도자가 아니다. 알맹이는 없으면서 그저 자기 보존에만 급급한 정치가의 모습이다.

그 흔한 회개도 절대 진리를 '소유한' 우리에겐 해당 사항이 없는 것일까? 종교개혁이 회개의 목소리에서 시작되었다는 그 뻔한 역사적 진리도 오늘의 우리에겐 아무런 의미가 없는 것인가?

하나님의 말씀, 사람의 저술

교회는 성경을 소중히 여긴다. 이 책이 '하나님의 말씀'이라 믿기 때문이다. 오래전 선지자들을 통해 말씀하시고, 또 예수 그리스도를 통해 말씀하셨던히1:1; 요1:1 하나님이 이제는 성경을 통해 우리에게 말씀하신다는 고백이다. 우리 신자에게는 당연한 이야기로 들릴지 모르지만, 사실 이는 매우 대담한 주장이다. 분명히 사람이 저술하고 사람이 제작한 '사람의 책'을 놓고서 '하나님의 말씀'이라고 주장하기 때문이다. 그렇다면 우리는 왜 이 책이 하나님의 말씀이라고 고집부리는 것일까? 이 평범한 한 권의 '고전'이 어떤 의미에서 오늘 우리를 위한 하나님의 말씀으로 고백될 수 있는 것일까?

이 물음에 분명한 답을 할 수 없다면, 성경에 관한 우리의 고백은 공허한 외침에 불과할 공산이 크다. 이런 식의 공허한 고백은 남들에게뿐 아니라 우리 자신에게조차 무의미하다. 성경이 하나님의 말씀이라는 것은 '무조건' 믿어야 할 교리의 하나라고 강변할 수 있다. 하지만, 그건 조작과 정치의 수법이지 진리 추구의 방식은 아니다. 또, 설사 그렇게 믿어진다고 해서 그것이 우리에게 무슨 유익이 있을까? 말씀 자체의 본질에 대한 이해가 분명하지 않다면 말이다. 성경 공부에는 그렇게 열심이면서, 정작 성경 계시의 본질에 관해서는 막연하기 그지없는 우리의 상태는 과연 건강한가?

성경의 인간적 차원을 진지하게 고려하는 것은 성경의 신적 권위를 부정하는 것이 아니다. 태초부터 계셨던 말씀이 사람이 되신 하나님이었던 것처럼, 성경이라는 인간의 글들은 오늘 우리에게 하나님의 말씀으로 고백되고 읽힌다. 그리스도처럼, 성경 역시 신성하나님의 말씀과 인성사람의 글을 함께 갖는다. 그리스도의 인성을 무시하는 가현설적 발상은 일견 그의 신성을 한없이 드높이는 것처럼 보인다. 하지만 실상 가현설은 그의 참된 본성을 왜곡하는 행위에 지나지 않는다. 그리고 이렇게 왜곡된 그림은 결국 그의 신성조차 제대로 볼 수 없게 만드는 치명적 실수로 작용한다.

우리가 예수님에게서 "아버지의 독생자"의 영광을 보는 것은 어떤 신적이고 황홀경적인 체험을 통해서가 아니라, "육신이 되어 우리 가운데 거하시는" 인간 예수님의 모습을 경험하는 일상적 삶을 통해서다요1:14. 하나님을 볼 수 없는 상황에서요1:18 그리스도의 인성을 무시하는 것은 그의 신성에로 직통하는 길이 아니라, 하나님의 아들 그리스도를 발견할 수 있는 유일한 가능성을 포기하는 길이다. 결과적으로는 그리스도께서 하나님의 아들이심을 부인하는 적그리스도의 결론으로 떨어지는 길이다요일2:22~23; 4:2~3.

성육신의 의미는 성경에도 공히 적용된다. 우리는 성경이 하나님의 말씀이라 고백할 수는 있지만, 그 고백이 성경의 역사적 '인성'을 덮으려는 시도로 변질될 수는 없다. 그리스도가 여자에게서 태어나 율법 아래 사셨던 것처럼, 성경은 다수의 인간 저자들을 통해 다양한 인간적 삶의 정황 속에서 기록된 문서들이다. '하나님의 말씀'이라는 이유로 이 성경이 기록되고 전달되는 인간적 정황을 무시하는 것은 하나님의 말씀으로 직통하는 길이 결코 아니다. 오히려 그것은 인간의 역사와 언어를 통해 우리에게 말씀하시는 하나님의 계시 자체를 방해하는 행위다. 그런 까닭에 요한일서는 이렇게 시작한다.

> [1]태초부터 있는 생명의 말씀에 관하여는 우리가 들은 바요 눈으로 본 바요 자세히 보고 우리의 손으로 만진 바라 [2]이 생명이 나타내신 바 된지라 이 영원한 생명을 우리가 보았고 증언하여 너희에게 전하노니 이는 아버지와 함께 계시다가 우리에게 나타내신 바 된 이시니라요일1:1~2

첫 제자들이 인간 예수님을 "듣고, 보고, 주목하고, 만짐으로써"

그가 태초부터 계신 생명의 말씀임을 알게 되었던 것처럼, 우리는 우리에게 주어진 '인간의 글'을 "듣고, 보고, 주목하고, 만짐으로써" 비로소 그 속에서 하나님의 말씀을 듣는다.[2]

하나님의 계시가 우리의 영혼 속에 직접 수혈되는 것이 아니라면, 성경을 대하는 우리의 태도는 어찌해야 할까? 기독교적 계시의 정상적 소통방식은 우리 자신이 성경을 펴고, 읽고, 해석함으로써 하나님의 계시를 수용하는 것이다. 그렇다면 성경에 담긴 다양한 저자들의 작품을 읽어내는 일은 성경의 신적 권위를 부정하는 것이 아니라 그 권위의 구체적인 양상을 규명하려는 노력의 표현에 해당한다.

복음서와 히브리서가 그려 보이는 인간 예수님의 면모는 그의 신성을 부인하려는 발상이 아니라, 그가 하나님의 아들이라는 진리의 의미를 보다 분명하게 밝히려는 시도들이었다.

이 진술이 옳다면, 성경의 인간적 성격에 주목하고 이를 자세히 규명하려는 노력 역시 성경의 신적 권위를 부인하는 것이 아니다. 오히려 그 신적 권위의 내용을 더욱 자세히 이해하려는 노력으로 간주해야 마땅하다. 성경의 저자들이 예수님의 인간적 면모에 당황하지 않았던 것처럼, 우리 또한 성경의 인간적 면모에 당황스러워할 이유가 없다.

성경의 현상들과 성경무오설

예를 들어보자. 마태복음의 시작 부분에는 예수님의 족보가 등장한다. 누가복음과는 달리, 마태복음은 아브라함에서 시작하여 예수님께 이르는 긴 족보를 14대가 세 번 반복되는 깔끔한 패턴으로 정리한다. 물론 마태가 소개하는 예수님의 족보는 실제 우리가 구약에서 재구성할 수 있는 것과는 다소 다르다. 위에서 말한 패턴을 만들기 위해 구약에 등장하는 인물 중 몇몇 왕의 이름을 생략했기 때문이다.

마태는 "요람은 웃시야를 낳고"마1:8라고 했다. 하지만, 사실 요람여호람과 웃시야 사이에 아하시야와 요아스, 그리고 아마샤, 이렇게 세 왕이 빠졌다왕하8:24~25; 11:2, 21; 14:1. 그러니까 실제 요람은 웃시야의 아버지가 아니다. 따라서 구약성경에 따르면 다윗과 바벨론 포로 사이의 실제 족보는 마태가 제시하는 14대를 넘어간다. 하지만 마태는 예수님의 족보를 기록하면서 예수님의 조상 중 몇 사람의 이름을 생략함으로써 '14+14+14=42'가 되도록 맞추었다히브리어 글자에는 숫자가 부여되어 있는데, 마태복음 처음에 예수님의 조상으로 제시된 다윗의 이름이 갖는 '음가'를 합하면 '14'가 된다.

이런 의미에서, 우리는 마태가 예수님의 족보를 '편집'했다고 말할 수 있다. 구약이 전해주는 예수님의 족보를 있는 그대로 재생하는 것이 아니기 때문이다. 물론 이 '편집'이 마태의 손에 의한 것인지, 아니면 마태가 입수하고 활용했던 자료에 이미 그렇게 되어 있었는지는 알 도리가 없다.

지금 언급한 사례는 구약의 역사서와 마태복음을 함께 읽으면 드러나는 차이점을 '관찰'한 것이다. 여기서 나는 본문에서 드러나는 현상을 있는 그대로 관찰하여 보고할 뿐, 본문을 두고 어떤 신학적 '해석'을 가한 것이 아니다. 물론 '마태가 보고하는 예수님의 족보는 구약이 보고하는 족보와 차이가 난다'는 사실 관찰을 놓고도 그것이 성경무오설에 대한 부정이라는 입장을 취할 수 있다. 만일 이런 식으로 성경무오설을 유지하려 한다면, 우리가 취할 수 있는 유일한 태도는 마태가 예수님의 족보를 '사실 그대로' 기록했다고 믿는 것이다. 물론 그렇게 되면, 마태가 보고하는 '진실'은 구약성경이 보고하는 '진실'과 어긋난다. 그렇다면 구약은 무오한 하나님의 말씀이 아니라고 말할 것인가?

그러면 이 '난국'을 어떻게 해결할까? 적어도 우리가 아는 한, 구약의 기록과 마태의 기록이 동시에 사실일 수는 없다. 마태복음에는 보이지 않는 유다 왕들의 이름이 동시에 실제 예수님의 조상이기도 하고 아니기도 할 가능성은 없기 때문이다.

성경에는 이와 유사한 현상이 자주 나타난다. 데살로니가 교회 설립 이후 바울이 회고하는 바울 일행의 행로살전3:1~2와 사도행전이 전해주는 행로행18:5 사이에는 서로 맞지 않는 것처럼 보이는 정보가 나타난다. 데살로니가전서에는 아테네에 이를 때까지 디모데가 바울과 동행한 것처럼 묘사된 데 반해살전3:1~2, 사도행전에서는 바울이 고린도에 이르러서야 디모데와 실라가 합세한 것으로 나타난다행

17:14~16; 18:5. 물론 우리는 이 두 정보를 서로 조화시키려고 시도해 볼 수 있고, 상당한 정도의 상상력을 동원한다면 이것이 불가능한 것도 아니다. 하지만 그러기 위해서는 성경이나 다른 자료로 검증할 도리가 없는 가상적 시나리오를 작성할 수밖에 없다.

사도행전은 바울이 아테네에서 디모데를 기다리다가 고린도에서 그를 만났다고 말한다. 이 말이 바울의 말과 조화되려면, 베뢰아에 남아 있던 디모데 역시 아테네로 가 거기에 먼저 와 있던 바울과 만났고, 바울의 파송을 받아 다시 데살로니가로 갔어야 한다. 그럴 경우, 사도행전이 말하는 기다림은 바로 이 두 번째 상봉이 된다. 이는 바울이 상당한 기간 동안 아테네에 머물렀다는 말이 된다. 물론 이것은 사도행전의 본문을 자연스럽게 읽어서 '발견'할 수 있는 사항이 아니다. 사도행전 자체를 자연스럽게 읽으면 디모데와 실라 모두 베뢰아에서 아직 내려오지 않은 것처럼 읽히기 때문이다.

또한 마태복음의 예수님의 족보와 누가복음의 족보가 서로 다르다는 사실, 혹은 마태복음의 주기도문이 누가복음의 주기도문과 서로 다르다는 사실, 그리고 공관복음서와 요한복음 사이에 예수님께서 돌아가신 날짜를 두고 다소 상이한 정보가 나타난다는 사실을 기억해 볼 수도 있다. 또한 예수님께서 예루살렘에 입성하실 때 동반했던 나귀가 한 마리인지마가와 누가, 아니면 두 마리인지마태도 물을 수 있다. 창세기를 읽으며 아직 해와 달이 창조되기도 전에 어떻게 저녁이 되고 아침이 될 수 있는지 묻거나창1:6, 아벨이 죽어 가인이 아담과 하와의 유일한 아들로 남은 상황에서 어떻게 그가 "만나는 사람마다 나를 죽이려고 들 것"창4:14이라는 두려움을 가질 수 있는지, 그리고 그의 아내는 도대체 어디서 온 것인지창4:17를 캐물을 수도 있다.

본문을 읽으면서 생겨나는 이러한 의문들 자체는 모두 본문을 '철저하게' 읽고 제대로 '이해하려는' 과정의 자연스런 산물이다. 그러니 본문의 가르침을 두고 나름의 신학적 가치판단을 내리는 것과는 본질적으로 다르다.

성경을 있는 그대로 읽고 질문하는 노력이 성경에 대한 신앙고백과 혼동되어서는 곤란하다. 오히려 많은 성도가 이런 식의 질문을 던져본 적이 없다는 것은 우리의 성경 읽기가 얼마나 '대충'인가를 역설적으로 확인해 준다. 그리고 실제로 이런 질문을 마음에 품고서도 '신앙 없다고 욕먹을까 봐' 감히 입 밖으로 내지 못하는 성도들이 많다는 현실은 우리의 성경 읽기가 정직한 진리 탐구를 벗어나는 다른 어떤 감시 체제에 의해 비틀리고 있음을 잘 보여준다. 물론 우리는 이런 현상들에 대해 나름의 설명을 시도할 수 있다.[3] 이에 대한 설명에는 나름의 신학적 입장이 반영될 공산이 크다.[4] 하지만 이런 현상을 설명하는 것이 교리적으로 어렵거나 위험하다고 해서 이런 현상 자체를 무시할 수는 없다. 그것은 성경 본문을 무시하는 것이지 그 본문을 존중하는 태도가 아니다.

만일 성경의 객관적 사실들 자체가 나의 '무오' 교리를 위협하는 상황이라면, 이는 내가 가진 무오 교리가 애초부터 내가 가진 실제 성경과는 맞지 않는다는 말이 된다.[5] 여기서 우리는 성경 자체를 택해야 할까, 아니면 특정한 무오설 교리를 옹호해야 할까? 이런 성경을 어떻게 믿을 수 있냐고 말한다면, 애초부터 우리의 고백은 그 목표를 잘못 잡고 있던 셈이다.

말하자면, 이런 식의 물음은 하나님이신 예수님께서 어떻게 배가 고플 수 있느냐고 묻는 것과 같다. 물론 이는 성경이 말하는 예수님의 모습을 모르는, 어리석기 짝이 없는 질문이다. 공관복음서는 십자가가 지기 싫어 예수님께서 하나님께 거푸 기도를 올리는 '위태로운' 장면을 보고한다. 우리는 이처럼 '인간적인, 너무나도 인간적인' 모습이 어떻게 예수님의 신성과 조화될 수 있는지 물을 수 있다. 하지만, 이는 우리가 잘못 생각한 교리에서 도출된 엉터리 질문들일 뿐이다.

만약 예수님의 이런 인간적인 면모가 모두 거룩한 '쇼'였다고 말해야 예수님의 신성이 인정된다면, 그것은 예수님의 신성에 관한 우리의 생각이 애초부터 빗나간 것이라는 말이 된다. 예수님의 신성을 고백하는 것처럼, 우리는 성경이 무오無誤하다고 믿는다. 하지만 우리는 우리의 그 신념이 성경의 구체적 면모와 일치하는 것으로 만들 책임이 있다. 그렇지 않으면 우리의 고백은 성경보다 더 '거룩한' 허구적 성경에 대한 추상적 고백으로 전락하고 만다. 예수님의 신성에 대한 고백이 비성경적 가현설로 전락할 수 있는 것처럼 말이다.

인간의 글에서 하나님의 말씀으로: 정경화의 과정

성경의 책들이 처음부터 성경은 아니었다. 역사적으로, 정경의 형성 과정은 교회가 인간의 글을 하나님의 말씀으로 인정하는 혹은, 『다빈치 코드』의 표현을 빌리면 "승격시킨" 과정이었다. 성경이 하나님의 말씀이라는 고백은 이 역사적 과정에 하나님의 간섭이 있었다는 고백을 포함한다. 물론 정경화 과정에는 여러 인간적 요인이 얽혀 있다. 포함될 문서의 범위와 선별 기준에 관해 다양한 이견들이 대두되었고, 이견들 사이의 간격을 좁히는 과정은 결코 간단치 않았다. 자연스러운 공감대도 중요했지만, 오랜 논의와 격한 논쟁도 있었다. 마르키온이나 몬타누스주의와 같은 흐름의 출현도 있었다. 뿐만 아니라, 당시의 정치적이고 교권적인 역학관계 역시 정경화의 한 요인으로 작용하였다. 궁극적으로, 교회가 오늘날의 정경을 소유하기까지는 400년에 가까운 세월이 필요했다.[6]

정경의 형성 과정에 대한 역사적 인식은 무분별한 성경숭배 biblicism를 방지하는 효력이 있다. 신약이라는 것을 아예 몰랐던 초대 교회가 있었다. 또한 대부분 교회가 성경의 일부만을 읽고 살아온 긴 세월이 있었다. 그렇다고 해서 그들의 신앙이 우리보다 못한 것은 결코 아니었다. 정경 형성의 과정에서 당시 교회의 지도자들은 우리만큼, 아니 우리보다 더 건강한 신앙을 갖고서 요한계시록을 반박할 수 있었고, 자유주의자가 아니면서도 요한복음이나 히브리서를 신랄하게 비난할 수 있었다. 그런 우여곡절을 거쳐 이 문서들은 오늘 우리에게 '하나님의 말씀'이 되었다.

그러나 오늘 우리는 성경에 관해 입조심하느라 바쁘다. 오늘날 성경의 영감 교리는 교회 내의 다른 어떤 이데올로기보다 더 강력한 정치적 칼날이 되었다는 사실을 누가 부인할 수 있을까? 초대교회에는 없던 성경을 가진 오늘의 우리는 정경 이전의 교회보다 더 행복한가, 아니면 더 불행한가? 더 자유로운가, 아니면 더 억압적인가?

물론 이런 물음을 던지는 것은 하나님의 말씀으로서 성경이 갖는 권위를 부정하는 것이 아니다. 필자 역시 성경을 하나님의 말씀으로 알고 읽는다. 그럼에도 불구하고 필자가 이런 문제를 거론하는 것은 성경의 권위에 대한 고백이 자칫 우리의 건강한 영적 상상력을 억압하는 기제로 작용할 수도 있음을 지적하기 위함이다. 복음서에서 보듯, 거룩한 율법이 "사람의 전통"이 되고, 그러면서 오히려 하나님과의 건강한 관계를 방해하는 누룩으로 작용하는 일은 얼마든지 가능한 일이었다. 하나님의 거룩한 율법이 그런 식으로 고착화되었을 때, 바울은 그것을 "율법 조문""의문"이나 "문자", letter, 곧 '글자 나부랭이'에 지나지 않는 것이라고 불렀다롬2:29; 고후3:6~7. 그것은 생명의 양식이 아니라 죽음의 처방이었다. 사람을 살릴 수 있는 능력은 없으면서 사람을 정죄할 수 있는 권위는 간직한 그런 율법이었다.

바울에게 '성경'구약이 그럴 수 있었다면, 오늘 우리에게 성경은 어떠한가? "진리가 너희를 자유케 하리라"요8:32고 주님은 말씀하셨지만, 혹 우리가 가진 진리의 말씀이 '비위 맞추기 어려운 주인'으로 여겨지는 것은 아닌가? 성경에 대한 나의 열정은 회심한 바울의 열정인가, 아니면 바리새인 사울의 열정인가? 보수 교단의 성서학 교수들에게 성경관에 대한 민감한 질문을 던지면 다들 대답을 꺼린다는 어느 기자의 불평은 우리에게 무엇을 말해주는가? 성경에 대한 분명한 가르침을 베풀어야 할 성경학자들이 성경에 대해 말조심해야 하는 우리의 현실은 정말 정상적인 것일까? 아니면 초대교회처럼, 우리 역시 차라리 '성경 대신 성령을' 달라고 기도해야 할까? 안식일이 인자를 위한 것이었지 인자가 안식일을 위해 존재하는 것이 아니었던 것처럼, 교회를 위해 성경을 주신 것이지 성경을 숭배하기 위해 교회가 생겨난 것은 아니지 않은가? 성경이 우리를 살리기는커녕, 성경을 빙자하여 서로를 정죄하고 죽이기에 부지런을 떤다면, 우리의 성경은 이미 또 하나의 율법으로 전락한 것이 아닌가? 그렇다면, 성경이 살아 계신 하나님의 말씀이라고 고백할 때, 우리가 말하고자 하는 바의 핵심은 과연 무엇인가?

사람이 복원한 원문, 사람이 번역한 말씀

성경이 '무오'하다는 믿음은 당연하다. 하지만, 이 성경적 계시의 완전함에 대한 우리의 원론적 고백은 영감된 '진본' 성경이 남아 있지 않다는 역사적 현실 앞에서 상대화된다. 우리가 가진 것은 파피루스나 양피지로 만들어진 수많은 사본뿐이며, 이들 사본은 그 제작 과정에 온갖 종류의 오류와 의도적 수정의 흔적을 드러낸다. 소위 '말씀보존학회'와 같은 이들이 하듯, 하나의 사본을 골라 거기에 충성을 맹세할 수도 있다. 하지만 그건 '목숨을 건 도박'일 뿐이다. 사본들을 통해 학자들이 재구성한 '비평본' 역시 불완전하기는 마찬가지다. '영감된 원문이 무오하다'는 신념은 가능하다. 하지만, 그 원문을 완전히 복원하기 어려운 것이 우리의 상황이라면, 이 교리의 '현실적' 가치는 다분히 제한적일 수밖에 없다. 여기서 무작정 절대성을 확보하겠다는 것은 상대적인 인간의 선택에다 신적 권위를 부여하는 우상숭배와 다르지 않다본서 81쪽 <'정확하게' 알 수 없는 '정확무오'한 말씀>을 보라.

대부분 신자가 영감된 말씀의 언어인 히브리어와 그리스어를 모른다는 사실 역시 또 하나의 제약이다. 물론 우리는 성경을 번역하지만, 어느 누구도 이 번역에 신적 영감을 부여하지는 않는다. 번역을 해본 사람이면 알겠지만, 한 언어를 다른 언어로 번역하는 과정에 완벽함이란 있을 수 없다. 아예 번역 자체가 불가능에 가까운 문화적 요소들도 있다. 실제 우리가 읽는 여러 한글 번역에도 크고 작은 실수들이 비일비재하다. 뿐만 아니라 번역자들의 신학적 판단 역시 개입되어 있다. 이 번역본을 '무오'한 것으로 읽는 것은 하나님께 향해야 할 충성을 인간적 실수와 신학적 판단에다 바치는 우상숭배다본서 96쪽 <번역 성경의 한계와 신중한 성경 읽기>를 보라.

그러니까 우리 대부분은 정확한 원문을 모른다는 사실 및 원어가 아닌 번역을 읽어야 한다는 이중적 제약 아래 놓여 있다. 따라서 하나님의 말씀이 무오하다는 교리적 고백은 동시에 우리가 실제 읽고 사용하는 성경책은 무오하지 않다는 현실적 관찰을 통해 보완되어야 한다. 그렇지 않으면 우리는 잘못 복원된 본문을 하나님의 진짜 말씀으로 신격화시키거나, 혹은 잘못 번역된 본문을 하나님의 진짜 말씀으로 숭배하는 실수를 범하게 된다. 물론 우리는 복원된 본문들과 번역된 성경 역시 말씀으로서의 역할을 충분히 해낼 수 있다고 믿는다. 하지만 이런 현실적 신뢰는 분명 절대적 신념과는 구분되어야 한다.

거꾸로 말하면, 우리가 갖고 있지도 않은 원문의 무오성에 관한 교리적 고백이 성경으로부터 실천적이고 영적인 유익을 얻기 위한 절대적 전제는 아니다. 고백이 불필요하다는 말이 아니다. 그런 고백과 정확한 해석은 별개의 문제라는 것이다. 현실적으로 우리는 본문 형태에 있어서나 번역의 과정에 있어서 여러 오류가 개입된 성경을 읽을 수밖에 없기 때문이다. 물론 성경무오설 수호 자체를 인생의 목표로 삼는 사람이라면 끊임없이 그런 주장을 반복할 테다. 하지만, 경박한 해석이 난무하는 상황에서 성경의 무오성에 대한 일방적 강조는 무오하지 않은 나의 성경에 대한 맹목적 신뢰를 조장할 수 있다. 그리고 결코 완전하지 않은 나의 '개역한글판'이나 '개역개정판'에 대한 무비판적 신뢰는 말씀을 신뢰하는 긍정적 효과뿐 아니라, 말씀의 곡해라는 부정적 효과를 동반한다.

우리가 너무나 잘 아는 대로, 실제 교회의 역사는 강박적 완벽주의와는 거리가 멀다. 불완전한 교회, 불완전한 사람들을 통해 하나님의 계획이 진행되었고, 실제로 '불완전한' 번역 성경을 통해서 많은 사람이 구원의 메시지를 듣는다. 그렇다면, 우리가 그렇게 성경 원문의 무오설에 목을 매는 이유는 무엇인가? 말씀으로 성도들을 인도하려다 보니 강조하지 않을 수 없게 된 탓인가, 아니면 성도들의 실제 욕구와 무관한 신학자들이나 신학적 정치가들의 몸짓인가?

하나님의 말씀, 사람의 해석

하나님의 절대성과 인간의 상대성 간의 구분은 해석 차원에도 적용된다. 성경은 하나님의 말씀이지만, 그 말씀을 해석하는 것은 인간이다. 성경이 무오하다는 교리는 여기서 또 한 번 굴절된다. 내가 읽는 본문 자체는 '하나님의 말씀'이지만, 그 말씀에 대한 나의 해석은 그렇지 않다. 하나의 성경 본문을 두고 다양한 해석이 제시되는 경우가 많다는 현실은 성경해석 작업의 주관성을 잘 드러내 준다.[7] 이는 개인적 적용이 우선권을 차지하는 경건의 시간의 경우엔 더욱 그러하다. 물론 이런 해석의 주관성은 예배의 문맥에서 행해지는 설교라고 달라질 이유가 없다. 설교가 말씀 선포 행위라는 것은 매우 중요한 교회론적 진리이지만, 그렇다고 해서 이 가르침이 '설교는 무조건 하나님의 말씀'이라는 식의 비현실적 강변으로 둔갑해서도 안 될 일이다.

나의 설교를 하나님 말씀으로 내세우기만 하고 그 해석이 나 자신의 해석임을 인정하지 않는다면, 그건 말씀에 대한 존중이 아니라 말씀의 권위를 빙자한 '자기 숭배'다. 금송아지를 만들어 놓고 "이것이 너희를 애굽에서 인도해 낸 여호와라"출32:4; 왕상12:28고 말하던 이스라엘의 이야기는 오늘도 반복되는 우리들의 이야기가 아닌가? 실제로 설교 강단에서 지식도 없고 상식도 없고 책임감마저 없는, 그래서 터무니없는 해석으로 의식 있는 성도들을 짜증 나게 하는 목회자들이 얼마나 많은가? 내가 선포하는 설교가 성경의 메시지를 정확하게 해석한 결과가 아닐 수도 있다는 사실을 인정하지 않는 목회자들이 얼마나 많은가? 더 나아가 설교 강단을 개인적 목적을 위한 수단으로 거침없이 변질시키는 목회자들로 인해 얼마나 많은 성도들이 영적 피해를 입고 있는가?[8]

성경은 하나님의 말씀이라는 고백이 실제적이려면, 무엇보다도 하나님의 말씀이 우리에게 전달되는 방식이 해명되어야 한다. 내게 주시는 하나님의 말씀을 깨달았다는 고백, 혹은 내가 하나님의 말씀을 선포한다는 진술이 의미 있으려면, 내가 말씀을 어떻게 깨달았고, 또 어떻게 해석했는지 그 해석의 과정이 투명하게 해명되어야 한다. 성경과 무관한 직접 계시 운운하는 사람들이 없는 것은 아니나, 건강한 기독교는 그런 사람들의 말을 신뢰하지 않는다.[9] 성경은 하나님의 직접적 계시를 '받아쓰기'한 것이 아니다. 이런 개념에 가장 잘 어울릴 예언서조차도 단순히 '위에서 불러주신' 것으로 읽을 수 없다. 그렇다면 우리는 어떻게 인간의 글을 하나님의 말씀으로 읽어내는가? 성경을 통한 하나님과 인간의 의사소통은 구체적으로 어떤 과정을 통해 이루어지는가?

예를 들어보자. 성경이 들려주는 이스라엘의 역사가 하나님의 말씀이라는 고백은 무슨 뜻인가? 하나님은 그저 우리가 제대로 된 역사적 상식을 갖추길 바라시는가? 아니면 거기서 본받을 바를 찾으라는 것인가? 사실 대부분의 설교는 이런 '모범적' 관점을 따른다.[10]

그렇다면, 본받아야 할 모범인지 아닌지를 판단하는 기준은 무엇인가? 나 자신의 도덕적 감수성인가? 야곱 기사처럼 모호한 이야기들은 어떻게 해야 하는가? 또 시편의 시인이 하나님을 향해 "왜 나를 버리시나이까?"시22:1라고 절규할 때, 이 절규는 어떻게 우리를 위한 '하나님의 말씀'이 되는가? 시인의 입을 빙자한 하나님 자신의 절규인가? 그게 아니라면, 이 인간적 절규는 왜 하나님의 말씀인가?

욥기에 나오는 네 친구의 대화는 어떤가? 욥의 이야기는 하나님의 생각이며, 친구들의 발언은 다 거짓에 속하는가욥42:7~8? 아니면, 욥의 말조차 엉터리라고 간주해야 하는가욥38:2; 42:3? 혹은, 욥에게 잘못 적용되기는 했지만, 친구들의 진술 역시 하나님의 영감을 반영할 수 있는가?[11] 그래서 "네 시작은 미약하였으나 네 나중은 심히 창대하리라"욥8:7고 마음껏 축복해도 좋은 것인가?

또한 '할례 받으면 끝장'이라는 바울의 위협갈5:2~4은 어떻게 하나님의 말씀으로 읽힐 수 있는가? 무조건 할례는 안 되는 것이며, 그래서 '할례' 받은 대한민국의 많은 남성은 다 그리스도에게서 끊어진 자가 되는가? 아니면, 갈라디아인들만 그렇다는 뜻인가? 바울 자신이 유대인들을 의식하여 디모데에게 할례를 받도록 했다는 사실행16:3은 어떻게 연결해야 하나? 또 "여자는 교회에서 잠잠하라"고전14:34는 바울의 말에는 목숨을 걸면서도 "머리에 무언가를 쓰라"는 명령에는 콧방귀도 안 뀌는 우리의 태도는 성경이 '하나님의 말씀'이라는 우리의 고백과 어떻게 관계되는가?

위의 질문들을 곰곰이 음미해 보면, 실제적이고 구체적인 해석의 지침이 마련되지 않는 한 성경이 '하나님의 말씀'이라는 고백은 무의미할 뿐 아니라, 실상 위험하기조차 하다는 사실을 깨달을 수 있다. 사사기의 구절을 빗대어 표현하자면, 제대로 된 해석의 '왕'이 없을 때 사람들은 다 "제 소견에 옳은 대로" 해석한다. 하나님의 말씀이라 주장하면서 실상 나의 해석을 하나님의 말씀으로 내세우는 해석학적 무정부상태다.

실제로 많은 강단에서 목사 자신의 저급한 사상과 가치관이, 혹은 목사 자신의 정치적 입장이 '말씀 선포'라는 거룩한 이름 아래 부지런히 선전된다. 성도들 역시 말씀 '적용'이라는 이름 아래 성경의 돌들을 이리저리 쌓아 올려 내가 원하는 탑을 만든다. 성경 내용을 배우는 데는 열심이지만 정작 그 내용을 어떻게 해석해야 할지 모르는 우리는 마치 좋은 재료들을 앞에 두고서도 그 조리법을 모르는 사람과 같다. 그래서 모두 나름의 확신을 갖고서 마음껏 '성경'이라는 재료를 요리해 먹는다. 내 입맛에 맞게 '요리'하면서도 그것은 어디까지나 '하나님의 말씀'이라는 경건한 만족을 누리면서 말이다. 우리의 현실이 이에 가깝다면, 성경이 하나님의 무오한 말씀이라고 아무리 외쳐본들 그것이 무슨 소용이겠는가?[12]

교회의 건강을 위해 더 시급한 것은 성경에 관한 교리적 주장을 반복하는 것이 아니라 성경해석을 위한 실제적 원칙들을 구체화하는 것이다. 물론 성경이 하나님의 말씀임을 확인하는 일은 성경 읽기의 중요한 전제이지만,[13] 이런 원론적 진실을 강변하기만 하는 것으로는 충분치 않다. 실제 하나님의 말씀을 말씀으로 읽을 줄 알고, 말씀으로서의 유익을 십분 누릴 수 있어야 한다. 교회가 성경무오설 주장엔 열심이면서도 말씀의 올바른 해석에는 무관심한 현실은 우리의 열정의 원천이 말씀에 의한 실제적 유익 때문인지, 아니면 나 자신의 정치적 욕구인지 되묻게 한다. 인간적 해석 없이는 말씀 전달이 가능하지 않다면, 성경의 권위를 존중하는 참된 태도는 성경의 건전한 해석과 철저한 순종을 위한 실제적 노력으로 나타날 것이다.

신학교에서도 성경해석에 대해 제대로 배운 적이 없다는 많은 목회자의 불만이나, 그토록 오래 신앙생활을 했으면서도 성경을 어떻게 읽을지 막막하다는 성도들의 하소연은 성경의 무오성에 관한 우리의 열정에 짙은 의심의 그림자를 던진다.[14] '성경 통독'이나 '성경 100독'과 같은 말은 무성하지만 정작 성경의 '올바른 해석'에는 무관심한 우리는 성경을 존중하는가, 아니면 성경을 학대하는가? 성경을 제대로 이용하는가, 아니면 내 마음에 맞게 도용하는가?

교회의 유익을 위한 성경

우리에겐 교리적 논쟁의 이슈가 되어 버렸지만, 본래 성경의 영감 개념은 교회의 영적 유익을 의도한 것이었다. 애초에 바울이 디모데에게 성경구약의 영감에 대해 말했던 것딤후3:16~17은 성경이 제공하는 실천적 '유익함'을 잘 깨닫고 이를 부지런히 활용하라는 권면의 문맥에서였다. 바울은 이 유익함을 '교훈, 책망, 바르게 함, 의로 교육함'이라는 실천적 덕목들로 풀어내고 있다.

> 모든 성경은 하나님의 감동으로 된 것으로 교훈과 책망과 바르게 함과 의로 교육하기에 유익하니딤후3:16

바울이 말하고자 하는 바는 성경이 이런 실천적 덕목들을 함양하는 데 매우 유익하므로 이를 적극 활용하라는 것이다. 그러니까 "하나님의 감동"에 관한 언급은 성경의 목회적, 실천적 유익함을 강조하는 방식의 하나였다. 하나님의 감동을 받은 것이니 얼마나 효과적이고 유익하겠느냐는 것이다. 그러기에 하나님의 감동으로 된 성경의 궁극적 목적은 하나님의 사람을 "모든 선한 일을 행할 수 있도록 구비하는" 것이었다17절. 바로 여기서 성경이 "구원에 이르는 지혜를 준다"라는 고백의 실제적 의미가 설명된다15절. 중요한 것은 정통적인 성경관 확립 자체가 아니라, 이처럼 영감된 성경을 실제 교회의 유익을 위해 부지런히 활용하는 것이다.[15]

성경의 무오성에 대해 어떤 입장을 취하든, 우리는 교회의 영적 유익이라는 목적을 기억해야 한다. 하나님께서 영감된 기록들을 교회에 주신 것은 교회가 이를 통해 영적 유익을 누리게 하시려는 의도에서였다. 그런데 우리의 성경관이 교회를 살찌우는 대신 집안싸움만 불러일으킨다면, 거기서 유익을 얻는 자들은 누구일까?

성경의 '무오성'inerrancy과 '무류성'infallibility 사이의 미묘한 이론 싸움은 실제 성도들의 삶에서 성경의 '유익'을 극대화하려는 실천적 노력보다 덜 중요하다. "구슬이 서 말이라도 꿰어야 보배"라는 말처럼, 실제로 성도들이 유익을 얻고 구원으로 인도되는 일이 일어나지 않는다면, 성경이 아무리 영감되고 무오한들 그것이 무슨 의미가 있겠는가? 지금처럼 주일 강단에서나 매일 QT 책상에서 자의적이고 무분별한 해석과 적용이 난무하는 상황에서 성경무오설을 강변하기만 하는 것이 얼마나 책임 있는 신학적 몸짓일 것인가?[16]

자신은 제2이사야설을 믿는 사람이라면서 설교 부탁을 거절한 헨리 드러몬드에게 무디는 이렇게 말했다고 한다. "하지만 저 많은 사람들은 성경에 이사야라는 것이 있다는 사실조차 모르는 형편입니다." 교리적 열성을 참된 섬김과 혼동하기 쉬운 우리에게 무엇이 중요한가를 일깨우는 지혜가 아닐 수 없다.

성경을 무오하다고 말할 수도 있고 무류하다고 말할 수도 있다. 하지만 보다 중요한 것은 성경을 실제 하나님의 말씀으로 읽고, 거기서 드러나는 하나님의 뜻에 순종하는 일이다. 우리의 멋진 성경관이 삶을 조금이라도 더 신실하게 만들어 주지 못한다면, 우리의 고상한 교리가 무슨 유익이 있을 것인가? 어떤 이들은 신학이나 교리 자체가 우리를 구원하기라도 하는 것처럼 난리를 친다. 그러나 건강한 신앙을 돕지 못하는 신학이나 복음적 생명을 발산하지 못하는 신학은 가장 교묘한 형태의 위선에 지나지 않는다. 그러기에 성경에 대한 교리를 두고 시시콜콜 시간을 소모하는 것보다는 차라리 하나님의 말씀을 말씀답게 읽을 수 있는 구체적 해석의 지침들을 확보하기 위한 노력이 더 시급하다.

하나님의 말씀이라고 큰소리쳐 놓고는 내 마음대로 해석해 버리는 일이 다반사인 상황에서, 아니 하나님의 말씀을 빙자하여 나의 정략적 사설을 늘어놓는 일이 다반사인 상황에서, 교회의 건강을 위해 중요한 것은 말씀의 권위를 어떻게 표현하느냐에 관한 싸움이 아니다. 그것은 권위 있는 말씀을 어떤 식으로 해석하고 어떤 목적으로 써먹고 있느냐를 검증하는 일이다. 성경의 권위에 대한 믿음만큼이나 실제 해석의 과정에 대한 관심이 필요하다. 그래야만 '해석학적 우상숭배'를 피할 수 있을 것이기 때문이다.[17]

복음, 비틀린 일상

복음, 우리의 일상

하나님께서 사랑하신 것이 "세상"이기에요3:16, 애초부터 복음은 이 세상 속에서 이루어지는 우리의 삶을 겨냥한다. 그래서 '하늘나라'의 이야기는 먼 하늘의 꿈같은 이야기가 아니라, 우리가 살아가는 우리의 삶 이야기를 고스란히 담아낸다. 복음은 우리에게 하늘의 나라를 선포하지만, 이것이 우리에게 복음福音인 것은 이 소식이 그저 먼 '천상의 소문'이기 때문이 아니다. 그것은 우리가 발을 디딘 이 땅을 바꾸는 이야기이기 때문이다. 그래서 예수님께서 들려주시는 천국의 이야기는 우리의 이야기를 고스란히 닮았다.

그 세계는 이렇다. 공중에는 새들이 날고 들에 꽃들이 피는 세계다. 농부가 씨를 뿌리고, 어부가 밤새 고기를 잡으며, 장사가 값진 진주를 찾아다니는 세계다. 아들 결혼을 위해 아버지가 잔치를 벌이고, 들러리들이 늦은 밤 신랑을 기다리다 졸고 있는 세계다. 혹은, 때아닌 손님 접대를 위해 집주인이 실례를 무릅쓰고 밤늦게 친구의 집 문을 두드리거나 집 나간 아들을 기다리며 아버지가 잠을 설치는 그런 세계다. 뇌물에 눈이 먼 재판장이 억울한 과부의 불행에 애써 눈을 감고, 이런저런 핑계로 도움 안 되는 잔치를 피해 보기도 하는, 바로 우리가 살아가는 일상 그대로의 세계다.[18]

복음, 비틀린 일상

하지만 하늘나라가 이 땅의 나라와 다르듯, 천상의 복음은 지상의 삶과 다르다. 그래서 복음은 단순한 삶의 묘사description를 넘어선다. 복음이 묘사하는 현실이 정확하겠지만, 사실 복음의 핵심은 정확한 삶의 묘사에 있지 않다. 가령 토마스 하디가 『귀향』*The Return of the Native*이라는 소설의 첫머리에서 그려내는 영국의 자연이나 도스토예프스키가 『죄와 벌』에서 포착해 내는 인간의 심리는 성경의 어느 이야기 못지않게 절묘하며, 또 흥미롭다. 또한 톨스토이가 그려내는 정치한 삶의 풍경들 역시 우리를 감동시키고도 남음이 있다.

하지만 문학은 본시 삶의 묘사에서 멈춘다. 삶을 멋지게 그려낼 수는 있지만, 그 삶에 손을 대지는 못한다. 사실적이고 아름다운 이야기일 수는 있지만, '복된' 이야기가 되지는 못한다. 반면 복음은 단순한 묘사를 넘는 선포이자 말씀이라는 매개를 통해 우리의 현실 속으로 도래하는, 혹은 침입해 오는 하늘의 이야기다. 복음은 우리 삶의 울타리를 넘어 우리에게 손을 내민다.

물론 복음 역시 우리 삶의 실상을 묘사한다. 하지만 이는 일상적 가시광선에 포착된 세상이 아니라, 천상의 빛에 의해 드러난 실상이다. 복음은 우리 밖에서 들어와 천국의 빛을 쏘이고, 이 빛으로 우리 삶의 한계, 곧 우리의 죄와 죽음의 실상을 드러낸다. 그러면서 복음은 또한 그 한계 너머에서 우리를 유혹하는 '이상한' 나라에 관해 이야기한다. 말하자면, 복음은 두 얼굴을 가졌다. 익숙한 선물꾸러미 속의 비수나 트로이 목마 속의 적병들처럼 지극히 일상적인 그림 속에 이 일상을 비트는 긴장이 숨겨져 있다. 그래서 천국 복음은 친숙하면서 또한 낯설며, 반가우면서도 또한 두렵다.

우리들의 '일그러진' 천국

예수님의 가르침은 많은 부분 비유로 되어 있다. 마태복음과 마가복음은 예수님께서 "비유가 아니면 아무것도 말씀하지 아니하셨다"고까지 말한다마13:34; 막4:33. 말하자면, 비유는 예수님께서 하나님 나라를 선포하기 위해 사용하신 가장 중요한 가르침의 수단이었던 셈이다. 그러기에 천국에 관한 예수님의 비유에 일상적 친숙함과 천상적 낯섦이 함께 엉기는 것이 전혀 이상하지 않다.

이처럼 예수님의 가르침은 우리가 살아가는 이야기들이라 익숙하기 짝이 없다. 하지만, 그 익숙함 속에는 동시에 뭔가 '말도 안 되는' 비틀림이 존재한다. 우리가 사는 세상 한가운데서 복음을 말하지만, 하나님의 나라는 우리 일상과는 다르다. 그래서 복음 속의 이야기들은 일상의 논리로 이해되지 않는 '기묘한' 상황들로 채워진다. 아니, 일상의 논리로는 터무니없는 장면들이다. 바로 이 낯선 일그러짐이 천국을 가리키는 이정표들이다.[19]

천국은 어떤 나라일까? 어느 목자가 양 한 마리를 잃어버린다눅 15:3~7. 자연 그는 그 양을 찾아 나선다. 양을 "찾아내기까지" 포기하지 못하고 들판을 헤매는 목자의 안타까움은 극히 자연스럽다. 그런데 그의 행동이 이상하다. 한 마리를 찾자고, 그는 99마리의 양을 들짐승이 출몰하는 "광야"개역개정은 "들"로 번역했다에 버려둔다.[20] 1보단 99가 더 큰 우리의 세계에서 목자의 이런 행동은 분명 어리석다. 잃어버린 양을 향한 목자의 집착은 이처럼 인간적 상식의 도식을 벗어난다. 하지만 이런 어긋남 사이로 하늘의 빛이 스며든다. 우리 일상의 계산과 천국의 계산이 달라지는 대목이다.

> 이와 같이 죄인 한 사람이 회개하면 하늘에서는 회개할 것 없는 의인 아흔아홉으로 말미암아 기뻐하는 것보다 더하리라눅15:7

잃은 양을 찾은 목자는 양을 어깨에 메고 신이 나 돌아온다. 참 흐뭇한 그림이다. 그리고 그는 잔치를 벌인다. 순전히 추측이지만, "벗과 이웃"눅15:6이 신나게 즐기자면 양 한 마리 값 이상의 돈이 들

것이다.[21] '내 잃은 양을 찾았다'는 기쁨에 그는 양 한 마리론 어림도 없는 엄청난 비용을 마다하지 않는다. 천국은 의인 아흔아홉 명보다는 회개한 죄인 하나에게서 더 큰 기쁨을 누리는 그런 왕의 나라다. 배보다 배꼽이 더 큰 비상식의 나라다. 하지만 이런 터무니없음에서 우리는 천국의 비밀을 조금씩 감지하기 시작한다.

일그러진 천국 속의 우리들

천국을 묘사하는 그림에서 우리는 상속을 미리 요구함으로써 아버지의 가슴에 못을 박는 둘째 아들눅15:12이나, 아니면 아버지의 은혜로운 처사에 화가 나 씩씩거리는 큰아들로 등장한다눅15:28. 혹은, 일만 달란트라는 천문학적 액수의 빚을 탕감받았으면서도 친구가 빌려 간 백 데나리온을 받아내기 위해 혈안이 된 냉혈한의 모습을 띠기도 한다마18:21~35. 아니면, 멋진 혼인 잔치에 초대받고서도 말도 안되는 변명으로 주인을 모욕하는 손님눅14:15~24이거나[22] 과분한 초대를 받았으면서도 예복을 거부할 만큼 뻔뻔스런 존재마22:11~14일 수도 있다. 이런 터무니없는, 혹은 진솔한 그림에 실소하면서 우리는 이 비틀림 속에 드러나는 '우리의 초상'을 발견한다. 마치 죄를 지은 다윗이 나단 선지자의 이야기 속에서 자신의 모습을 발견하는 것처럼 말이다.

물론 죄가 많은 곳엔 더 큰 은혜가 넘치는 법이다롬5:20. '과장된'

죄악은 '더 과장된' 은혜로 응수 된다. 천국의 아버지는 집 나간 아들이 돌아오는 것을 보고 달려가 목을 껴안는다. 당시 사회에서는 보기 드문 광경이다. 물론 그의 자애는 턱없는 편애와는 다르다. 둘째 아들을 껴안는 아버지는 또한 몸소 집 밖으로 나가 밖에서 화를 내는 큰아들을 달래는 분이기도 하다. 이 역시 당시의 감수성과 어긋나기는 마찬가지다.

하늘나라를 다스리는 왕은 동료의 백 데나리온을 탕감해 주지 않은 신하를 다시금 감옥에 던질 만큼 엄한 분인 것이 사실이다. 하지만 이 이야기 속에는 먼저 아무런 조건 없이 일만 달란트를 탕감하는 무한한 사랑이 전제되어 있다. 여기서는 일상적 상식이 침묵한다.

또 천국은 하루 종일 땀 흘린 사람이 겨우 한 시간 일한 사람과 같은 일당을 받는 나라다마20:1~16. 일상적 공평함을 초월하고, 용서와 사랑의 '구부러진' 저울이 쉽게 통용되는 나라다. 더 나아가, 주인이 종 앞에 무릎을 꿇고 종의 발을 씻는 나라다요13:1~17. 천국은 이처럼 말도 안되는 그림으로밖에 그릴 수 없는 '이상한 나라'다. 그리고 우리는 그 '이상한' 나라 속으로 빠져든 앨리스들이 아닌가.

바울: 로마와 천국

그런데 복음서를 넘어가면 그림이 달라진다. 예수님의 세계는 씨를 뿌리고 고기를 잡는 팔레스타인의 농어촌이지만, 바울의 세계는 웅장하고 화려한 고대 로마의 도시들이다. 시민권이 중요하고, 상업이 번창하며, 운동 경기가 많고, 로마군들이 자주 등장하는 세계다. 〈쿼바디스〉Quo Vadis나 〈벤허〉Ben-Hur, 혹은 보다 최근의 〈글래디에이터〉Gladiator 같은 영화에 등장하는 그런 세계다.[23] 그러기에 복음서의 이야기와는 전혀 다른 이야기가 나올 법도 하다. 실제로 바울이 복음을 말하는 방식은 복음서에서 예수님께서 복음을 말하는 방식과 사뭇 달라 보인다. 하지만 사는 곳은 달라져도 우리 삶의 바탕색이란 그리 쉬이 달라지는 것이 아니다. 그러기에 복음과 일상 사이에 존재하는 닮음과 낯섦이라는 역학관계 역시 쉽게 바뀌지 않는다.

로마제국의 직할 식민지였던 빌립보에서는 로마 시민권이 자랑거리였다행16:21. 미국 시민권을 위해 원정 출산을 마다하지 않는 우리 대한민국과 별로 다르지 않다. 그래서 바울의 가르침 역시 이런 시민권 이야기 주변을 맴돈다. 빌립보의 시민들이 시민권을 중요시하듯, 우리 신자들 역시 시민권에 목숨을 건다. 그런데 우리가 목숨을 거는 시민권은 로마제국의 것이 아니라, 하늘나라의 것이다빌3:20. 또한 로마 시민으로서 나름의 체통을 지키고, 미국 시민이랍시고 우아한 블랙커피를 흐뭇해한다면, 우리 역시 천국 시민답게 "복음에 합당하게 시민 노릇 한다"빌1:27, 개역개정의 "생활하라"는 일차적으로 "시민 노릇 하라"는 의미다. 재미있게도 교부 폴리캅 역시 빌립보 교회에 보낸 편지에서 같은 동사를 사용하여 "그주님에게 합당하게 시민 노릇 한다면 그와 함께 다스리게 될 것"이라고 말한다.

물론 우리가 속한 복음의 나라는 로마와 다르며, 천국의 시민다움은 로마가 요구하는 시민다움과 다르다. 자기를 비우는 겸손과 희생에 의지한 천국의 평화는 칼과 돈의 힘으로 지탱되는 로마의 평화*Pax Romana*가 아니다빌2:1~18.

천국을 말하는 방식들: 검투, 전쟁, 장사

로마 시민들이 검투사들의 핏빛 격투와 육상선수들의 치열한 경쟁을 즐겼듯, 복음 역시 이러한 삶의 이야기들로 묘사된다. 우리는 핏빛 모래의 경기장에서 목숨을 건 싸움을 벌이기도 하고빌1:30; 고전9:26; 딤전6:12; 딤후4:7~8, 육상선수들이 되어 사력을 다해 결승점으로 질주하기도 한다고전9:24~26; 갈2:1; 빌2:16; 3:10~14; 딤후4:7~8.

하지만 복싱선수 바울은 로마의 복싱선수들과는 다르며, 신자들의 달리기는 세상의 경주와 다르다. 집요함과 치열함은 다를 바 없지만, 놀랍게도 펀치를 날리는 바울의 상대는 눈앞의 대적이 아닌 바로 자기 자신이다고전9:26. 바울은 자신의 몸을 때려 복종시키면서 복음을 위한 사투를 벌인다. 또한 승리의 관을 손에 넣기 위해 트랙을 뛰는 것은 마찬가지지만, 우리가 기대하는 상은 썩어 없어질 나뭇가지가 아니라 영원한 구원이라는 월계관이다고전9:25. 그래서 우리가 거치는 훈련과 절제 또한 신체의 수련이 아니라, '그리스도의 고난'을 우리 것으로 만들고자 하는 희생과 양보로 나타난다빌2:1~11; 3:7~16; 고전10:24, 33. 참 '이상한 나라'의 운동 경기다.[24]

로마의 병사들이 전쟁을 준비하듯, 그리스도인들 역시 전쟁을 수행한다. 하지만 우리의 싸움은 국경 변방의 야만인들에 대한 것이 아니라, 우리 삶의 배후에서 우리를 움직이는 영적 세력에 대항한 것이다고후10:3~5. 우리에게 필요한 군장은 "육신"에 속한 칼과 방패가 아니라 하나님께서 지어주신 "하나님의 전신 갑주"완전한 무장이며고후10:4; 엡6:13, 그리스도께서 지어주신 "빛의 갑옷"이다롬13:12~13. 우리가 꾸린 이 군장은 믿음, 소망, 사랑이라는 '이상한' 모양을 가졌다살전5:8. 살육과 투쟁 대신 진리와 평화라는 '이상한' 싸움을 싸우며엡6:14~15, 치밀한 전략과 모략 대신 성령과 기도라는 비상식적인 전술을 사용한다엡6:17~18. 참 '이상한 나라'의 전쟁이다.

우리는 또 많은 이익을 위해 머리를 굴리는 장사꾼이기도 하다. 때로는 교회의 예배조차 일종의 장사처럼 묘사된다. 고린도 성도들처럼 서로 분열하며 파행적인 모습을 보일 때, 그들의 성찬은 남는 장사가 아니라 도리어 적자 나는 모임으로 전락한다고전11:17, 개역개정의 "유익"과 "해로움"은 '이익'과 '손해'를 의미하는 상업용어들이다. 그런 식으로 모여 성찬을 할 바에야 차라리 모이지 않는 것이 남는 장사라는 질책이다. 우리의 삶 자체가 장사에 비유되기도 한다. 그런데 우리가 벌이는 삶의 장사는 거꾸로 간다. 사람들이 보물이라 부르는 것들에 우리는 '똥'값을 매긴다빌3:8. 사람들이 '흑자'라고 적을 때 우리는 '적자'라 적는다빌3:7. 우리가 기대하는 최대의 흑자는 "그리스도"다.

> 8또한 모든 것을 해로 여김은 내 주 그리스도 예수를 아는 지식이 가장 고상하기 때문이라 내가 그를 위하여 모든 것을 잃어버리고 배설물로 여김은 그리스도를 얻고 9그 안에서 발견되려 함이니 내가 가진 의는 율법에서 난 것이 아니요 오직 그리스도를 믿음으로 말미암은 것이니 곧 믿음으로 하나님께로부터 난 의라빌3:8~9

그렇다. 우리는 그리스도를 아는 것이 가장 값진 이득임을 알고서 다른 모든 것을 아낌없이 내버리는 '이상한 나라'의 장사꾼이다.

이상한 나라의 구원

바울은 로마제국의 백성들에게 하나님의 구원을 일종의 입양으로 설명했다.[25] 개역개정의 표현으로 하자면, '양자됨'이다.

> 너희는 다시 무서워하는 종의 영을 받지 아니하고 **양자의 영을 받았으므로** 우리가 아빠 아버지라고 부르짖느니라롬8:15

> 율법 아래에 있는 자들을 속량하시고 우리로 **아들의 명분을 얻게 하려 하심이라**갈4:5

율리우스 카이사르가 나중에 종손누나의 딸의 아들 옥타비아누스아우구스투스를 입양해 양자로 삼았던 것처럼, 로마제국의 유력 인사들은 남자아이를 입양해 자신의 후계자와 상속자로 삼곤 했다. 바울의 설명은 바로 이런 일상적 경험을 바탕에 깔고 있다.

그런데 바울이 말하는 입양은 그 절차가 수상하다. 아들 아닌 종들을 하나님의 아들로 입양하기 위해 본래 아들이 종의 신분이 되어 십자가에서 죽임을 당한다. 당시 십자가형 죽음은 주로 노예들이나 흉악범들에게 적용되는 형벌이었다. 그러니 본래 아들을 종으로 만들고 죽임으로써 다른 종들을 해방하여 아들들로 입양하는, 정말 '이상한 나라'의 입양법이다.

혹은, 우리의 구원은 예수님께서 우리를 신부로 맞이하는 일종의 결혼과 같다. 여기서도 결혼의 절차가 비틀린다. 아름다운 신부 대신 더러운 여인이 신부로 정해진다. 물론 결혼을 위해 신부는 당연히 티 없이 아름다운 모습을 갖출 것이다. 그런데 볼품없는 우리를 신부처럼 깨끗하게 단장하기 위해 신랑이 자신을 아낌없이 내어주고 십자가 위에서 피를 흘린다엡5:25~27. 일상에서는 경험할 수 없는 '이상한 나라'의 청혼 방식이다.

복음과 현실, 그리고 결단

복음은 삶의 이야기다. 그러하기에 우리의 일상은 복음을 설명하는 가장 좋은 재료다. 하지만 앨리스의 나라가 '이상한' 것처럼, 복음이 그려내는 이야기 속에서 우리의 일상은 마치 살바도르 달리Salvador Dali, 화가의 시계처럼 비틀리고 뒤집힌다. 하지만 비틀린 세계 속의 비틀림은 그 비틀림을 원형으로 회복하려는 몸놀림일 수 있다. 이처럼 복음이 드러내는 역전과 비틀림은 실상 이미 뒤집히고 비틀린 우리의 세계를 '바로잡는'rectifying 하나님의 움직임이다. 이것이 바로 '의롭게 하다'justify라는 말이 품은 의미의 한 가닥이다. 당연한 말이겠지만, 현재의 일상에 집착하면 할수록 우리는 이 은혜가 만들어 내는 역전과 굴곡에 부담을 느끼게 된다.

하나님의 은혜란 비유 속의 둘째 아들처럼 감격하며 받는 것일 수도 있지만, 같은 이야기 속의 큰아들처럼 거품을 물며 거부하는 것이기도 하다. 뒤늦게 들어온 사람에게 주어진 한 달란트처럼 감지덕지 받으며 감격할 수도 있지만, 하루 종일 고생한 사람에게 주어진 한 달란트처럼 불평 외엔 할 말이 없는 경험일 수도 있다. 제자들처럼 감격하며 예수님의 뒤를 따를 수도 있지만, 부자 청년처럼 근심하며 그를 떠날 수도 있다. "호산나!"를 외치며 환호할 수도 있고, 며칠 후 "십자가에 못 박으라"고 고함지를 수도 있다. 천상의 복음, 곧 은총의 복음이란 우리에게 익숙한, 혹은 우리에게 편리한 일상의 논리와는 어긋나기 때문이다.

하지만 우리와 다르지 않은 세계, 곧 지금의 우리와 다를 바 없는 세계가 우리에게 희망을 줄 수 없는 것처럼 이런 역전과 굴곡이 없는 곳에 새로운 가능성이나 새로운 희망이 있을 리 없다. 그래서 우리의 오늘은 늘 선택의 연속이다. 나의 좁은 세계를 사랑하며 천국을 '이상하다'라고 비난할 것인가? 혹은, 나 자신을 부인하고 나의 십자가를 진 채, 비틀린 나의 현실을 바로잡는 하나님의 은혜에 발을 맞출 것인가? 토끼가 중얼거리며 호주머니에서 회중시계를 꺼내 드는 '이상한' 나라의 앨리스가 될 것인가? 아니면, '정상적인' 세상 속에서 '그림도 없고 대화도 없는' 책을 읽는 언니가 될 것인가?

복음은, 어느 개그우먼의 초대처럼2006년 웃찾사에서, 이런 이상한 나라로 우리를 부른다. "따라와~!" 못내 아쉬워 미적거리는 우리에게 하나님의 은총은 목청을 높인다. "어서 와~!"[26] 하고.

> 지혜가 부르고 있지 않느냐? 명철이 소리를 높이고 있지 않느냐?
>
> 잠8:1, 새번역

해석이라는 이름의 정치

진리 공방

이젠 지나간 오랜 이야기가 되었지만, 줄기세포 이야기가 한동안 온 나라를 들쑤셔 놓은 적이 있었다. 사태가 진행되면서 이야기는 결국 황우석과 노성일, 이 두 사람의 진실게임이 되어갔다. 이 사건은 '순수' 과학이 어떻게 정치에 이용될 수 있는지 보여주는 좋은 실례였다. 뿐만 아니라, 이는 또한 우리의 삶 전체가 그런 정치적 의도와 조작으로부터 자유롭지 않음을 일깨워 준 사건이기도 했다. 황우석과 노성일, 혹은 황우석과 김선종 같은 이들 사이의 원색적 공방을 지켜보며 우리의 머리는 분주했다. 그 뒤 또 한차례 온 나라를 들쑤셔 놓은 신정아 씨의 학위 위조 사건 역시 마찬가지였다. 끝없이 계속되는 결백 주장과 말 바꾸기를 보면서 사람들은 "이것이 진실이다"라는 고백이 얼마나 무의미할 수 있는지 느꼈을 것이다.

과연 무엇이 진실일까? 하지만 질문은 금방 이렇게 바뀐다. 누가 더 신뢰할 만한 사람일까? 저들을 잘 아는 사람은 자신만만하게 이 질문에 답할 수 있을지 모른다. 하지만 우리 대부분은 시간을 두고 지켜볼 도리밖에 없다. "누구에게 신뢰를 보낼 것인가?" 하는 것은 간단한 문제가 아님을 알기 때문이다. 진실을 밝히겠다는 결연한 호소는 적어도 한 사람, 혹은 두 사람 모두에게 진리와 무관한 자신의 욕구를 방어하려는 이데올로기 이상도 이하도 아니었다. 그래서 우리는 줄기세포 자체의 진상만큼이나 거기에 얽힌 사람들의 정치적 의도에도 관심을 가졌다. 진실을 향한 호소가 애절한 만큼 더 추악한 인간의 본성을 다시금 보게 된 셈이었다.

이런 뉴스를 보면서, 예전 옷 로비 사건 당시 세상의 법정에서 서로 어긋나는 이야기를 늘어놓던 여인들이 모두 성경에 손을 얹고 진실을 맹세하던 장면이 겹친다.[27] 과학이 정치의 도구일 수 있는 것처럼, 성경 또한 우리의 정치적 조작으로부터 자유롭지 않다. 큰 권위를 가진 것이니 그만큼 더 효과적인 도구가 될 것이니 말이다.

진리는 객관적이라고 우리는 쉽게 생각한다. 하지만 진리는 사람을 떠나 홀로 존재하는 것이 아니다. 긴 시간 우리의 애를 태웠던 줄기세포 논란처럼, 이 모두는 우리가 살아가는 삶의 이야기들이고, 그 이야기를 엮어가는 것은 우리들이다. 결국 진리란, 바로 우리 자신의 삶 속에 담겨 있거나, 혹은 담겨 있지 않거나 하는 것이다. 그래서 많은 경우 진리에 대한 물음은 곧 진리를 담아내야 할 사람에 대한 물음이 된다. 복제 줄기세포가 그 복제 기술을 가진 사람 없이는 생겨날 수 없는 것처럼 말이다. 그래서 우리가 하는 일은 늘 '정치적'이다. 아리스토텔레스의 말처럼, 우리가 본시 '정치적인' 동물이기 때문이다.

신앙의 정치성

신앙이라는 삶의 차원 역시 예외가 아니다. 물론 하나님을 부르는 데서 시작하고 하나님의 계시인 성경에 기반을 두는 것이기에, 신앙 행위는 세속적 차원과 구별되는 초월적 성격을 갖는다.

하지만 신앙은 여전히 이 세상을 살아가는 인간들의 몸짓이다. 그러기에 우리의 신앙 역시 인간의 정치적 삶이라는 그물에 얽힌다. 하나님의 이름은 거룩하지만, 그 이름을 부르는 우리의 목소리는 깨끗지 않다. 하나님의 계시는 맑지만, 그 말씀을 읽고 해석하는 우리 안경은 투명하지 않다. 알맹이 없는 시인일수록 화려한 언어에 집착하는 법이다. 명분 없는 정권일수록 정통성에 목말라한다. 그렇듯 우리의 삶이 정치적일수록 우리는 더 영적인 언어로 말하고 싶어 한다. 그래서 고상한 언어는 그만큼 더 위험하다. 귀한 것일수록 더 조심해야 하는 이유가 여기에 있다. 우리의 언어는 거룩의 날개를 달고 쉽게 하늘로 날 수 있지만, 그 언어를 뱉는 우리의 삶을 하늘로 띄우기란 그리 쉬운 일이 아니기 때문이다. 오히려 우리는 추한 삶이 고상한 신앙의 언어를 더럽히고 주무르는 상황을 자주 경험하지 않는가.

어려운 부탁을 거절하고 싶을 때 우리는 흔히 "기도해 보겠다"라고 말한다. 이것은 영적 언어인가, 정치적 제스처인가? 어떨 때는 "은혜로 하자"라고 말한다. 여기서 말하는 '은혜'는 성경에서 말하는 그 은혜와 어떤 관련이 있는 것일까? 목사님의 설교를 듣고서, 우리는 무슨 생각으로 "은혜 많이 받았다"라고 인사를 할까? "할렐루야 아멘" 하는 소리가 사방에서 울리지만, 우리가 그 말을 써먹는 방식은 그 말의 본래 의미에 얼마나 가까이 선 것일까?

사실 영적 언어 자체는 아무것도 말해주지 않는다. 문제는 우리가 영적 언어를 사용하는 방식이다. 영적인 사람은 영적 언어를 자유롭게 활용하는 사람이 아니라, 실제로 그 은혜의 논리를 삶으로 담아내는 사람이다. 그 삶이 영적 언어로 표현되면 그것은 아름답다. 하지만 때로 우리는 우리의 가난함을 감추기 위해 영적 포장을 입힌다. 겉으로 보기엔 이것 또한 아름답다. 하지만 이 아름다운 외양은 속의 추함을 감추려는 속임수에 지나지 않는다. 예수님께서 언급하신 "회칠한 무덤"마23:27은 바로 이런 현실을 짚어내는 이미지다. 우리 입에 담긴 영적 언어들은 어디에 더 가까운 것일까?

율법과 성경: 살리는 영, 정죄하는 의문

로마서 7장에서 바울은 거룩한 율법의 역설적 운명에 관해 말한다. 생명을 약속했던 율법이 도리어 사망의 도구로 전락한 비극적 현실 이야기다. 궁극적인 범인은 죄였다. 우리 속에 있는 죄의 세력이 율법을 가로채 그것으로 우리를 죽음에 이르게 했다는 것이다.

> 그런즉 선한 것이 내게 사망이 되었느냐 그럴 수 없느니라 오직 죄가 죄로 드러나기 위하여 선한 그것으로 말미암아 나를 죽게 만들었으니 이는 계명으로 말미암아 죄로 심히 죄 되게 하려 함이라
>
> 롬7:13

이런 상황에서 율법을 내세웠던 유대인들의 '자랑'은 죄에 휘둘리는 자신의 구린 삶을 그럴듯하게 보이려는 가림막 그 이상도 이하도 아니었다. 율법을 내세워 자신을 이방인과 구별하면서도 막상 자기 삶을 다르게 사는 데는 소홀했다롬 2장. 그래서 아브라함의 자손이라는 사실에 뿌듯해하면서도 막상 "회개에 합당한 열매"엔 무관심했다눅3:7~10. 이런 그들에겐 천국의 도래가 곧 심판의 경고였다. 저주할 수는 있었지만 생명을 주지는 못했던 율법, 인간의 삶을 바꾸는 것이 아니라 인간의 정치에 도용당했던 율법, 그 무력한 율법을 바울은 "율법 조문"글자 나부랭이, 의문이라 불렀다롬2:29; 7:6; 고후3:6~7. 그런 율법을 애지중지하고 자랑한다고 삶이 달라지는 것은

아니었다.

죄의 전횡이 유대인의 성경인 '율법'에만 해당한다고 믿는 것은 무지한 자살행위다. 기독교인인 우리 역시 옛날 유대인들이 빠졌던 위선적 착각으로부터 자유롭지 않다. 경건의 모양을 갖추었어도 경건의 능력을 부인하는 삶은 성경을 하나님의 말씀으로 자랑하는 오늘 우리에게도 생생한 가능성으로 남아 있다. 교회는 언제나 자기방어에 급급하지만, 화려한 모양을 자랑하는 교회가 세상으로부터 온갖 욕을 먹고 있는 게 현실이다. 이 비루한 현실을 보노라면, 우리의 실상 역시 '고백적 신앙'과 '실천적 불신앙'이 편리하게 결합한 모양처럼 보인다.

그래서 바울의 성경율법처럼, 우리의 성경 역시 정치적 장난에 노출되어 있다. "율법 조문"의문, 문자으로 남아 우리를 죽음으로 내몰 수도 있고, "생명의 성령의 법"롬8:2이 되어 우리를 생명의 길로 인도할 수도 있다. 죄인 된 우리의 삶을 숨기고 정당화하는 이데올로기로 오용될 수도 있고, 죄인 된 우리의 삶을 심판하며 거기서 새로운 생명의 가능성을 열어가는 새 창조의 도구가 될 수도 있다. 유대인들이 율법을 자랑하는 것이 공허한 일이었듯, 오늘 우리에게도 성경을 자랑하는 것으로는 충분치 않다. 성경에 호소하는 우리의 삶 자체가 의심의 대상이기 때문이다.

중요한 것은 성경을 내세우는 것이 아니다. 그 성경의 칼날에 우리 삶을 갖다 대는 일이다.

> [12]하나님의 말씀은 살아 있고 활력이 있어 좌우에 날선 어떤 검보
> 다도 예리하여 혼과 영과 및 관절과 골수를 찔러 쪼개기까지 하며
> 또 마음의 생각과 뜻을 판단하나니 [13]지으신 것이 하나도 그 앞에
> 나타나지 않음이 없고 우리의 결산을 받으실 이의 눈 앞에 만물이
> 벌거벗은 것 같이 드러나느니라히4:12~13

우리에게 성경은 무엇일까? 성경이 하나님의 무오한 말씀이라고 거품을 무는 우리에게, 과연 성경은 무엇일까? 죽음을 일구는 글자들의 조합일까, 아니면 생명을 가져오는 복음의 말씀일까? 남의 논문은 아무리 표절해도 봐주면서도 모세오경의 저작에 대해 조금이라도 애매모호한 말을 하면 바로 칼을 찌르는 우리 신학교수들에게, 과연 성경은 무엇을 위한 것일까? 성경의 명백한 가르침을 무시하고 아무 가치 없는 콘크리트 건물을 '성전'으로 떠받들면서도 그 성경의 이름으로 성도들의 질문을 잠재우는 우리 목회자들에게, 과연 성경은 무엇일까? 말씀의 선포자라고 큰소리치면서도 학위에 목이 말라 세상의 더러운 수단도 마다하지 않는 우리 목사들에게, 과연 성경은 어떤 의미가 있는 것일까? 성경이 일점일획도 틀림이 없다고 말은 하면서 엉터리 '은혜' 교리로 야고보의 가르침은 쉽게 무시할 줄 아는 우리 신자들에게, 과연 성경은 무엇일까? 우리를 구원에 이르게 하는 진리의 보고일까, 아니면 종교적 정치에 휘둘려 우리를 사망에 이르게 하는 가여운 희생양일까? 우리는 성경을 따르는가, 아니면 이용하는가?

앞에서 말한 것처럼, 성경은 비평의 대상이 아니다. 하지만 성경에 대한 우리의 해석은 철저한 검증과 비평의 대상이 된다. 우리가 어떤 방식으로 성경을 읽고 활용하고 있는가에 관한 검증이다. 우리가 성경을 어떻게 정치적 도구로 활용하고 있는가를 밝히는 것은 더 진솔한 모습으로 하나님의 말씀을 듣고자 하는 노력의 일부다. 우리는 명백한 가르침에 슬쩍 눈을 감기도 하고, 성경의 논점을 슬쩍 비틀기도 하며, 애매한 해석으로 사태의 핵심을 흐리기도 한다. 이런 식으로 우리는 해석이라는 이름의 정치를 수행한다. 성경을 해석한다는 명분 아래 끊임없이 우리의 삶을 방어하고 타인의 삶을 공격하는 것이다. 이러한 우리의 '작업'을 정확히 드러내는 것이 진리를 향한 첫걸음이 될 것이다.

물론 구린 구석이 많은 우리는 할 수만 있다면 이런 검증 작업을 피하고 싶다. 요한복음의 말씀처럼, 행위가 악한 사람은 빛으로 나아오기 싫어하는 까닭이다.

> 악을 행하는 자마다 빛을 미워하여 빛으로 오지 아니하나니 이는 그 행위가 드러날까 함이요요3:20

물론 우리는 그럴듯한 명분을 동원할 것이다. 줄기세포 사건이 한창 시끄러울 때 많은 사람은 〈PD수첩〉이나 프레시안 같은 언론을 향해 매국노라는 비난을 서슴지 않았다. 국가적 망신을 들먹이며 애국심에 호소함으로써 사실을 밝히려는 노력을 막는 시도다. MBC의 시사프로그램이 대형교회의 부조리를 폭로했었다. 그러자 한국기독교총연합회의 대표는 노조 대변인의 입에서나 나올 법한 거친 표현을 동원하며 MBC를 협박했었다. 하긴, 돈이라는 '실력'으로 종교적 지위를 살 정도의 영성이라면 그런 방법이 가장 효과적인 대응법이라 느낄 법도 하다. 그런 사람들에게 "우리의 싸우는 무기는 육신에 속한 것이 아니요"고후10:4라는 바울의 외침이 무슨 울림이 있겠는가?

사실과 무관한 어떤 욕구가 우리를 지배할 때, 진실에 관한 모든 관심은 언제나 하나의 위협으로 다가온다. 하지만 그것이 하나님의 말씀이 필요한 이유가 아닌가? 그래서 말씀은 우리를 쪼개며 심판하는 칼로 비유되는 것이 아닌가?

줄기세포 논쟁이 한창일 때, 외국의 어느 과학자는 MBC의 보도를 두고 한국 과학계의 자정능력을 입증하는 증거라고 하였다. 말씀이 저급한 이데올로기의 장난에서 벗어나 우리를 심판하고 새롭게 하는 자정능력의 도구로 더 큰 힘을 발휘할 수 있기를 바라는 마음 간절하다. 성경이 나의 정치적 욕구를 달성하는 폭력의 칼이 아니라, 나의 한계를 폭로함으로써 나를 새롭게 하는 양날 선 생명의 칼이 되었으면 하는 희망이다.[28]

원문이 존재하지 않는(?) 하나님의 말씀

성경의 원문이 없다?

우리는 성경이 하나님의 말씀이라 고백한다. 하지만, 사실 "이것이 하나님의 말씀이다"라고 제시할 수 있는 한 권의 책은 존재하지 않는다. 말하자면, 성경의 원문原文은 존재하지 않는다. 성경 저자들의 '육필 원고'는 흔적도 없이 사라졌고, 우리가 가진 것이라곤 여러 단계에 걸쳐 원문을 베낀 수많은 사본寫本뿐이다. 가장 빠른 사본이라 해도 2세기 중엽을 넘지 않는다. 그나마 본문의 일부만 담은 파피루스 조각들이 대부분이다. 온전하게 보존된 사본들은 가장 빠른 것이라 해도 최초 저술 후 몇 세기가 지난 것들이다.

물론 사본들이 원문과 정확히 일치한다면 고민할 필요도 없다. 하지만 손으로 다른 사람의 글을 베껴본 사람이라면 쉽게 이해할 수 있는 것처럼, 지금까지 발견된 많은 사본 간에는 서로 다른 부분들이 매우 많다. 사본들이 서로 달라지는 이유도 가지각색이다.

우선 필사자筆寫者, 곧 성경을 손수 베껴 사본을 만드는 사람들의 실수를 생각할 수 있다. 비슷하게 생겼거나 소리가 비슷한 글자를 혼동하여 잘못 베낄 수 있다. 반복되는 글자나 단어를 한 번만 적고 말기도 한다. 하나뿐인 글자를 실수로 두 번 적는 경우도 생긴다. 두 줄이 공교롭게도 같은 글자로 끝나거나 시작되면 다음 줄은 이미 적은 줄 알고 통째로 빼먹는 경우도 있다. 또한 필사자가 의도적으로 본문을 바꾸어 베끼는 경우도 있다. 문체가 조악하다고 여겨 필사자 자신이 더 부드러운 말로 바꾸기도 하고, 생소한 단어를 더 친숙한 것으로 바꾸기도 했다. 혹은, 필사자가 견지하는 신학적 입장에 따라 낱말이나 표현을 바꾸는 경우도 종종 발견된다우리나라의 침례교 전통에서 '세례'를 '침례'로 바꾸어 표시하는 것을 생각하면 된다. 이런 식의 필사 과정을 거쳐 오랜 세월을 내려온 마당에 사본들이 서로 일치하기를 바라는 것은 비현실적인 기대다.[29]

원문이 없이 다양한 형태의 사본들만 가진 상황에서 성경의 원문을 알기 위해 우리가 택할 수 있는 유일한 방법은 무엇일까? 서로 다른 사본들을 일일이 비교하며 성경 본래의 본문을 차근차근 '복원'復原하는 것뿐이다. '비평'이란 말이 들어가 거부감을 느끼는 사람들도 있지만, 이런 불가피한 복원 작업을 학자들은 본문비평textual criticism, 혹은 사본학寫本學이라 부른다. 물론 다른 고대 문서의 사본에 비해 성경 사본들의 충실도는 훨씬 높다. 그래서 사본들의 일치 또한 놀라울 정도지만, 그럼에도 불구하고 많은 곳에서 서로 다른 '독법'讀法이나 '이문'異文, variants이 나타난다. 그래서 원문 복원 작업은 언제나 불완전하며, 따라서 확정적인 판단이 불가능한 경우가 많다.

가령 로마서 5장 1절을 보자. 이 구절에서 어떤 사본들은 가정법 청유형으로 "평화를 누리자"라고 적고, 어떤 사본들은 그냥 직설법을 사용하여 "평화를 누린다"라고 적는다. 헬라어로 보면 장모음 오메가ω 와 단모음 오미크론ο이라는 철자 하나 차이다. 물론 소리는 거기서 거기이고, 바로 그 때문에 이런 차이가 생겨났을 것이다. 그렇다면 바울이, 혹은 바울의 편지를 대서한 더디오롬16:22가 로마서를 쓰면서 실제 펜으로 적었던 단어는 무엇이었을까? 물론 지금 우리로서는 알 도리가 없다.

사본들을 비교해 보면 두 가지 독법이 비슷한 비중을 가지고 나타난다. 교부들의 증거도 둘로 갈라진다. 그래서 어느 한쪽에 힘을 실어주기가 어렵다. 둘 다 문맥과 잘 어울리는 까닭에 신학적으로도 판단이 쉽지 않다. 그리스도께서 우리를 이미 의롭게 하셨으므로 우리가 하나님과 "평화를 누린다"고 선언하는 것일 수도 있고, 그리스도께서 우리를 의롭게 하셨으므로 이제 당당히 하나님과 "평화를 누리자"며 권유하는 것일 수도 있기 때문이다.

이렇게 사본의 독법들이 서로 달라지는 상황에서, 개역개정은 "화평을 누리자"를 택하고, 새번역은 "평화를 누리고 있습니다"를 택했다. 서로 다른 사본과 다른 독법을 원문으로 추정했기 때문이다. 물론 우리는 이 둘 중 어느 것이 진짜 하나님의 말씀인지 모른다!

또 다른 예를 들어보자. 마태복음 21장 28~30절에는 아버지가 두 아들에게 포도원에 가서 일하라고 시키는 이야기가 나온다. 영어를 좀 알아서 한글 개역개정과 NIV 대역을 읽는 사람은 이 대목에서 매우 당혹스러울 수 있다. 한글판과 영어판 이야기의 순서가 서로 거꾸로 되어 있기 때문이다. 개역개정에는 맏아들이 가겠다고 대답하고서 실제로는 불순종하는 반면, 둘째 아들은 싫다고 했다가 회개하고 순종한다. 그런데 영어에 보면, 맏아들이 싫다고 했다가 회개하고 순종하는 반면, 둘째 아들이 가겠다고 하고서 가지 않는다. 새번역의 경우 영어NIV와 같은 본문을 채택했고, 아래에 개역개정에 나오는 순서의 본문을 각주로 병기해 두었다. 물론 이런 차이는 번역 대본으로 사용한 헬라어 사본이 서로 달라 생겨난다. 이 본문의 경우, 사본들의 증거를 비교해 보면 NIV와 새번역의 독법이 훨씬 더 신빙성이 높다. 그래서 가장 널리 사용되는 두 종류의 헬라어 성경 모두 이 독법을 원문으로 채택하였다.

이런 경우들은 신학적으로 큰 문제가 되지 않는 차이점들이지만, 사실 의미가 달라지는 경우도 적지 않다. 가령 마가복음 1장 41절에서, 우리는 병자의 말을 들은 예수님의 모습을 "불쌍히 여기사"라고 묘사한 대목을 만난다. 하지만, 이 본문을 담고 있는 다른 사본들에는 예수님께서 그 병자의 말을 들으시고 긍휼히 여기신 대신 오히려 "분노하셨다"라고 되어 있다. 많은 사본학자나 번역 성경은 '긍휼히 여기셨다' 쪽으로 기울었지만, '분노하셨다'가 원문이었을 것으로 생각하는 학자들도 없지 않다. 두 단어가 비슷한 말이라면 별문제가 아닐 수도 있다. 하지만 긍휼히 여기는 것과 분노하는 것은 분명 정반대의 태도가 아닌가! 그런데도 우리는 어느 쪽이 본래의 원문인지 확실하게 말할 수 없다. 진본 마가복음 원고가 어딘가에서 발견되지 않는 한 말이다.[30]

간음한 여인을 용서하신 이야기

좀 더 적나라한 예를 들어보자. 대부분의 한글 성경에는 요한복음 7장 53절부터 8장 11절까지, 그러니까 예수님께서 간음한 여인을 용서하신 이야기가 괄호로 묶여 있다. 그리고는 "어떤 사본에, 7:53부터 8:11까지 없음"이라는 각주가 달려 있다. 괄호 안에 넣어둔 것은 괄호 안의 본문이 요한복음 원문의 일부인지 아닌지 확실하지 않다는 의미다. 개역개정에는 막연히 "어떤 사본"이라고 했지만, NIV에서 밝히고 있는 것처럼 사실 이 사본들은 '가장 오래되고 가장 신뢰할 만한 사본들과 다른 고대의 증거자료들'로 간주하는 것들이다. 당황스럽게도, 이런 비중 있는 오랜 사본들에는 이 감동적인 이야기가 나오지 않는다. 이 이야기가 등장하는 것은 비교적 후대의 사본들, 그리고 상대적으로 신뢰도가 떨어지는 사본들에서다.

그러니까 순전히 사본학적 증거만으로 판단하자면, 이 이야기는 본래 요한복음의 일부는 아니었을 가능성이 대단히 크다. 그러니까 애초에 요한복음과는 별도로 전승되던 이야기였던 것이 비교적 이른 시기에 요한복음 사본 속으로 함께 필사되었고, 이것이 그 나름의 사본 전통을 형성했을 가능성이 크다요한복음의 다른 부분, 혹은 다른 복음서와 함께 붙어 있는 사본들도 있다.[31] 하지만 교회의 전통 속에서 오랫동안 권위 있는 말씀으로 간주했었던 터라 아주 빼기도 어렵다. 그래서 괄호로 처리하는 '고육책'을 쓴 것이다. 학자들은 대개 이 전승의 역사성은 분명해 보이지만, 본래 요한복음의 일부는 아니었던 것 같다고 설명한다.

필자가 고든콘웰신학교Gordon-Conwell Seminary에서 처음으로 신학 공부를 시작할 당시 요한복음을 강의했던 고든T. David Gordon이라는 교수는 수업 중 이 부분을 설명하면서 매우 흥분했었다. 이 부분이 원문이 아닌 것이 분명하고 성경번역자들 모두 그렇게 생각하는데도, 이 유명한 이야기가 빠진 성경은 사람들이 잘 안 살 것이라는 판매상의 이유로 이 본문을 계속 성경 속에 포함해서 인쇄하고 있다는 것이었다. 고든 교수의 비판이 얼마나 정확한 것인지는 알기 어렵지만, 여기서 우리는 사본상의 문제가 그저 학자들의 놀음에만 그치는 것이 아님을 잘 알 수 있다.

마가복음의 결말

이것과 똑같은 현상이 마가복음의 마지막 부분에서도 나타난다. 대부분 학자는 우리 성경에 괄호로 묶여 있는 16장 9절부터 마지막까지의 본문이 마가복음의 원문은 아니었을 것이라고 미루어

짐작한다. 내용을 분석해 보건대, 아마도 후대의 누군가가 마태복음과 누가복음의 종결부를 참고하여 작성해 첨가한 것으로 보인다. 역시 꺽쇠 괄호로 처리된 주기도문의 송영마6:13도 마찬가지다. 사본상의 증거를 볼 때, 이 구절은 주님께서 가르치신 주기도문의 일부가 아니었을 가능성이 높다. 아마도 기도문에 어울리는 종결 형식을 갖추기 위해 누군가에 의해 덧붙여져서 후대의 사본들에 나타나기 시작했을 것이다.

물론 이처럼 괄호 안에 들어간 부분이 원문이었을 가능성도 전혀 없지는 않다. 필자가 런던에서 박사과정을 밟고 있을 때 리즈Leeds 대학에서 박사 논문을 쓰던 할아버지 학생이 있었다. 그의 논문 주제가 바로 마가복음의 종결 부분이 원문의 일부임을 사본학적으로 증명하는 것이었다. 물론 이는 모두 절대적 판단이 가능하지 않은 역사적 개연성의 영역이다. 이쪽이든 저쪽이든, 우리는 이런 본문들의 원문성原文性에 대해 확정적인 판단을 내릴 입장에 있지 않다.

여인의 침묵?

사본상의 결정이 교회의 삶에서 직접적이고 심각한 신학적 파장을 일으킬 수 있다는 사실을 잘 설명하는 본문 중 하나를 꼽으라면, 고린도전서 14장 34~35절이다.

> 34여자는 교회에서 잠잠하라 그들에게는 말하는 것을 허락함이 없
> 나니 율법에 이른 것 같이 오직 복종할 것이요 35만일 무엇을 배우
> 려거든 집에서 자기 남편에게 물을지니 여자가 교회에서 말하는
> 것은 부끄러운 것이라

여성안수 문제와 관련하여 자주 이야기되는 것처럼, 이 부분에서 바울은 여자들이, 혹은 아내들이 교회에서 침묵할 것을 요구한다. 당연히 이 구절은 여성안수가 신학적으로 정당하다고 생각하는 사람들에게는 가장 당혹스러운 구절의 하나다. 그런데 재미있게도 이 구절에 사본상의 불확실함이 있다. 서로 다른 사본들에서 이 구절이 서로 다른 위치에 등장하고 있기 때문이다. 가령 현재의 위치에 34~35절을 위치시키고 있는 사본도 많지만, 이 두 절을 40절 이후에 갖다 붙인 사본들도 상당수 존재한다. 그래서 많은 학자가 이런 일관성의 결여를 근거로 이 '떠돌이' 구절이 고린도전서의 원문이 아니었을 것으로 추정한다.

얼마 전 여성안수와 관련하여 국내의 어떤 목회자와 논쟁을 벌였던 풀러신학교의 김세윤 교수나 위에서 언급한 사본학자 신현우 교수 역시 이런 입장을 취한다.[32] 이것이 원문이 아니라는 것은, 달리 말하면, 바울이 고린도 교인들에게 그런 말을 한 적이 없다는 이야기다. 실제로 바울의 논증에서 34~35절을 지우고 읽어보면 33절에서 36절로 넘어가는 생각의 흐름이 매우 자연스럽다. 그러니까 알 수 없는 이유로 인해 문맥에 전혀 어울리지 않는 구절이 불

쑥 끼어들었다는 것이다.

하지만 이런 결론이 확실한 것은 아니다. 형태나 위치가 달라지긴 하지만 어쨌든 이 구절은 고린도전서의 모든 사본에 공통으로 나타난다. 또 현 위치에 나타나는 사본들의 증거도 매우 강하다. 이런 사실들은 이 구절이 원문의 일부였을 가능성을 시사하는 강력한 증거가 될 수 있다. 그러니까 바울이 정말 그런 말을 했을 가능성도 상당하다는 이야기다. 그리고 이 구절이 바울의 말이 아니라고 해도 디모데전서 2장 11~15절 같은 구절이 있는 한 문제는 그리 간단하지 않다. 물론 디모데전서를 바울 이후의 저작이라고 말함으로써 바울을 변호할 수는 있겠지만, 이 편지를 성경에서 제외하지 않는 한 문제는 사라지지 않는다.

'정확하게' 알 수 없는 '정확무오'한 말씀

부분적이긴 하지만, 성경의 원문을 알 수 없다는 사실은 당혹스럽다. 우리는 성경이 정확무오한 하나님의 말씀이라 고백한다. 하지만, 그 말씀이 "평화를 누리자"라고 말하는지, 아니면 "평화를 누린다"라고 말하는지 정확히 모른다. 물론 정확한 원문은 있다. 문제는 우리가 그 원문이 어떤 것인지 모른다는 것이다. 말하자면, 어느 쪽을 취하건 원문이 아닐 가능성이 절반이다.

그렇다면 어느 쪽을 취하여 설교하건 그것을 두고 하나님의 말씀이라고 절대적으로 주장하기는 어려운 일이 아닌가? 아니면 예수님께서 간음한 여인을 용서하신 사건은 또 어떻게 해야 할까? 요한복음이라는 정경의 일부는 아니지만 예수님께서 실제 행하신 일이 분명하다면 설교 본문으로 택할 수 있지 않을까? 그러나 성경에 없는 예수님의 행적도 설교할 수 있다면 '성경'만이 하나님의 말씀이라는 고백 자체가 무의미해지는 것 아닌가? 성경 본문 자체가 분명하게 확정될 수 없는 상황에서 이 성경이 하나님의 말씀이라고 고백하는 것이 무슨 의미가 있는가? 당혹스러운 상황이 아닐 수 없다.

빗나간 확실함

우리는 이런 당혹스런 상황이 불편하다. 그래서 성경 본문과 관련된 불확실함을 제거하고 싶다. "성경은 하나님의 말씀이다"라는 원론적 고백을 넘어 우리가 손에 든 책을 흔들며 "이것이 바로 하나님의 말씀이다"라고 말하고 싶다. 사본들이 서로 다른 본문을 담고 있는 상황에서 그렇게 할 수 있는 유일한 방법은 여러 사본 중 하나를 골라 "이것이 진짜다"라고 말하는 것이다.

'말씀보존학회'로 알려진 그룹들이 대표적이다. 이는 미국에서 시작된 흠정역King James Version 우상화 운동을 수입한 것인데, 흠정역의 근간이 되는 소위 '공인사본'*Textus Receptus* 중 하나를 골라 그 사본만이 영감된 원문을 담고 있다고 주장한다. 이것은 에라스무스가 편집한 사본인데, 활용한 사본 자체가 많지 않아 그 이후 발견된 대부분의 사본에 비해 상대적으로 신뢰도가 낮다고 알려져 있다.[33]

품질이 낮은 사본을 골라 거기에 목숨을 거는 행위는 영적 건강을 담보한 어리석은 도박이다말이 나왔으니 말이지만, 상대적으로 승률이 높아 보이긴 해도 학자들이 편집한 현대의 헬라어 성경을 맹목적으로 신뢰하는 것 역시 도박이기는 마찬가지다. 하지만 당장 편리하기는 할 것이다. 어디를 펴도 진짜 하나님의 말씀이라고 확실하게 주장할 수 있으니 말이다. "이것일 수도, 혹은 저것일 수도 있다"라고 말하는 것보다는 "이것이 진짜다" 하고 말할 수 있다는 것이 얼마나 신나는 일인가? 하지만 그들은 그 확실함을 위해 너무 큰 대가를 지불하는 것처럼 보인다.

언어와 하나님의 자유

사본상의 불확실함은 하나님의 말씀이 언어적 차원에 고착될 수 없음을 일깨우는 좋은 약이 될 수 있다. 물론 성경 말씀의 대부분은 사본상의 모호함에서 자유롭다. 그러나 항상 그런 것은 아니다. 종종 우리는 어떤 것이 원문인지 말할 수 없는 경우를 만난다. 그래서 우리의 신학은 늘 '겸손'이라는 바탕 위에서 이루어진다. 확실하지 않은 것을 말하면서 고집을 부릴 수는 없는 일 아닌가?

물론 이런 언어적 모호함과 신학적 겸허함이 복음 자체의 무력함으로 오해될 수는 없다. **성경 원문의 불확실함이 완벽한 신학을**

불가능하게 만들 수는 있지만, 말씀을 통한 하나님의 역사는 우리 신학의 완전함에 매이지 않는다. 성경을 하나님의 말씀이라 믿고, 그래서 우리는 그 말씀을 보다 정확히 이해하기 위해 땀을 흘린다. 하지만, 그렇다고 해서 하나님의 역사 자체가 내가 택한 '독법' 속에, 혹은 내가 구성한 '신학' 속에 고착될 수는 없지 않은가? **하나님은 손으로 지은 집에 계시지 않는 것처럼, 우리 손으로 구성해 낸 신학 속에 가두어지지도 않는다.** 애초부터 하나님의 역사는 인간의 완벽함과는 무관했다.

바울의 표현처럼, 우리가 질그릇이라고 그 속에 보화가 담기지 말라는 법은 없다. 초라한 에스라의 성전도 솔로몬의 성전처럼 하나님의 임재를 매개할 수 있었다면, 좀 덜 완벽해 보이는 본문을 통해서도 얼마든지 우리에게 말씀하실 수 있다는 생각이 아주 빗나간 것은 아닐 것이다. 신약성경이 존재하지 않던 시대에도 하나님의 복음은 능력 있게 퍼져나갈 수 있었다. 성경이 필요치 않다는 의미가 아니라, 우리를 구원하는 하나님의 걸음조차 성경에 관한 특정 교리 속에 고착시키려는 시도가 위험하다는 뜻이다.

언어 속에 담긴 생명

거듭 되뇌지만, 하나님의 율법이 언어 속에 고착되고 그 고착된 권위가 더 이상 하나님의 생명을 매개하지 못할 때, 그 율법은 '의문', 곧 '글자'의 수준에 머물게 된다. 그 글자에 신적 권위가 주어질 때, 거기서 파생되는 기능은 생명이 아닌 죽음이요, 의가 아닌 정죄였다고후3:7, 9. 해답은 오직 성령이었다고후3:3, 6, 17~18. 바로 이 성령만이 하나님의 생명을 매개하기 때문이다.

바울은 십자가와 부활로 요약되는 그리스도의 복음에서 이 해답을 찾을 수 있었다. 그래서 복음은 언어 이전에 하나의 사건이었다. 물론 복음은 언어로 선포되었지만, 그 언어는 하나님의 의지와 능력을 담은 말씀, 곧 살아 있는 말씀이었다. 바로 거기서 바울은 유대의 율법과 헬라의 지혜가 모방할 수 없는 복음의 차별성을 보았다롬1:16; 고전1:18, 24.

앞에서도 말했지만, 하나님의 율법을 '사문'死文으로 전락시키는 재주는 유대인만 가진 것은 아니다. 복음의 말씀을 가진 우리 역시 그 위험에서 자유롭지 않다. 광야의 놋뱀이 "느후스단"이라 불리며 우상숭배 대상으로 전락했던 것처럼왕하18:4, 성경 역시 우상숭배의 대상으로 전락할 수 있다. 놋뱀을 숭배할 것이 아니라 놋뱀이 가리키는 하나님의 은총을 발견해야 하는 것처럼, 우리의 열심 또한 성경책이나 이런저런 신학 체계가 아닌 성경이 계시하는 살아 계신 하나님께 조준되어야 한다. 또한 놋뱀을 향한 열정이 결국 자신의 욕구를 정당화하는 우상숭배였던 것처럼, 우리는 성경과 신학전통에 대한 우리의 열정이 실제로는 현재 나의 정치적 욕구를 충족시키려는 움직임이 아닌지도 물어야 한다.

그래서 우리가 가진 성경의 어떤 부분이 '확실하지 않다'라는 사실은 성경과 신학 체계를 숭배하느라 하나님을 잊는 잘못으로부터 우리를 지켜주는 일종의 안전장치일지도 모른다. 사본학자 신현우 교수의 말을 인용하며 맺는다.

> 우리에게 성경의 원문은 없다. 그리고 사본학을 통해 100% 원문을 복원할 수도 없다. 우리는 끝없이 원문에 더 가까이 다가갈 수 있을 뿐이다. 우리에게 100% 원문이 있어도 성경을 다 해석하여 알 수 있는 것은 아니다. 주석학을 통해 성경을 100% 다 알 수는 없다. 한 걸음씩 평생 성경을 좀 더 알아갈 수 있을 뿐이다. 성경을 다 안다고 해도 우리는 하나님을 다 안다고 할 수 없다. 하나님은 크고 위대하시다. 저 광대한 우주를 창조하신 하나님은 우주보다 더 크고 위대하신 분이다. 우리의 믿음의 대상은 이 창조주 하나님이다.

성경은 하나님을 가리키는 안내판이다. 우리는 안내판을 신뢰하지만, 그것을 믿음의 궁극적 대상으로 섬기지는 않는다. 그 안내판을 좀 더 명확하고 선명하게 하려는 노력은 그것이 가리키는 하나님에 대한 작은 사랑의 표현일 뿐이자, 그 안내판을 보고 따라가는 성도들과 그것을 곧 접하게 될 인류에 대한 작은 봉사일 뿐이다. 그리고 그러한 사랑과 봉사로서의 사본학이 안내판을 닦는 청소에 불과한 일일지라도, 바로 그것이 가리키는 크고 위대하신 하나님으로 인해 가치를 얻게 되는 것이다.[34]

번역 성경 읽기

우리의 한글 성경은 번역 성경이다. "번역은 반역이다"라는 이탈리아 속담이 말해 주듯, 번역의 과정에는 불가불 의미의 변형이 수반된다.[35] 이런 변형을 최소화하기 위해 '기계적' 번역 대신 NIV처럼 소위 '역동적 대응'dynamic equivalence이라는 원칙을 채용하기도 한다. 그렇다고 '반역'을 아주 없앨 수는 없다. 서로 다른 두 언어가 정확히 대응할 수 없는 노릇이고, 그 언어 배후에 놓인 문화의 차이 또한 번역하기 어려운 경우가 많기 때문이다.

하지만 이런 불가피한 '왜곡' 말고도 피할 수 있었던 실수도 여럿 존재한다. 그런 점에서 우리가 가진 모든 번역은 그 어느 것도 완벽하지 못하다. 다 나름대로 개선의 여지를 남기기 때문이다. 한때 한국교회에서 표준적 번역으로 통용되었던 개역한글에서 몇 가지 예를 골라 보자.

단순하지만 치명적인 오역

개역한글에는 명백한 오역이 종종 발견된다. 물론 이런 오역은 본문의 의미를 교란한다. 마태복음 6장에서 예수님께서는 시종일관 "염려하지 말라"고 가르치신다. 그런데 당혹스럽게도 이 가르침은 "내일 일은 내일 염려할 것이요"34절라는 결론으로 끝난다. 아무 생각 없이 읽은 사람들이야 무슨 문제냐 할 것이다. 하지만 본문의 흐름에 민감한 독자들은 혼란을 느낀다.

"내일 일은 내일 염려할 것이요"라는 것은 오늘엔 오늘 일을 "염려하고" 내일이 되면 내일 일을 "염려하라"는 말씀이 된다. 그런데 이것은 "염려하지 말라"는 지금까지의 일관된 논지와 전혀 어울리지 않는다. 그렇다면 주님의 진의는 무엇인가? 34절에서처럼 내일 일을 앞당겨서 염려하지 말고 그날 일들만 염려하라는 것인가? 아니면, 그 앞에서 줄곧 말씀하신 것처럼 오늘이고 내일이고 아예 염려하지 말라는 것인가?

하지만 이런 혼란은 그저 잘못된 번역 탓에 지나지 않는다. 이 구절을 정확하게 번역하면 "내일 일은 내일이 염려할 것"이라는 말이다. NIV는 "for tomorrow will worry about itself"라고 깔끔하게 옮겼다. 내일 일은 내일 자기가 알아서 염려할 것이므로 너희는 아무 걱정할 필요가 없다는 말씀이다. 사실 대부분의 염려는 내일에 대한 것들이다당장 발에 떨어진 불은 끄느라 정신이 없지 걱정하지는 않는다. 그래서 예수님께서는 염려의 대상인 내일 일은 내일 자기가 알아서 할 것이므로 우리는 전혀 염려할 이유가 없다고 말씀하신다. 그러니까 마지막 구절은 지금까지 이어온 "염려하지 말라"는 권면을 재차 강조하는 말씀이다.

다행히 개역개정은 이를 제대로 수정하여 훨씬 더 분명한 의미를 전달한다. 개역개정을 사용하면서도 이 부분이 수정되었다는 사실을 모르는 교인들이 대부분이라는 현실이 갑갑하기는 하지만 말이다.

혹은, 필자가 자주 인용하는 마태복음 5장 13절의 경우를 생각해 보자. 예수님께서는 "소금이 만일 그 맛을 잃으면 무엇으로 짜게 하겠느냐?"고 묻는다이는 개역개정에서도 마찬가지다. 자연스럽게 읽으면 대부분 독자는 '짜게 한다'라는 능동태 동사를 소금이 음식을 '짜게 한다'라는 말, 곧 '소금이 음식의 맛을 낸다'는 말로 이해한다. 하지만 이것은 예수님께서 의미한 것과 거리가 멀다.

실제 이 단어는 수동태로 '짜게 된다', 곧 '짠맛을 회복한다'는 뜻이다. 그러니까 맛을 잃어버린 소금이 자신의 잃어버린 "짠맛을 회복하겠느냐?"는 물음이다. 물론 이는 부정적 대답을 요구하는 수사의문문으로, '절대로 짜게 할 수 없다'는 의미다. 그런데 번역이 모호하다 보니, 소금 자체가 짠맛을 회복하지 못한다는 말씀이 소금이 음식을 짜게 할 수 없다는 뜻으로 곡해되었다. 실제로 이 오역은 주님의 가르침에 관한 오해의 주된 원인으로 작용한다.[36] 이와 관련해서는 뒷부분에서 다시 상세하게 다룬다.

더해서, 주의 만찬에 관한 교훈의 일부인 고린도전서 11장 20절을 보자. 여기서 바울은 파행적인 방식으로 주의 만찬을 거행하는 성도들을 비판하면서 "그런즉 너희가 함께 모여서 주의 만찬을 먹을 수 없으니"개역한글과 개역개정라고 말한다. 매우 이해하기 어려운 진술이다. 비록 파행적이긴 하지만 지금 고린도의 성도들은 부지런히 모여서 주의 만찬을 먹고 있다. 그런데 거기다 대고 함께 모여 "먹을 수 없다"고 말하고 있으니 이상할 수밖에 없다.

하지만 이 어색함 역시 번역상의 오류다. 바울의 말을 자연스럽게 번역하면, '여러분이 함께 모여 먹는 것은 주의 만찬이 아니다'라는 뜻이다. 비록 열심히 주의 만찬이라 먹고 있지만, 지금처럼 파행적인 방식으로 먹으면 제대로 된 주의 만찬이라 인정할 수 없다는 말이다. 오히려 합당하지 않은 모습으로 주의 만찬을 먹기 때문에 실상 "자기의 심판을 먹고 마시는" 그런 식사가 될 뿐이다29절, 개역개정에는 "자기의 죄를 먹고 마시는 것"으로 되어 있다. 그러니 이런 모임은, 상업용어를 빌려 말하자면, 모일수록 '이윤'이 남는 모임이 아니라 모일수록 '손해'가 나는 모임이 된다17절.

같은 구절에 또 하나의 치명적인 번역이 보인다. "사람이 자기를 살피고 **그 후에야** 이 떡을 먹고 이 잔을 마실지니"28절, 개역개정라는 대목이다. 이 번역에 의하면, 자기를 살피는 일은 주의 만찬에 참여하기 위한 선결 조건에 해당한다. 자기를 살피고 "그 후에야", 곧 '자기 검증에 통과한 후에라야' 성찬에 참여할 수 있다는 말이 되기 때문이다. 그래서 교회의 성찬에서 많은 목회자는 "거리낌이 있는 사람은 참여하지 말라"는 권고를 내리며, 실제 많은 '민감한'

성도들은 성찬을 거절하는 '겸손함'을 보인다.

하지만 이 역시 오역이다. "그 후에야"라는 시간 부사로 번역된 이 단어는 정확히 '그렇게', 혹은 '그런 식으로'라는 양태의 접속사다. 바울의 권고는 사람이 자기를 살펴야 한다는 것이며, 바로 "그렇게", 곧 "자기를 살피는 방식으로" 주의 만찬을 먹고 마시라는 것이다. 그러니까 본문은 주의 만찬에 참여하는 방법, 혹은 태도에 관한 것이지 성찬 참여의 전제조건에 관한 것이 아니다. 사실 십자가의 대속을 기억하는 주의 만찬을 먹고 마시는 데 무슨 선결 조건이 있을 수 있겠는가? 오히려 일정 조건을 만족시킨 후에라야 주의 만찬을 먹을 수 있다는 생각은 은총의 논리를 정면으로 거부하는 것과 같지 않은가? 이 부분 또한 뒤에서 다시 상세하게 다룬다.

분명하지 못한 번역

오역이라 하기는 지나치지만, 의미가 선명하지 못한 경우도 있다. 가령 고린도전서 3장 17절에서, 바울은 서로 분쟁하는 성도들에게 "누구든지 하나님의 성전을 더럽히면 하나님이 그 사람을 멸하시리라" 하고 경고한다. "더럽히면"으로 번역된 단어는 "파괴하면"이라는 뜻으로, 바로 뒤에 나오는 "멸하시리라"와 같은 낱말이다. '더럽히다'corrupt로 번역할 수도 있지만, 그럴 경우에도 깨끗한 것을 더럽힌다는 뜻보다는 온전한 것을 '망친다'는 의미를 담는다.

무엇보다도 "더럽히면"이라는 번역은 현재 바울이 활용하는 건축물성전이라는 그림언어와 전혀 어울리지 않는다.

이 구절에서 바울은 교회를 건축물성전에 비유하면서 성도들의 태도를 성전을 '세우는'짓는 태도고전3:10, 혹은 '파괴하는' 태도로 규정한다. 하나님은 지혜로운 건축자 바울과 그 뒤를 이은 사역자들을 통해 성전교회 공동체을 짓고 계신다. 그런데 누구든 이 성전을 "파괴하면", 오히려 하나님께서 그를 "파괴하실" 것이다. 건물의 비유를 의식하여 "더럽히면" 대신 "파괴하면"이라고 했다면, 바울이 그려내는 건축물 이미지가 더욱 선명하게 드러났을 것이다.

갈라디아서 6장에서 바울은 우리의 삶을 농사에 비유한다. 농사 비유란 필연적 인과관계를 나타내기 위한 비유다. "콩 심은 데 콩 나고, 팥 심은 데 팥 난다"라는 말과 같다. 농사에서와 마찬가지로 우리의 인생 역시 무엇이든 우리가 심은 대로 거둔다. 개역개정에는 자기 육체를 "위하여" 뿌리는 삶과 성령을 "위하여" 뿌리는 두 종류의 삶이 대조된다갈6:8. 여기서 "위하여"는 영어의 'into'에 해당하는 헬라어 전치사의 번역이다. 이 단어는 '안으로'라는 공간적 의미를 넘어 '위하여'라는 뜻으로도 자주 사용된다.

하지만 바울이 활용하는 씨 뿌림과 거둠이라는 농업적 그림언어를 고려하면, 여기서는 "위하여"보다 "속으로"가 더 자연스럽다. 말하자면, 바울은 성령과 육체를 농사짓는 두 가지 밭에 비유한다. 육체라는 밭 "속으로" 씨를 뿌린 사람들은 이 "육체라는 밭으로부터" 썩어짐을 거두며, 성령의 밭 '속으로' 뿌린 이들은 "성령의 밭으로부터" 영생을 수확할 것이다. "위하여"를 "속으로"로 바꾼다고 의미 자체가 달라지는 것은 아니지만, 바울이 그려내는 그림은 훨씬 더 선명해진다. 그만큼 의미도 더욱 강렬해진다. 새번역에는 이 점이 더 잘 반영되어 있다.

이와 유사한 경우로 로마서 2장 29절을 들 수 있다. 여기서 바울은 육신의 할례가 아니라 '마음의 할례'가 필요하다고 역설한다. 그러면서 이 마음의 할례란 "신령영에 있고 의문율법 조문에 있지 아니한 것이라"개역한글고 말한다. 액면 그대로 읽으면 여기서 영과 의문은 마음의 할례가 놓여 있는혹은, 속해 있는 일종의 영역처럼 느껴진다. 말하자면, 영에 속한 일이지 의문에 속한 일은 아니라는 말이 된다. 말이 아주 안 통하는 것은 아니지만, 선명함은 덜하다. 여기서 '있다'는 영어의 'in'에 해당하는 전치사의 번역이다. 이 전치사는 공간적 의미인 '안에'로도, 또는 수단적 의미인 '통하여'로도 번역될 수 있다.

이 구절에서 바울은 마음의 할례를 가능케 하는 일종의 수단으로 영과 의문율법을 대조하고 있는 것이 분명하다. 할례는 마음에 해야 한다. 그런데, 이 마음의 할례란 성령을 통해 이루어지는 것이지 의문율법으로 이룰 수 있는 것이 아니다.

신학적 판단이 묻어나는 번역

오역이건 아니건, 신학적 고려가 지나친 경우도 있다. 가령 마가복음 8장에서 베드로는 멋지게 예수님의 메시아 되심을 고백한다. 이에 주님은 처음으로 자기의 죽음을 명시적으로 예고하신다31절. 그러자 베드로는 예수님을 붙잡고 그러시면 안 된다고 '간하였다'32절, 개역한글. "베드로가 예수를 붙들고 간하매", 여기서 우리말에 '간陳하다'라는 말은 '간청懇請하다'라는 말로 들리기 쉽다. 하지만 실제 사용된 헬라어 단어는 '꾸짖었다'라는 뜻이다. 조금 뒤 예수님께서 그런 베드로를 '꾸짖으시는데', 바로 이때 사용된 단어와 같다.

그러니까 베드로는 주님의 손을 끌면서 무슨 소리냐며 주님을 "꾸짖었다"NIV: rebuked. 그러자 주님은 베드로를 사탄이라 부르며 도리어 그를 "꾸짖으셨다"33절. 이 경우는 베드로가 주님을 '꾸짖는다'라는 생각이 불경스럽게 보여 부드러운 단어로 대치된 것 같다. 말하자면, 우리가 성경보다 더 '경건하게' 나간 경우라 할 수 있다앞에서 우리는 사본 필사자들의 사본 필사 과정에서도 이런 경향이 있다는 사실을 언급한 적이 있다. 개역개정판에서는 "항변하매"로 바꾸어 새번역의 "항의하였다"와 비슷하게 만들었다. 여전히 약한 감이 있지만 그나마 나은 번역이다.

다른 경우를 생각해 보자. '믿음'이 갈라디아서 5장에 나온 성령의 열매 중 하나라고 말하면 다들 놀란다. 무슨 엉뚱한 소리냐는 반응이다. 하지만 믿음은 분명 성령의 열매 중 하나다.

[22]오직 성령의 열매는 사랑과 희락과 화평과 오래 참음과 자비와 양선과 충성과 [23]온유와 절제니 이같은 것을 금지할 법이 없느니라 갈5:22~23

여기 "충성"으로 번역된 단어는 사실 "믿음"과 똑같은 단어다. 물론 여기서 "믿음"은 사랑, 희락, 화평 등과 같이 우리의 삶에서 드러나는 덕목임이 분명하다. 따라서 이런 "믿음"은 소위 예수님을 믿는 '믿음'과는 달라 보인다. 그래서 "믿음" 대신 "충성"이라 옮겼을 것이다혼란을 방지하기 위해?. 하지만 이처럼 우리의 신학적 판단으로 '믿음'과 '충성'을 구분하는 것이 과연 바람직한 일일까? 믿음이 본시 '사랑을 통해 작용한다'고 믿는 바울이 과연 '충성'과 심리적(?) '믿음'을 구분했을까? 어쨌든 이 둘이 같은 단어라는 사실은 독자들도 알고 있어야 하지 않을까? 이 점에서 새번역의 "신실"信實은 '믿음'과의 관련을 어느 정도 보여준다는 점에서 더 나은 번역이라 할 수 있다.

이와 관련하여 데살로니가전서 1장 3절과 데살로니가후서 1장 11절에 나오는 "믿음의 역사"라는 표현도 생각해 볼 수 있다. 이 표현에서 "역사"役事로 번역된 단어는 신약 다른 부분에서는 거의 전부 "행위"行爲로 번역된다. 그러니까 바울은 지금 데살로니가 성도들의 "믿음의 행위", 곧 믿음에서 나오는 선한 행실에 주목하면서 이를 칭찬한다. 하지만 번역자들은 여기서 믿음의 행위 대신 믿음의 역사라는 다소 모호한 표현을 사용했다. 확실하지는 않지만, 여기서도 믿음과 행위의 문제와 관련된 교리적인 고려가 개입되었으리라

고 추측해 볼 수 있다.[37]

번역 성경의 한계와 신중한 성경 읽기

위에 언급한 몇몇 사례들은 한글 번역 성경이 맹목적 신뢰의 대상이 될 수 없다는 사실을 확인하기 위한 것이었다. 신뢰할 수 없다는 것이 아니라, 번역 자체를 맹목적으로 추종할 수 없다는 뜻이다. 우리는 종종 성경 읽는 행위 자체에 종교적 의미를 부여하지만, 성경은 결코 주술서가 아니다. 에티오피아 내시의 성경 읽기처럼 이해가 수반되지 않은 성경 읽기는 무의미하다행8:30~31.

우리 대부분은 번역 성경 덕분에 하나님의 말씀을 접하게 된다. 하지만 번역은 동시에 번역으로서의 한계 또한 포함한다. 그래서 신중할 필요가 있다. 번역이 온전치 못하므로, 정확한 말씀을 발견하기 위해서는 번역에 대한 어느 정도의 비판적 거리가 요구된다. 번역 성경에 대해 비판적인 거리를 유지한다는 것은 하나님의 말씀 자체에 대해 거리를 두는 것과는 다르다. 오히려 특정한 하나의 번역을 신봉하는 것은 구원의 말씀 자체와 말씀의 전달 수단을 혼동하는 것이다. 정확한 이해를 위해 원어 공부를 할 수 있다면 좋겠지만, 그렇지 못한 대부분의 경우 제일 바람직한 습관은 여러 번역을 비교하며 읽는 것이다. 여러 번역을 비교하게 되면 잘못된 번역을 포착할 가능성이 더 크다. 그렇게 되면 본문의 정확한 의미를 파악할 개연성도 훨씬 높아진다. 물론 영어나 다른 외국 번역을 참고할 수 있다면 그만큼 더 좋을 것이다.[38]

이런 식의 읽기가 번거롭거나 피곤하게 느껴진다면, 우리는 말씀에 대한 우리의 열정이 무엇을 위한 것인지 되물어야 한다. 이런 읽기가 덜 경건해 보인다면, 이는 우리가 가진 경건의 개념이 말씀의 본질과 거리가 있다는 의미다. 말씀에 대한 경건의 핵심은 정확하고 철저하게 그 말씀의 뜻을 파악하려는 노력에서 시작되기 때문이다. 사람과의 대화가 상대방의 말뜻을 정확하게 이해하는 데서 출발하는 것과 다르지 않다. 높은 사람의 지시를 받는 상황을 생각해 보자. 무슨 말인지 모르면서 그저 "예, 예" 하거나, 내 맘대로 의미를 넘겨짚은 것이 그 사람의 말을 존중하는 것이 아니지 않겠는가?

우리의 번역 성경에 그 나름의 문제가 있다는 사실을 인식함으로써 우리는 텍스트에 대한 맹목적 집착에서 벗어날 수 있다. 특히 개역한글이나 개역개정 성경의 장중한 문체에 익숙한 사람 중에는 보다 평범한 말투의 성경은 성경 같지 않다고 느끼는 이들이 많다. 영미권에서 흠정역의 어투에서 벗어나지 못하는 신자들이 많은 것과 비슷한 현상이다. 이런 집착이 이해는 가지만, 우리는 분위기 있는 말투와 말씀에 대한 감동을 혼동하지 말아야 한다. 중요한 것은 텍스트 자체가 아니라 그 텍스트가 전달하는 구체적인 의미, 그리고 그 언어적 의미가 지칭하고 있는 복음의 실체다. 은혜의 원천은 개역성경의 '거룩한'(?) 어투가 아니라, 말씀을 통해 역사하는 성령이다.

바울이 적나라하게 고발한 것처럼, 거룩한 하나님의 율법도 고착된 텍스트의문/문자가 되었을 때 생명 아닌 죽음의 도구가 되었다. 우리의 성경도 그런 위험에서 결코 자유롭지 않다. 주님은 말씀에 생기를 주는 '영'이시다. 성령의 자유 안에서 우리는 '수건을 벗은 얼굴로' 말씀 속에 담긴 영광의 빛을 주목한다. 그리고 말씀과의 그런 만남은 주님의 모습에 가깝도록 우리를 바꾸어 간다.

"영광에서 영광에 이르니"고후3:18

> 하나님의 감동으로 된 성경의 궁극적 목적은
> 하나님의 사람을 "모든 선한 일을
> 행할 수 있도록 구비하는" 것이었다.
> 바로 여기서 성경이 "구원에 이르는
> 지혜를 준다"라는 고백의 실제적 의미가 설명된다.
> 중요한 것은 정통적인 성경관 확립 자체가 아니라,
> 이처럼 영감된 성경을 실제 교회의 유익을 위해
> 부지런히 활용하는 것이다.

RE_READ

Do you understand what you are reading?

Chapter 2

해석자, 자리를 찾다

멋을 음미하는 성경 읽기

말씀의 논리 따라잡기

말씀의 칼날 피하기

산 위의 동네, 등경 위의 등불

달면 삼키고 쓰면 뱉기

나의 입장과 말씀의 입장

서신서와 형식

본문 속에 내게 편한 의미를 집어넣어 읽고, 반면 내게 불편한 부분은 덮고 넘어가는 태도는 말씀의 칼에 무릎 꿇는 겸허함이 아니라 내가 칼로 말씀을 재단하는 오만이다. 내 마음에 맞게 재단된 말씀을 읽고, 내 필요에 맞게 변조된 소리를 듣는 것은 실상 '말씀'의 방패로 말씀의 칼을 피하는 교묘한 자기방어의 몸짓일 뿐이다. 화려한 종교의 모양으로 참된 경건의 도전을 회피하려 했던 바리새인들처럼, 오늘의 우리 역시 그런 위선의 위험에서 자유롭지 않다.

_『말씀의 칼날 피하기』 중에서

멋을 음미하는 성경 읽기

맛 느끼기

글에는 내용도 있지만 형식도 있다. 내용이 메시지라면 형식은 메시지를 더 잘 들리게 하려는 몸짓이다. 때로는 내용을 효과적으로 만들고, 혹은 내용의 무게를 더하기도 한다. 어찌 보면 글의 형식은 글을 그만큼 더 실제 삶의 모습에 가깝게 만들려는 노력이라고 말할 수 있다. 그래서 우리는 비단 글의 내용뿐 아니라 그 내용이 담기는 모양새에도 관심을 기울인다. 시간이 남아서가 아니라, 우리가 읽는 것을 더 잘 이해하고 읽는 재미를 더 쏠쏠하게 느끼고 싶어서다.

늘 먹는 음식도 때론 다른 그릇에 담기도 하고, 장식을 얹기도 한다. 식탁에 촛불을 놓기도 하고, 장소를 바꾸어 외식을 하기도 한다. 이처럼 우리는 무언가를 '다르게' 만들어 봄으로써 분위기를 살린다. 너무 가깝고 낯익으면 우리 삶의 결이 무디어진다. 그래서 우리는 이런저런 수를 써서 그 익숙한 것들을 '낯설게' 한다. 그 낯섦에서 우리는 미처 느끼지 못하던 것들을 새삼스레 발견한다. 익숙한 것을 생소하게 만들어 무뎌진 삶의 결을 보다 생생하게 되살려 보려는 노력이다.

낯설게 하기

그래서 때로 우리는 비유로 말한다. 익숙한 이름 대신 별명을 불러 뒤를 돌아보게 만든다. 신학적 언어가 맛을 잃을 때, 하나님은 들판의 농부가 되어 우리 마음을 찾는다. 잃은 양을 찾는 목자가 되거나 잔치를 벌이는 부잣집 주인이 되기도 한다. 예수님께서 포도나무로 나오고, 때론 마시는 물이나 먹는 떡으로 변장한다. 하나님 '아닌' 생소한 그림 속에서 우리는 쉽게 망각하는 하나님의 모습을 새롭게 느끼며, 예수님 '아닌' 다른 이름을 들으며 그의 생김새를 새로이 되새긴다. 하나님을 향한 우리 사랑이 쉬 사라지는 이슬이 되기도 하고, 악한 습성을 버리지 못한 백성들은 반점을 없앨 수 없는 표범 아니면 피부색을 바꿀 수 없는 흑인에 비유되기도 한다.

익숙한 것을 낯선 것에 빗대어 부름으로써 우리의 익숙함은 생소함에 자리를 내어준다. 그리고 이 낯섦은 전에 없던 신선함을 머금고 우리에게 돌아온다. 이렇게 우리는 익숙한 것들의 소중함을 새롭게 '발견'한다. 문학 하는 사람들은 이를 두고 '낯설게 하기'라 말한다. 눈을 비비고 다시 보게 만드는 방식들이다.

때로 우리는 간단히 말해도 될 것을 돌려 말한다. "사랑한다"라 말하는 대신 종이학 천 개를 접기도 하고, 장미꽃 백 송이를 바치기도 한다. 혹은, 요즘 젊은 연인들의 '관습'처럼 온갖 날짜를 갖다 대며 다양한 이벤트를 벌이기도 한다. 이 모두가 다 말을 건네는 방식들이다. 서로가 소중하고, 서로의 삶이 소중하다. "사랑한다", 이 한마디를 위해 우리는 이렇게 부산을 떨고 소란을 피운다. 한마디 말로도 될 듯싶지만, 그 속에 마음의 무게를 다 담기는 쉽지 않다. 시간을 들이든, 돈을 들이든, 혹은 조금이라도 더 아름답기 위해 땀을 흘리든, 우리는 삶의 무게에 값하는 모양을 확인하고 싶다. 그리고 바로 거기서 우리는 행복을 느낀다.

시의 길이와 기교 시편 119편

시편 119편은 율법에 관한 시다. 한마디로 하자면, "하나님 좋아요, 율법 좋아요"다. 끝까지 읽어도 이보다 심오한 이야기는 사실상 없다. 176절이라는 긴 지면을 할애하여 이 한마디 이야기를 반복한다. 이 시를 낭송하고 듣는 사람들은 당연히 이 시의 길이에 놀란다. 물론 길다는 것은 그 자체로 하나의 메시지다. 이렇게 많은 말로 반복할 만큼 중요한 이야기다. 시시한 것을 두고 땀 흘리는 경우는 거의 없다. 긴말은커녕 듣기조차 귀찮아지는 것이 우리의 습성이다. 그래서 우리는 적어도 시인의 마음만은 분명히 이해한다. "율법이 이렇게 좋은 것이구나."

번역으론 알아챌 도리가 없지만, 이 시에는 재미있는 기교가 숨어 있다. 이 시는 총 22연인데, 각 연의 첫 글자를 순서대로 모으면 히브리어 알파벳이 된다. 영어로 말하자면, 첫 연은 A로, 둘째 연은 B로 시작하는 식이다. 우리말로는 '이합체'離合體, 영어로는 'acrostic'이라 부른다. 이런 기교를 사용한다 해서 내용이 더 심오해지는 것은 아니다. 그러니 우리말로 번역해도 의미가 달라지지는 않는다.

그렇다고 이 기교가 무의미한 것일 수는 없다. 내용의 전달이 유일한 목적이라면, 시 전체를 몇 절로 줄일 수도 있다. 그런데 시인은 절에 절을 더하고, 연에 연을 더한다. 그것도 그냥 말하지 않고, 이합체라는 어려운 멋을 부린다. 즉흥적인 노래와 달리 많은 시간과 땀이 들어갔을 게 분명하다. 바로 여기서 우리는 시인의 마음을 읽는다. "내가 이 시를 만들어 내느라고 얼마나 공을 들였는지 아십니까? 율법이 나에게 얼마나 소중한 것인지 아십니까?" 그래서 C. S. 루이스는 이 시편을 두고 오랜 시간 한 땀 한 땀 바늘로 수를 놓아 장식을 만드는 일에 비유한다.[39]

진리를 위한 환경 조성

내용에서도 같은 인상을 받는다. 이미 언급한 것처럼, 여기서 시인은 율법에 대한 심오한 이론을 펼치려는 것이 아니다. 거의 비슷한 이야기들이 거의 비슷한 표현을 통해 수없이 반복된다. 실제로 이 시에는 구문 관계상 불가피한 몇 개의 절을 제외한 모든 절에 '율법'이나 이와 상응하는 낱말들이 하나씩 등장한다. "여호와의 율법"1절, "여호와의 증거들"2절, "주의 도"3절, "주의 법도"4절 등과 같은 식이다. 시가 처음부터 이런 식이면 사실 시인이 율법에 대해 무슨 말을 하느냐는 부차적인 것이 될 공산이 크다. 처음부터 끝까지 '율법, 율법, 율법, 율법…'이라고 한다면, 그 자체가 이미 무엇보다도 강력한 메시지이기 때문이다.

물론 각 구절은 다 율법에 관한 주옥같은 고백을 담는다. 그러니까 이런 시적 기교들은 시인의 고백을 그럴듯하게 하고 그의 진술을 사실로 만들어 준다. 말하자면, 진리의 환경을 조성하고 있는 셈이다. 기쁨에 관해 말하는 설교자의 얼굴에 웃음이 가득한 것과 같은 효과다.

따라서 우리가 성경에서 찾아야 할 것도 명제적 진리에서 끝나지 않는다. 성경의 글 속에 담긴 언어적 진리뿐 아니라, 그 진리를 담아내는 분위기에도 시선을 주고 귀를 기울인다. 글의 명제적 내용뿐 아니라, 그 글의 생김새를 함께 살피며 보다 그럴듯하게 그 글의 진리를 '체험'하고자 애쓴다. 성경을 더 멋스럽게 읽으려 애쓰는 것은 그저 글의 언어가 드러내는 표면적 아름다움을 맛보자는 게 아니다. 오히려 그 글의 생김새를 가장 실감 나게 더듬음으로써 그 삶이 추적하고 있는 삶의 생김새를 보다 실감 나게 느껴보자는 것이다. 성경의 글이 보다 생생한 진리로 다가올수록 우리의 삶이 그 진리에 영향을 받을 가능성은 커진다.[40]

아브라함과 이삭 이야기

창세기 22장에는 아브라함이 이삭을 제물로 바치는 유명한 이야기가 나온다. 아브라함의 순종이 이야기의 핵심이겠지만, 이 이야기에서 우리가 느끼는 것은 아브라함의 순종이라는 명제적 진리에 국한되지 않는다. 사실 이 이야기 속에는 소위 '신경 써서' 기록한 흔적이 가득하다. 조심스레 앞뒤를 맞추어 가며 이야기를 꾸민 흔적이 많다는 것이다. 그래서인지 이 이야기에는 비슷하거나 유사한 표현들이 반복되는 가운데 역설적 반전이 일어나는 현상이 많이 나온다. 몇 가지 예를 들어보자.

역설과 반전

1절부터 이야기가 시작되지만, 사실 제사 자체는 9절부터 시작된다. 그런데 재미있게도 바로 이 대목에서부터 역설과 반전이 거듭된다. 이야기가 진행되면서 앞에 나왔던 거짓말들이 진실로 드러나고, 이전의 상황이 완전히 뒤집힌다. 어찌 보면 9절부터의 이야기는 지금까지 진행된 스토리를 송두리째 뒤집으면서 이를 하나의 절묘한 복선으로 만들어 놓는다.

9절에서 아브라함은 '아들 이삭을 결박하여 제단 나무 위에 놓았다.' 지극히 자연스런 한마디지만, 여기서 우리는 앞서 나온 표현이 그대로 뒤집히는 것을 발견한다. '번제 나무를 취하여 그 아들 이삭 위에 지웠다'6절, 문자적으로 '위에 놓았다'. 물론 결국에는 숫양이 "아들을 대신하여" 그 자리를 차지하게 되지만13절, 이 섬뜩한 '말장난'의 효과는 무시하기 어렵다.

5절에서 아브라함은 사환들에게 이삭과 "함께 예배하고 돌아오겠다"라고 말한다. 우리가 잘 알다시피 이는 선의의 거짓말이다. 하지만 아브라함이 모든 것을 알지는 못했다. 사태가 반전을 겪으며 그의 거짓말은 뜻밖의 사실로 밝혀진다. 숫양이 이삭을 대신하였고13절, 실제로 그는 이삭과 "함께" 하나님을 예배하였다! 그리고 그는 사환들에게로 돌아와 브엘세바로 "함께 길을 갔다"19절, 여기에 직접 이삭이 언급되지는 않았지만, "함께 길을 갔다"라는 의미의 표현을 반복함으로써 사실상 이삭의 존재를 전제한다고 볼 수 있다. 6, 8절 참고.

"하나님이 자기를 위하여 친히 준비하시리라"8절라는 대답 또한 마찬가지다. 이 역시 차마 진실을 말할 수 없는 아버지의 아픔을 고스란히 드러내는 선의의 거짓말이다. 하지만 다시 한번 아브라함의 거짓말은 사실로 드러난다13~14절. 하나님이 준비하실 것"엘로힘 이레", 8절이라는 거짓말은 하나님을 경외하는 아브라함의 태도12절, "여레 엘로힘"로 인해 진실이 되고, 역설적이게도 이제 이는 아브라함이 이삭을 바쳤어야 할 장소의 이름"여호와 이레"이 된다14절.

하나님의 개입으로 이삭을 살린 후, 아브라함은 다시 한번 "눈을 들어 살펴본다"13절. 이 역시 앞서 나온 표현을 그대로 반복한 것이다. "아브라함이 눈을 들어 그 곳을 멀리 바라본지라"4절. 앞에서 이 표현은 아브라함이 이삭을 제사할 장소를 바라보는 가슴 저미는 상황을 묘사한 것이지만, 여기서는 이삭을 대신할 숫양을 발견하는 감격스러운 장면이다. 아들의 죽음을 예감하는 순간과 아들을 대신할 제물을 발견하는 순간을 모두 같은 표현으로 묘사함으로써 이야기의 극적 긴장이 더욱 생생해진다.

물론 이런 반전들 배후에는 하나님의 개입이 자리한다. 이 이야기의 화자는 그냥 "하나님께서 개입하셔서 사태를 반전시키셨다"라고 말하는 대신, 자신이 들려주는 이야기 자체 속에 이런 반전의 모양새를 심어 두었다. 그리고서는 읽는 우리로 하여금 그런 반전의 흔들림을 몸소 느껴보도록 초대한다. 이처럼 이야기 속의 움직임을 느끼며 읽는 경우와 그저 하나님의 개입을 하나의 명제로 진술하는 것 사이에는 설명하기 어려운 차이가 존재한다. 물론 이야기를 읽으며 이런 흔들림을 발견하는 것은 우리의 몫이다. 빨리 읽고 넘어갈 수도 있고, 천천히 음미하며 그 움직임을 느껴볼 수도 있다. 하지만 실제 이야기의 모양새를 보면, 이 이야기는 그처럼 음미하며 읽도록 의도된 것처럼 보인다.

멋스러운 읽기를 위하여

'게걸스럽게' 먹어야 할 때도 있지만, '멋스럽게' 먹어야 할 때도 있다. 허기질 때의 먹기와 식이요법을 할 때의 먹기가 같을 수 없다. 포장마차에서의 먹기와 고급 레스토랑에서의 먹기 또한 다르다. 성경 읽기 역시 마찬가지다. 무조건 많이 읽는 것이 능사로 통하는 세태지만, 때때로 다독은 진정한 의미의 책 읽기를 피하는 가장 교묘한 수단일 수 있다. 숨 안 쉬고 사도신경을 외워 내려가면서 그 내용을 음미하기 어려운 것과 마찬가지다.

때로 우리에겐 좀 더 멋스러운 읽기가 필요하다. 표면에 드러나는 의미뿐 아니라, 그 의미가 전달되는 색채와 모양에도 귀를 기울일 필요가 있다. 천천히 본문의 맛을 음미하며 읽어가면, 그만큼 우리는 그 본문에서 그려지는 이야기의 굴곡을 잘 느낄 수 있다. 읽기가 하나의 '체험'일 수 있다면, 이런 더듬기의 과정은 사실상 우리 삶의 굴곡을 더듬는 과정과도 다르지 않다. 그리고 그 삶의 굴곡을 따라 울리는 하나님의 음성을 들을 수도 있다. 한 마디라도 알아듣는 것이 희망이라면, 또 한 번이라도 말씀의 충격을 느끼는 것이 소원이라면, 무조건 읽어대는 것만이 능사는 아니지 않겠는가? 무조건 불기만 한다고 트럼펫이 소리를 내는 것은 아니지 않는가?

말씀의 논리 따라잡기

문장이 아니라 생각의 흐름을 알아야

우리는 한 문장 한 문장 말을 이어가지만, 그렇다고 해서 모든 문장이 각기 따로 노는 것은 아니다. 대개 우리는 여러 문장을 하나로 엮어서 어떤 생각을 전달한다. 때로는 말이 길어져 "그러니까 내 말은…" 하면서 요약해야 할 경우도 생긴다. 그래서 의사소통에서 중요한 것은 문장의 뜻 하나하나를 따로 읽는 것이 아니라, 그 문장들이 이어지면서 만드는 생각의 흐름을 파악하는 것이다. "어젯밤에 폭설이 내렸다"라는 말과 "나는 오늘 학교에 가지 않았다"라는 두 문장을 따로 듣는 것과 "어젯밤에 폭설이 내려서 나는 오늘 학교에 가지 않았다"라는 연결된 문장을 듣는 것은 전혀 다르다. 독립된 두 문장을 아무리 반복해 읽어도 연결된 문장이 전하려는 의미가 생겨나지 않는다.

다른 사람과 대화를 해 보면 쉽게 느낄 수 있지만, 다른 사람의 생각을 좇아가는 일은 간단한 일이 아니다. 일상적인 경우는 비교적 자연스럽게 말이 통한다. 하지만, 어떤 경우에는 신경을 곤두세워야 상대방의 말을 '알아들을' 수 있는 경우도 많다. 나와 다른 사람이 내 생각과는 다른 생각을 표현하는 것이기 때문이다.

내가 하나님이 아니라면, 성경 말씀 역시 '남의 말'에 속한다. 그리고 이사야 55장의 말씀처럼, 하나님의 생각은 우리의 생각과 많이 다르다8~9절. 물론 우리의 사고방식과 다른 생각은 알아듣기 어려울 가능성이 높다. 곧 우리가 성경에 나타난 하나님의 생각을 제대로 파악하기 위해서는 성경의 말씀을 매우 조심스럽게 읽지 않으면 안 된다는 말이다.

"과연 이 본문이 무슨 말을 하고 있는가?"

하나님의 생각을 제대로 간파하려면, 이런 궁금함을 갖고 매우 적극적으로 성경의 문장들을 파악해 가야 한다. 그러니까 성경 본문의 논리를 파악하자는 것이다. 앞에서 성경 번역의 한계에 대해 말했지만, 사실 성경 번역이 가장 아쉽게 여겨지는 부분 중 하나가 바로 이 대목이다. 한글 번역을 따라 읽으면서 성경 본문에 나타난 생각의 흐름을 따라잡기가 쉽지 않을 때가 적지 않은 까닭이다.

옛날 번역이 되어 버리긴 했지만, 개역한글은 유려한 문장이 일품이다. 하지만 아쉬운 점 또한 많다. '왜냐하면'이나 '그러나'롬3:21와 같은 접속사를 자주 무시하는 것이 그중 하나다. 특히 논리적인 논증이 주조를 이루는 바울서신에서 접속사의 생략은 바울이 전개하고 있는 생각의 흐름을 끊어버리는 치명적인 결과를 낳는다. 애석하게도 이 점은 개역개정에서도 거의 개선되지 않았다. 이 점에서는 새번역 같은 다른 번역 또한 아쉽기는 마찬가지며, 오히려 개역개정보다 더 못한 부분들도 없지 않다.

한글 성경의 상황이 이러하다 보니 우리는 한 문장 한 문장 단위로 은혜롭게 읽기는 하지만, 그 문장들이 함께 얽혀 어떤 생각을 전달하고 있는지는 깨닫지 못하는 경우가 많다. 바울의 복음이라는 일품요리의 재료들을 일일이 맛보면서도 정작 그 재료들이 만들어 내는 요리 자체를 맛보지 못하는 것과 같다.

로마서의 경우

로마서 1장 16~17절을 예로 들어보자. 바울은 "내가 복음을 부끄러워하지 아니하노니"라고 말한다. 피동적 읽기, 혹은 대충 읽기에 익숙한 우리야 별생각 없을지 모른다. 하지만, 사실 통상적 대화 상황이라면 당연히 "그런데 지금 그 말을 하는 이유가 뭐냐?"라는 질문을 던진다. 지금까지의 이야기와 연결되지 않는 뜬금없는 소리로 들리는 탓이다.

물론 실제 바울의 생각이 그처럼 뜬금없는 것은 아니다. 16절의 발언은 바울이 자신의 로마 방문의 정당성을 설명하는 문맥에서 이루어진다. 로마서를 쓸 무렵, 바울은 로마제국 동반부의 선교를 마감하고, 스페인'서바나'으로 대표되는 제국의 서반부 선교를 계획한다롬15:28. 하지만 거기는 아무런 거점이 없었다. 그런데 로마에는 이미 교회가 있었고, 그는 이 교회를 자기 선교의 교두보로 삼고 싶었다. 이것이 로마서를 저술한 실제 의도의 하나다. 곧 로마 교회에 자신을 잘 소개하여 좋은 관계를 맺고, 그들의 후원을 얻어 스페인 선교를 실현하고 싶었다롬15:14~33.

로마 교회는 바울 자신이 개척한 교회가 아니다. 따라서 그의 방문은 자칫 "남의 터 위에 건축하는"롬15:20 참고 무례함이 될 수 있고, 로마 성도들 입장에서도 "자기가 뭔데…"라고 느낄 수 있다. 하지만 이들의 후원이 없으면 스페인 선교는 사실상 불가능하다. 그래서 바울은 조심스럽다. 이런 상황에서 중요한 것은 자신의 로마 방문 계획의 정당성을 분명히 각인시키는 것이다. 마치 현대의 선교사들이 후원을 요청하면서 자기 사역의 중요성을 부지런히 설명하는 것과 같다. 편지의 시작부터 15절까지는 모두가 그런 내용이다. 한마디로 하자면, 자기는 "모든" 이방인들의 사도로 부르심을 받은 자5절, 곧 모든 이방인에게 "빚진 자"14절이므로, 로마의 성도들을 방문하여 그들과 복음을 나누려는 것 또한 자연스러운 사명 수행의 일부라는 사실을 조심스럽지만 분명하게 역설한다11~15절.

꼬리를 무는 바울의 생각

하지만 이런 정황이 전부는 아니다. 사실 바울의 이런 노력은 모두 복음을 위한 열정의 산물이다. 그러므로 로마 방문에 관한 설명은 금방 그의 사도적 행보의 바탕에 놓인 복음 자체에 대한 설명으로 이어진다. 이것이 16절의 문맥이다. 15절부터 16절 앞부분까지 보자. "나는 로마에 있는 여러분에게도 복음을 전하고 싶습니다. **왜냐하면** 나는 복음을 부끄러워하지 않기 때문입니다." 여기서 '부끄러워하지 않는다'라는 이중부정은 복음이야말로 참된 구원의 진리라는 강한 확신의 표현이다. 논리적으로 16절은 15절에 피력된 자신의 선교적 움직임에 대한 신학적 설명에 해당한다.

그런데 개역한글이나 개역개정에는 문두의 "왜냐하면"이 누락되어 16절과 15절 사이의 '진술-근거설명'이라는 논리적 흐름이 사라지고 말았다. 16절이 문맥과 상관없는 '뜬금없는' 진술처럼 되어버린 것이다.

16~17절 내에서도 같은 현상이 보인다. 15~16절이 그랬듯, 16절 상반절과 하반절 역시 '진술-근거설명'의 관계로 엮인다. "나는 복음을 부끄러워하지 않습니다. **왜냐하면** 이 복음은 모든 믿는 자에게 구원을 주시는 하나님의 능력이기 때문입니다." 그러니까 복음은 하나님의 능력이 된다는 사실이 바로 복음이 부끄럽지 않은 이유이자 근거다. 이 논리적 관계는 "이 복음은 … 하나님의 능력이 됨**이라**"라는 개역개정의 번역에서 약하게나마 드러난다. 그런

데 표준새번역이나 새번역은 이것마저도 놓쳤다.

17절에서 생각의 흐름은 다시금 끊어진다. 개역한글은 17절 역시 독립된 진술로 만들었지만, 실상 하나님의 의에 관한 17절도 '왜냐하면'에 해당하는 접속사에 의해 이끌린다. 따라서 "복음에는 하나님의 의가 나타나서"라는 17절의 진술은 "복음은 하나님의 능력이다"라는 16절 주장의 근거를 제공한다. 풀어쓰자면, "복음이 믿는 자를 구원하는 하나님의 능력이 되는 것은 바로 이 복음 속에 하나님의 의가 나타나기 때문입니다"가 된다. 이렇게 보면, 17절은 "하나님의 의"에 관한 독립적인 진술이 아니라 "복음은 모든 믿는 자에게 구원을 주시는 하나님의 능력이다"라는 주제 진술을 뒷받침하는 진술이다. 논리상 16절과 대등한 또 하나의 생각을 소개하는 것이 아니다. 16절의 주진술을 돕는, 결정적이지만 보조적인 진술인 셈이다. 그러니까 15~17절에서 바울의 생각은 각 진술이 꼬리에 꼬리를 무는 양상을 보인다. 바울의 생각을 풀어 쓰면 대략 다음과 같이 된다.

> 나는 로마에 있는 여러분들에게 복음 전하기를 간절히 원합니다. 왜냐하면 나는 복음에 대한 강한 확신이 있기 때문입니다. 내가 이렇게 복음에 대한 확신을 가질 수 있는 것은 이 복음이 모든 믿는 자에게 구원을 주시는 하나님의 능력이 되기 때문입니다. 한 걸음 더 나아가 복음이 이처럼 하나님의 구원의 능력이 되는 것은유대의 율법이나 헬라의 지혜가 아니라 바로 이 그리스도의 복음 속에 하나님의 의가 드러난다는 사실 때문입니다.

논증의 흐름을 파악하는 성경 읽기

생각의 연결고리라 할 수 있는 접속사의 생략은 우리의 성경 읽기 습관 자체에 관해 시사하는 바가 크다. 이 점에 있어서는 대부분의 한글 번역이 같은 문제점을 드러낸다. 가령, 대부분의 번역에서 15~17절은 서로 연관이 없는 독자적 진술들처럼 읽힌다. 그러니까 어떤 번역을 읽어도 바울이 품은 생각의 흐름을 파악하기가 어렵다. '끊어 읽기'의 달인인 우리에겐 상관없을지 모르지만, 바울로서는 자기 생각이 전혀 전달되지 않는다는 사실에 답답할 것이다.

다시금 말하자면, "어젯밤에 폭설이 내렸다"와 "나는 오늘 학교에 가지 않았다"라는 두 문장은 "어젯밤에 폭설이 내려 나는 오늘 학교에 가지 않았다"라는 한 문장과 다르다. 마찬가지로 "복음은 하나님의 능력"이라는 주장과 "복음에는 하나님의 의가 나타난다"라는 진술을 백 번 읽어도 "복음이 구원의 능력인 것은 복음 속에 하나님의 의가 나타나기 때문"이라는 논리가 생겨나는 것은 아니다. 그러니까 접속사를 생략함으로써 바울이 정작 전달하려고 했던 생각을 놓쳐 버리는 실수를 저지른 것이다. 비유를 반복하자면, 음식 재료만 열심히 먹고 그 재료가 만들어 내는 요리는 알지 못하는 것과 같다.

생각의 흐름을 파악하는 일은 쉽지 않다. 이것이 이야기체인 복음서에 비해 바울서신이 더 어렵게 느껴지는 이유 중 하나다. 바울서신에는 논리적 사고를 요구하는 논증들이 매우 많이 나타나기 때문이다. 물론 어렵다고 회피할 수는 없는 노릇이다. 성경이 논증을 펼치고 있다면, 말씀의 권위를 존중하는 우리로서는 그 논증의 흐름을 파악하려고 애쓰는 것 외에 달리 방법이 없다.

그런데도 우리는 많은 경우 '대충', 혹은 '무작정' 읽고 넘어간다. 물론 번역부터 개선되어야 할 경우도 많다. 그런데 번역이 깔끔한 구절에서도 우리는 분명히 드러난 본문의 논리조차 쉽게 무시한다. 문장을 따로 나누어 읽으면서, 내 마음속에서 내 마음에 어울리는 생각의 흐름을 만들어 낸다. 마치 상대방의 말을 대충 듣고 내 마음대로 생각해 버리는 건방짐과도 같다.[41] 성경 읽기에 유난을 떨면서도 정작 말씀을 읽는 방식은 너무 함부로다. 대화하자고 수시로 말하면서도 언제나 상대방의 말을 제 마음대로 읽어버린다면, 얼마나 짜증 나는 일인가? 아마도 하나님은 그런 우리를 향해 "내 말은 그런 뜻이 아니고…" 하며 답답한 심정으로 계시지 않을까?

성경은 인간의 글이기도 하고, 또 하나님의 말씀이기도 하다. 어쨌거나 나의 말이 아니라 '남'의 말이다. 그것도 우리와는 너무도 다른 하나님의 말씀이다. 앞에서 인용한 이사야의 구절처럼, 하나님의 생각은 우리 생각과 다르고, 하나님의 길도 우리가 가고 싶은 길과 다르다.

> 8이는 내 생각이 너희의 생각과 다르며 내 길은 너희의 길과 다름
> 이니라 여호와의 말씀이니라 9이는 하늘이 땅보다 높음 같이 내
> 길은 너희의 길보다 높으며 내 생각은 너희의 생각보다 높음이니

라사55:8~9

비슷한 인간 사이의 대화도 꼬일 때가 많다. 하물며, 하나님의 생각을 파악하기가 그리 간단하겠는가? 그런데도 우리는 성경의 본문 속에 제시된 '상대방'의 입장을 정확하게 파악하는 데는 별 관심이 없다. 읽는 데는 열심인데 생각을 따라가는 '피곤한' 일에는 무관심하면, 도대체 우리가 추구하는 것은 무엇인가? 또 거품 무는 설교는 하고 싶으면서도 본문을 철저하게 읽으려 노력하지 않는다면, 이는 과연 무엇을 의미하는가?

우리의 깨달음은 순종으로 나아간다

남의 말을 건성으로 듣고 남의 글을 대충 읽으려는 경향은 내 입장을 포기하지 않으려는 이기적 죄의 속성과 관련된다. 단체 사진을 보면서 내 얼굴은 부지런히 찾으면서 주변의 다른 친구들에게는 별 관심을 주지 않는 모습과 비슷하다.

남의 말을 금방 내 마음대로 받아들이고 판단하는 죄인들의 습관은 성경 읽기에도 고스란히 드러난다. 본문의 생각을 존중하며 그것을 조심스레 따라가기보다는, 각 구절을 끊어 읽고서 그것을 내 머릿속의 조리법을 따라 요리한다. 이런 우리에게 본문 자체의 조리법에 해당하는 '접속사'는 나의 요리를 방해하는 귀찮은 존재다. 그래서 우리는 접속사를 별로 중요하지 않은 것으로 간주한다. 내 마음에 내 나름의 연결 방식이 이미 있기 때문이다. 이런 모습에서 드러나는 것은 무엇인가? 말씀의 권위는 써먹고 싶지만 말씀의 논리가 내 논리를 흔드는 것은 용납하지 않으려는 우리의 이기적 습성이다. 하지만 말씀은 제대로 이해되었을 땐 언제나 나 자신을 난도질하여 속내를 드러냄으로써 새로운 삶을 가능하게 하는 해부용 메스에 비유되지 않는가?

> 12하나님의 말씀은 살아 있고 활력이 있어 좌우에 날선 어떤 검보다도 예리하여 혼과 영과 및 관절과 골수를 찔러 쪼개기까지 하며 또 마음의 생각과 뜻을 판단하나니 13지으신 것이 하나도 그 앞에 나타나지 않음이 없고 우리의 결산을 받으실 이의 눈 앞에 만물이 벌거벗은 것 같이 드러나느니라히4:12~13

아무리 많이 읽어도 성경의 생각을 이해하지 못하고 깨닫지도 못한다면, 우리는 복음의 세계로 결코 들어갈 수 없다행8:26~40. 중요한 것은, 무작정 읽는 것이 아니라 이해하는 것이다. 그리고 우리의 깨달음은 순종으로 나아간다. 깨닫지 못한 말씀을 따라 순종한다는 건 어불성설일 뿐이다.

그렇다면 우리의 관심은 어떠한가? 잘 이해하지도 못하면서 우리는 왜 성경 '100독'이라는 숫자에 난리를 치는 것일까? 잘 모르는 책이라도 백 번을 읽으면 뜻이 통한다는 선조의 지혜를 믿고서 백 번을 읽어 말씀의 의미를 발견해 보겠다는 시도일까? 의미를 모르는 구절이 태반이라면, 그 말씀을 정확히 이해하기 위해 대부분의 시간을 소비하는 것이 더 자연스런 태도가 아닐까? 알거나 모르거나 무작정 읽겠다는 가상한 열정은 순종을 향한 노력의 표현일까, 아니면 말씀의 도전이 반갑지 않은 우리의 맹목적 열정일까?

이에 더해서, 심판의 기준이 '들음'이 아니라 '행함'이라면, 그리고 그 행함이 정확한 말씀의 전달을 전제한다면, 말씀을 대하는 우리의 태도 또한 바로 여기에 초점을 맞추어야 하지 않을까? 우리에게 성경은 무릎 꿇고 들어야 할 말씀일까, 아니면 아무 생각 없이도 편리하게 써먹을 수 있는 마법의 주문일까? 성경 읽느라 들이는 시간 중에서 우리가 말씀 자체의 논리 앞에 마주하여 그 위력을 느끼는 시간은 과연 얼마나 될까? 나는 성경책 자체를 애지중지하는 것인가, 아니면 그 속에 담긴 생각에 감동을 받는 것인가?

말씀의 칼날 피하기

얼핏 생각하면 우리 눈은 앞에 펼쳐진 세상을 있는 그대로 보는 것 같다. 하지만, 실제 우리 경험은 사태가 그리 간단치 않다는 것을 잘 말해준다. 우리는 "내가 보았다"라는 사실을 무슨 최종적인 권위나 되는 것처럼 내세운다. 하지만, 이런 '보았다'라는 신념이 그대로 우리가 '본' 것의 진리를 보장하는 것은 아니다. 같은 것을 보고서 서로 다른 이야기를 하는 '목격자'들처럼, 우리가 내세우는 '바라봄' 자체가 이미 객관적이지 않기 때문이다. 물론 목격자의 증언은 소문으로만 들은 사람의 증언에 비할 바가 아니다. 하지만 그렇다고 해서 우리가 본 것이 언제나 사실인 것도 아니다.

선택과 관찰

관찰은 본질적으로 선택적이다. 인간의 인식을 연구하는 이들이 알려주는 것처럼, 우리가 무엇을 '본다'는 것은 우리 앞에 있는 무수한 관찰 대상 중에서 지금 나의 관심사가 되는 무언가에 시선을 집중한다는 것이다. 그러니까 보는 행위는 있는 것을 관찰하는 행위이기도 하지만, 동시에 내가 볼 필요가 없는 다른 모든 것을 삭제하는 행위이기도 하다.

필자의 친척 중에 특수유리 시공 일을 하시던 분이 있는데, 미국 유학 시절 그분을 모시고 뉴욕 메트로폴리탄 박물관에 간 적이 있다. 잠시 눈에 안 보여 놀라 찾아보니 계단 층계참에 진열된 중국 도자기를 이리저리 살피고 계셨다. 도자기의 예술적 아름다움을 음미하나 싶어 그분의 예술적 감각에 막 감동을 먹으려는 순간, 그분이 이렇게 말했다.

> "이 유리 상자 이음새가 참 깔끔하네. 진열 상자 하나 참 제대로 만들었네."

그분의 관심은 도자기가 아니라, 그 도자기를 보호하고 있는 유리 상자였다. 도자기를 안 본 건 아니지만, 그렇다고 도자기를 본 것도 아니다. 그야말로 보는 것이 보는 것이 아닌 경우다. 물론 후에 그분이 도자기에 관해 기억하는 바는 거의 없었다. 도자기가 시야에 들어오긴 했겠지만, 의식의 관심 속으로 들어온 적은 없기 때문이다. 이처럼 우리의 관찰은 선택적이다.

주관적 관찰

우리의 시각은 선택적이기도 하지만, 또한 주관적이기도 하다. 불가불 부분적인 우리의 관찰조차도 '있는 그대로'는 아니다. '사물 자체'Ding-an-Sich라는 것이 존재하느냐 아니냐 하는 철학적 토론은 그만두고서라도, 지식사회학이 우리에게 알려주는 것처럼,[42] '있는 그대로'의 사물이란 적어도 이 땅의 삶 속에서는 비현실적인 개념에 지나지 않는다. 사물은 우리에게 인식되는 것이며, 우리의 인식은 우리 나름의 입장과 필요에 따라 자연스럽게 채색되고 굴곡된다. 쉽게 말해, 나는 늘 내 입장에서 어떤 상황을 바라본다. 이것이 다른 사람이 보는 상황과 다르리라는 것은 말할 것도 없다. 소위 '입장 차'다.

한 사람이 "어떻게 그럴 수가 있느냐?"라며 펄쩍 뛰는 일에 대해 다른 사람은 "그게 뭐 어떠냐?"라며 의아해한다. 시부모는 바람 핀 며느리를 향해 "어떻게 그럴 수가 있냐?"라며 표독스런 눈길을 쏘지만, 친정 부모는 "오죽하면 그랬겠느냐?"며 이야기의 초점을 바꾼다. 눈에 보이는 상황 자체가 달라서가 아니라, 그 상황을 다른 방식으로 받아들이고 평가하기 때문이다. 이혼의 최대 이유인 그

유명한 '성격 차' 역시 따지고 보면 이런 입장 차이로 설명할 수 있다. 성격 차이 없는 사람이 세상에 있을까마는, 본래 가졌던 관점의 차이를 조화시키는 데 실패한 경우라고 할 수 있다내가 아는 어떤 목사님은 "성격 차이는 죄입니다"라고 설교했다.

말씀의 깨달음인가, 자기변호인가?

우리의 인식이 선택적이고 주관적이라는 사실은 성경 읽기라고 해서 달라지지 않는다. 성경의 메시지가 사람마다 달라지는 건 아니지만, 그 성경을 읽는 우리들의 관점이 다 제각각이기 때문이다. 성경은 하나님의 말씀이다. 그렇다고 해서 이 말씀이 천국에서 이미 해석되고 적용되어 우리에게 배달되는 것은 아니다. 성경이 주어졌지만, 그 성경을 '보는' 것은 우리다. 그리고 우리의 '봄'은 불가불 선택적이고 주관적이다. 같은 성경을 두고서도 전혀 다른 종교가 생겨났고, 같은 성경을 읽으면서도 서로 다른 신학 전통이 생겨났다. 서로 다른 성경을 읽었기 때문이 아니라, 같은 성경을 서로 다른 관점에서 읽었기 때문이다.

보는 관점이 다르다는 사실이 반드시 잘못된 것일 이유는 없다. 하지만 나의 읽기가 본질적으로 선택적이며 주관적이라는 사실로 인해 그것은 쉽게 자기변호의 몸짓으로 변질된다. 말하자면, 정당한 주관성의 범위를 벗어나 말씀 자체로는 도저히 설명할 수 없는 수준의 '자의적' 읽기를 감행할 수 있다. 말씀을 나의 입장에서 해석하는 수준을 넘어, 나의 입장으로 말씀 자체의 흐름을 왜곡하는 수준으로 나아가는 것이다. 이렇게 되면, 말씀은 그 메시지로 나를 새롭게 하는 은혜의 도구이기를 멈추고 말씀의 권위를 빌어 나 자신을 정당화하려는 정치의 수단이 된다. 우리는 이런 정치적 유혹으로부터 자유롭지 않다.

앞서 언급한 바처럼, 성경은 하나님의 말씀을 날카로운 양날 칼에 비유한다히4:12; 계19:15. 그래서 말씀과 우리의 만남은 말씀의 칼이 우리의 "혼과 영과 및 관절과 골수를 찔러 쪼개기까지" 하는 것히4:12, 곧 드러나지 않은 우리의 존재를 속속들이 해부하는 것히4:13으로 묘사된다. 말씀은 우리 속을 까발려 숨은 본질을 드러낸다. 우리는 말씀에 의해 심판받는다. 물론 말씀은 감격스럽게도 하고 위로하기도 한다. 하지만 말씀의 이런 건설적 기능은 우리의 이기적 자기방어 체계를 부수는 파괴적 과정을 전제한다. 우리가 말씀의 칼을 피하고자 자아의 방패를 내밀고 있는 한, 말씀은 우리의 "관절과 골수를 찔러 쪼개기까지" 하는 심판의 칼날로 남는다.

물론 믿음이 좋은 우리는 대놓고서 말씀을 거부하지는 않는다. 하지만 말씀의 칼날은 위협적이며, 또한 거북하다. 그래서 우리는 끊임없이 말씀의 날카로움을 해소할 방도를 찾는다. 온갖 방법으로 말씀의 칼날을 무디게 하고, 어떻게든 다치지 않고 말씀을 먹을 수 있도록 만들려 한다. 이렇듯, 우리는 '말씀'이라는 명분과 '욕심'이라는 실리를 한꺼번에 챙긴다.

관찰의 중요성: '소금'에 관한 말씀

이런 정치적 실수를 줄이는 가장 지혜로운 방법은 될 수 있는 대로 찬찬히, 그리고 꼼꼼히 본문의 내용을 관찰하는 것이다. 마치 처음 대하는 본문인 양, "도대체 뭐라고 쓰여 있나?" 하는 소박한 질문으로 관찰하는 신중함이다. 빨리 읽을수록 우리의 읽기는 선택적이기 쉽다. 또 읽기가 선택적일수록 나 자신의 입장에 휘둘리기 쉽다. 완전하기는 어렵겠지만, 본문을 차근차근 관찰하는 습관은 이런 실수로부터 우리를 지켜주는 훌륭한 방어 장치다. 영어로 더듬더듬 읽으니 오히려 말씀이 더 와닿더라는 말을 자주 듣는데, 그것이 바로 이런 경우라 할 수 있다. 외국어다 보니 더듬거리는 것도 사실이지만, 오히려 넘겨짚지 못하고 있는 그대로 읽게 되는 것도 사실이기 때문이다.

다시 한번 소금에 관한 말씀을 예로 들어보자. 마태복음의 첫 설교인 산상수훈에서 예수님께서는 제자들을 두고 "너희는 땅의 소금이다" 하고 말씀하신 적이 있다마5:13, 개역개정에는 "세상의 소금"으로 잘못 번역되었다. 이는 "세상의 빛"에 관한 마태복음 5장 14~16절의 말씀과 더불어 성경에서 가장 잘 알려진 구절들 중 하나다. 익숙하다는 생각에 우리는 이 말씀을 잘 안다고 느낀다. 하지만, 실상 이 구절은 그 의미가 심하게 왜곡된 하나의 좋은 예라고 할 수 있다. 가장 친숙한 말씀이 가장 엉뚱하게 이해되는 역설인 셈이다.

> 너희는 세상의 소금이니 소금이 만일 그 맛을 잃으면 무엇으로 짜게 하리요 후에는 아무 쓸 데 없어 다만 밖에 버려져 사람에게 밟힐 뿐이니라 마5:13

우리는 대개 이 구절을 "세상의 소금이 되라"는 권면이나 명령으로 읽는다. 물론 소금이 되라는 것을 소금처럼 세상의 썩음을 방지하는 존재가 되거나, 세상에서 맛을 내는 존재가 되라는 것으로 이해한다. 그러니까 예수님의 가르침은 "너희가 내 제자로서 세상의 부패를 방지하는 존재, 곧 세상을 더 살만한 곳으로 만들려고 애쓰는 존재들이 되라"는 말씀 정도가 된다. 이 본문을 두고 필자가 들었던 대부분의 설교 역시 이런 틀에서 크게 벗어나지 않았다. 일견, 이것은 달리 반론의 여지가 없는 명백한 해석처럼 보인다. 하지만 그것은 우리의 착각이다. 오래전 황우석 박사가 유행시킨 표현을 빌리자면, 이런 익숙한 해석에는 본문 관찰과 관련된 몇 가지 중대한 '인위적 실수'가 개입되어 있다.

통상적 해석의 석연찮음은 우선 직설법이 명령법으로 바뀌었다는 사실에서 드러난다. "너희는 세상의 소금이니"라는 주님의 말씀은 서술직설법이지 권유명령법가 아니다. "소금이 되라"는 명령이 아니라 "소금이다"라는 진술이다. 물론 사람이 문자적으로 소금일 수는 없다. 그래서 이는 "내 마음은 호수요"와 같은 일종의 비유법이 된다. 지금 내 마음이 어떤 면에서 호수와 통하는 데가 있다는 의미다. 마찬가지로, "제자들인 너희는 어떤 점에서 소금과 통하는 면이 있다"라는 의미의 말씀이다.

은유의 의미는 금방 드러나지 않는 경우가 많다. 시인이 "내 마음은 호수요"라고 노래하지만, 우리는 금방 "그게 무슨 말일까?" 하고 궁금해한다. 무슨 생각으로 자기 마음을 호수에 비유했는지 알 도리가 없기 때문이다. 바다와는 달리 물이 짜지 않다는 뜻일까? 혹은 파도가 없이 잔잔해서 놀기 좋다는 뜻일까? 아니면 바다처럼 넓지 않고 옹졸한 마음이니 조심하라는 의미일까? 그래서 우리는 시인이 계속 노래해 주기를 기다린다. 무슨 생각인지를 알아야 하기 때문이다. 김동명 시인의 〈내 마음은 호수요〉의 일부를 보자.

내 마음은 호수요
그대 노 저어 오오
나는 그대의 흰 그림자를 안고
옥같이 그대의 뱃전에 부서지리다

이렇게 이어지는 설명을 들으면서 우리는 조금씩 "내 마음은 호수"라는 첫 진술에 담긴 의미를 파악하기 시작한다.

조미료와 방부제?

따라서 "너희는 땅의 소금이다"라는 말씀을 듣고 보여야 할 제자들의 반응은 "아니, 무슨 말씀이십니까?" 하는 것이 되어야 한다. 예수님께서 자신들을 소금에다 비교하는 의도가 무엇인가를 알아야 하기 때문이다. 물론 '호수'라는 비유가 그 의미를 저절로 드러내지 않는 것처럼, '소금'이라는 그림 역시 아직 그 의미가 드러나지 않는다. 그런데도 우리는 벌써 이 대목에서부터 예수님의 의도를 다 알아차린 것처럼 행동한다. "너희는 소금이다" 하시는 순간 바로 무릎을 치며 "무슨 말인지 알겠다"고 나선다. 물론 우리가 그렇게 반응하는 것은 실제 소금 비유에 담긴 예수님의 의도를 제대로 파악했기 때문이 아니라, 소금이라는 말을 듣는 순간 우리 마음대로 그 뜻을 지레짐작해 버렸기 때문이다.

소금이란 당연히 썩음을 방지하고 음식에 맛을 내는 물건 아닌가. 맛없는 음식을 먹을 만하게 하는 조미료요욥6:6; 골4:6, 오랫동안 보존되게 해 주는 방부제cf. 레2:13; 민18:19; 대하13:5; 스6:9라는 사실은 누구라도 다 아는 사실이다. 그렇다면 굳이 설명이 없더라도 주님의 말씀은 우리 또한 세상에서 그런 존재라는 의미가 아니겠는가. 소금을 이렇게 이해하니까 "소금이다"라는 말씀이 저절로 "소금 노릇을 하라"는 권유로 읽힌다. 그래서 대부분의 설교도 "세상의 소금이 되자"라는 호소의 메시지로 이어진다.

하지만 여기엔 문제가 있다. 소금의 기능은 방부제나 조미료 말고도 많은데, 왜 하필 이 두 가지인가? 성경에 보면 소금은 못 마실 물을 마실 수 있는 물로 바꾸는 재료왕하2:21나, 혹은 화목함의 매개체막9:50로도 등장한다. 또 어떤 곳에서는 하나님께 버림받은 황폐

함을 나타내기 위해 사용되기도 한다신29:24; 삿9:45; 렘17:6. 오히려 조미료나 방부제로서의 소금은 성경에서 상대적으로 드물다.

그렇다면 예수님께서 그렇게 말씀하신 적도 없는데, 우리가 굳이 방부제나 조미료에 집착하는 것은 왜일까? 말할 것도 없이 이는 조미료와 방부제의 역할이 우리에게 익숙한 소금의 기능들이기 때문이다. 하지만 우리에게 익숙하다고 해서 그것이 주님의 의도가 되는 것은 아니다. 나에게 맛있는 돼지고기가 유대인들에게도 맛있을 이유는 없지 않은가? 여기서 우리가 인식해야 하는 것은 무엇인가? 방부제나 조미료와 같은 것에 닿은 생각들은 우리가 소금이라는 말씀 속에 집어넣은 것일 뿐, 실제 본문에서 관찰해 낸 것은 아니라는 사실이다.

물론 예수님께서는 소금의 의미를 우리 나름으로 추측하도록 내버려두시지 않는다. "너희는 소금이다"라고 말씀하시고서 바로 그 말씀의 의도를 구체적으로 설명하시기 때문이다. 문제는 예수님께서 소금에 관해 실제 하신 말씀이 우리가 추측한 것과 전혀 다르다는 사실이다.

회복 불가능성

본문에서 예수님께서 소금에 대해 유일하게 하신 말씀은 소금이 일단 맛을 잃으면 그 맛을 회복할 수 없다는 것이다. 앞서 번역 성경 읽기 대목에서 지적한 바와 같이, 여기서 "무엇으로 짜게 하리요"는 "무엇으로 음식의 맛을 내겠느냐?"라는 뜻이 아니다. 이것은 소금 자체가 "무엇으로 잃어버린 짠맛을 회복하겠느냐?"는 뜻이다. 소금이 짠맛을 상실하면 그 맛을 회복할 길이 있는가? 물론 예수님의 수사적 물음은 "도저히 그럴 수 없습니다" 하는 답변을 유도한다.

잃어버린 맛을 회복할 수 없다는 것, 이것이 바로 예수님께서 지적하시는 소금의 속성이다. 마치 충전지가 아닌 일회용 건전지처럼, 맛을 잃은 소금은 그것으로 생명이 끝난다. 그래서 버려진다. 맛을 상실하는 것이 심각한 일인 이유가 바로 여기에 있다. 따라서 본문의 핵심은 맛을 잃은 소금의 '무용성'이 아니라, 맛을 잃은 소금의 '회복 불가능성'이다. 맛을 잃으면 그것을 회복할 도리가 없는 까닭에 아무 쓸모 없는 존재가 된다는 것이다.

예수님께서는 "너희는 땅의 소금이다" 하는 말로 제자들을 소금에 견주신다. 따라서 소금의 속성에 관한 이런 적나라한 설명은 그대로 제자들에 관한 설명이 된다. 제자들은 마치 소금과 같다. 제자란 제자다운 맛을 잃어버리면 그 맛을 다시 회복할 수 없어 버려지는 존재다. 본문에서 예수님의 관심사는 제자들이 세상의 방부제와 조미료 노릇을 해야 한다는 것이 아니다. 주님의 관심은 제자들이 제자다운 맛을 잃고 버림받는 상황이 생기지 않아야 한다는 것에 그 관심이 놓여 있다. 마치 소금처럼 제자들 역시 한 번 맛을 잃으면 맛을 회복할 방법이 없기 때문이다. 바로 이 점을 강조하기 위해 제자들을 소금에 비유하신 것이다.

따라서 본문은 우리가 세상에서 이런저런 역할을 해야 한다는 권면이 아니다. 오히려 이 말씀은 마치 소금처럼 제자가 제자다운 맛을 잃으면 다시 그 맛을 회복할 도리가 없어 버림당할 것이라는 경고다. 그런 점에서 13절은 제자들이 세상에 '드러나 보이는' 존재라는 사실을 강조하는 14~16절의 가르침과 더불어 제자도의 본질에 관한 중요한 가르침으로 다가온다.

맛을 잃어버리려는 유혹

맛을 잃어버릴 위험, 그리고 사람들로부터 숨어버릴 위험에 관한 경고는 이 말씀이 핍박에 관한 말씀과 이어져 있다는 사실로 쉽게 설명된다. 물론 제자들의 '맛'이나 '빛'이란 앞서 팔복 말씀에서 큰 필치로 그려진 그런 삶의 자태를 말한다마5:2~10. 팔복 말씀이 핍박에 관한 말씀으로 끝나는 데서 알 수 있는 것처럼마5:10~12, 세상 속에서 이런 삶은 핍박을 자초하는 삶이다. 물론 제자들은 그 핍박을 기뻐하라는 말씀을 듣는다.

> [11]나로 말미암아 너희를 욕하고 박해하고 거짓으로 너희를 거슬러 모든 악한 말을 할 때에는 너희에게 복이 있나니 [12]기뻐하고 즐거워하라 하늘에서 너희의 상이 큼이라 너희 전에 있던 선지자들도

이같이 박해하였느니라마5:11~12

그러나 제자의 삶은 그리 간단한 것이 아니다. 그래서 제자들은 늘 유혹에 직면한다. 천국 시민으로서의 맛을 포기함으로써 핍박을 벗어나려는 유혹, 혹은 드러나기를 거부함으로써 핍박을 피해 보려는 유혹을 받는다. 소금에 관한 주님의 말씀은 이런 상황을 겨냥한다. 곧 핍박받는 것을 기뻐하고 즐거워하는 대신 제자다운 맛을 포기함으로써 핍박을 면하려는 자들은 다시 그 맛을 회복할 수 없이 버려지고 심판받을 뿐이다. 예수님께서는 바로 이 사실을 상기시키며 제자들을 경고하신다.

그런데 우리는 이 말씀을 무시한다. 필자는 이 구절에 관한 설교를 무수히 들었지만, 맛을 잃고 버림받는 경고에 초점을 맞춘 설교는 아직 들어보지 못했다. 대부분의 설교는 "너희는 세상의 소금이니" 하는 말씀을 부지런히 설명하는 데서 끝나고, 그 뒤의 말씀은 "차라리 태어나지 아니하였더라면 제게 좋을 뻔"마26:24했을 유다처럼 취급된다. 실제 맛을 잃고 버림받는 것에 대한 말씀은 본문 읽을 때 말고는 설교에 다시 등장하지 않는 경우도 무수하다. 일단 주님의 말씀을 "소금이 되자"라는 격려로 본문을 읽으면 "맛을 회복하지 못해 버려질 것"이라는 메시지가 끼어들기 어렵기 때문이다. 그래서 그 부분은 대충 넘어간다. 이렇게 우리는 정작 예수님께서 강조하신 메시지의 핵심을 피해 간다.

물론 재기의 가능성조차 허용하지 않는 듯한 예수님의 경고는 삼키기 어렵다. 따뜻한 격려도 모자랄 판에 처음부터 "한 번 맛을 잃으면 버림받는다"라는 말씀은 너무 지나친 감이 든다. 이런 불편함에 교리적 긴장이 더해진다. 버려짐에 관한 경고는 '성도의 견인'이라는 위대한 진리와 상치되는 것이 아닌가? 그래서 우리는 "소금이다"라는 직설법을 "소금이 되라"는 명령법으로 '왜곡'하고, "맛을 회복할 수 없기 때문에 버려진다"라는 경고에는 슬쩍 눈을 감는다. 이런 식의 선택적 읽기로 불편한 메시지를 해소해 버린다.

본문 속에 나에게 편한 의미를 집어넣어 읽거나 불편한 부분은 덮고 넘어가는 태도는 말씀의 칼 앞에 무릎 꿇는 겸허함이 결코 아니다. 오히려 그것은 나의 칼로 말씀을 재단하는 오만이다. 자신의 마음에 맞게 재단된 말씀을 읽고, 자신의 필요에 맞게 변조된 소리를 듣는 것, 이것은 실상 말씀의 방패로 말씀의 칼을 피하는 교묘한 자기방어의 몸짓일 뿐이다. 사탄이 성경을 인용하며 세속적 욕망을 위장하는 것과 본질적으로 같다. 화려한 종교의 모양으로 참된 경건의 도전을 회피하려 했던 바리새인들처럼, 오늘의 우리 역시 그런 위선의 위험에서 자유롭지 않다. 말씀 앞에 무릎 꿇는 모양을 내면서 실상은 그 말씀을 주물러 나를 위한 이데올로기로 만들 수 있다.

그런 점에서 소금에 관한 주님의 말씀은 우리 같은 타고난 정치꾼들에게 겸허한 '들음'이 얼마나 어려운지를 보여주는 좋은 실례다. 그래서 어쩌면 우리의 성경 읽기는 마치 오래전 야곱의 씨름과 같을지도 모른다. 말씀에 맞아 발을 절룩거릴 때까지 말씀에 저항하며 힘겨운 싸움을 벌이는 과정인 셈이다. 이 싸움에서 중요한 한 가지 요소는 될 수 있으면 내 앞에 펼쳐진 본문을 차근차근 읽으려 애쓰는 일이다.

산 위의 동네, 등경 위의 등불

마태복음 5장에서 예수님께서는 제자도의 본질을 설명하시며 소금과 빛이라는 두 가지 비유를 든다. 잃은 맛을 회복할 수 없는 소금에 빗대어 제자됨의 본질을 설명하신 말씀은 앞에서 이미 살폈다. 이번에는 소금에 관한 말씀과 짝을 이루는 '빛'에 관한 말씀을 생각해 보자. 제자들은 "세상의 빛"이다. 이 말씀에 담긴 주님의 진의는 과연 무엇일까?

> 14너희는 세상의 빛이라 산 위에 있는 동네가 숨겨지지 못할 것이
> 요 15사람이 등불을 켜서 말 아래에 두지 아니하고 등경 위에 두나
> 니 이러므로 집 안 모든 사람에게 비치느니라 16이같이 너희 빛이
> 사람 앞에 비치게 하여 그들로 너희 착한 행실을 보고 하늘에 계신
> 너희 아버지께 영광을 돌리게 하라마5:14~16

앞서 소금에 관한 가르침에서와 마찬가지로, 우리는 "너희는 세상의 빛이라"는 말씀 역시 "세상의 빛이 되라"는 명령이나 권면으로 바꾸어 읽는 데 익숙하다. 이 세상은 당연히 어두운 곳일 테고, 따라서 주님을 따르는 제자들은 이 어두운 세상을 밝히는 빛이 되는 것이 마땅하다. 이것이 우리가 짐작하는 주님의 뜻이다. 그래서 빛이 되라는 말씀에 대해서도 별다른 의문이 없다. 우리 나름으로 빛에 대한 풍부한 경험이 있어 거기에 비추어 주님의 의도를 마음껏 짐작할 낼 수 있기 때문이다. 사실 소금에 관한 말씀이 경고로만 되어 있는 것과는 달리, 빛에 관한 말씀은 실제로 "너희 빛이 사람 앞에 비치게 하여"라는 보다 긍정적이고 적극적인 명령으로 이어진다16절. 따라서 우리가 이 빛을 "착한 행실"로 잘 연결하기만 하면 이런 해석은 아주 빗나간 것은 아니다.

하지만 이는 여전히 너무 성급한 결론이다. 주님의 말씀을 찬찬히 읽지 않고 이런 결론으로 내달린다면, 정작 주님께서 강조하시고자 했던 보다 시급한 논점을 놓친다. 우리 빛을 사람들 앞에 비추라는 말씀의 일차적 의미는 "어둠을 밝히는 빛이 되라"는 권면과는 사뭇 다른 의도를 드러내기 때문이다.

정확한 관찰의 중요성은 여기서도 드러난다. 소금의 경우와 같이, "너희는 세상의 빛이다"라는 말씀은 명령이 아니라 진술이다. 곧 "세상의 빛이 되라"는 명령이나 권유가 아니다. "말하자면, 너희는 세상의 빛과 같다"라는 일종의 비유법이다. 소금의 속성을 들어 제자도의 본질을 설명했던 것처럼, 여기서도 주님은 빛이라는 현상의 속성을 들어 제자도의 본질을 설명하신다. 그래서 이 진술에 대한 청중의 일차적 반응은 무엇이겠는가?

"우리가 빛이라는 말씀은 도대체 무슨 뜻입니까?"
"어떤 면에서 우리가 빛과 같다는 것입니까?"

이와 같은 질문이 청중의 반응이 된다. 처음 이 말씀을 듣는 청중들로서는 갑자기 '제자=빛'이라는 등식을 설정하는 주님의 의도를 짐작할 도리가 없기 때문이다.

물론 여기서도 주님은 제자들을 어둠 속에 버려두지 않는다. 이어지는 설명은 바로 이런 의문을 겨냥하면서 '제자=빛'이라는 비교를 통해 주님께서 의도하신 바를 풀어간다. 자신이 의도하는 바를 구체적으로 설명하기 위해 주님은 "산 위의 동네"와 "켜진 등불"이라는 두 개의 추가적인 그림언어를 소개한다. 이 두 가지의 그림을 통해 우리는 제자를 빛에 비교하시는 주님의 의도가 무엇인지 발견한다.

산 위의 도시

첫 번째 그림은 산 위에 지어진 도시의 그림이다. 세상의 빛이라는 말에 이어 뜬금없이 등장하는 "산 위의 동네"는 얼핏 앞뒤가 전혀 맞지 않는 인상을 준다. 사실 주님의 말씀을 "빛이 되자"라는 권면으로 이해해 버리면, "산 위에 있는 동네가 숨겨지지 못할 것"이라는 말씀이 도대체 왜 필요한지 알 도리가 없다. 세상의 빛이 되어야 한다는 권면과 산 위의 동네가 숨겨지지 못한다는 두 생각이 전혀 연결되지 않기 때문이다. 그래서 산 위의 동네라는 이 재미있는 그림은 빛에 관한 말씀을 "세상의 빛이 되라"는 명령으로 이해하는 이들에게는 하나의 수수께끼로 남는다. 이 구절에 관한 대부분의 설교가 이 말씀을 슬쩍 생략하고 넘어간다는 사실은 이런 당혹감을 잘 설명해 준다.

하지만 "산 위의 동네"라는 그림은 빛이 되라는 권면 속에 뜬금없이 끼어든 불청객이 아니다. 이 이미지는 사실 제자들을 빛에 비교하시는 주님의 의도에 관한 매우 절묘한 설명이다. 산 위에 지어진 동네는 정확히 말하면 산 위에 건설된 도시를 의미한다. 보일 수도 있고 안 보일 수도 있는 작은 동네가 아니다. 많은 거대한 건물들을 포함하고 있는 '폴리스'polis, 도시다. 미국에는 인디아나폴리스나 미네아폴리스처럼 폴리스란 말이 들어간 도시들이 여럿 있다. 또 뉴욕이나 로스엔젤레스처럼 위성도시를 주변에 거느린 거대도시를 '메트로폴리스', 곧 '모母도시'라 부른다. 현대의 도시와는 비교할 수 없지만, 당시로서는 꽤 큰 도시가 산이나 언덕 위에 건설되어 있다. 이를 감출 수 있을까? 그럴 수 없다.

따라서 예수님께서 그려내는 이 인상적인 그림의 핵심은 당연히 '숨겨지지 못함', 곧 '노출'이다. 산 위에 건설된 도시는 당연히 숨겨질 수 없다. 비밀스런 군사시설처럼 사람들의 눈길을 피할 것이었다면, 애초부터 땅을 파고 그 아래 숨겼을 것이다. 큰 도시를 산 위에 지었다는 것은 처음부터 그 도시를 사람들에게 훤히 드러낼 계획이었음을 말해 준다. 이것이 제자를 빛에 비유하는 주님의 의도다. 곧 '드러남'이다.[43]

산 위에 있는 도시는 드러남을 강조한다. 여기서 빛에 관한 말씀의 의미가 분명해지기 시작한다. 일견, 산 위의 도시라는 이미지는 빛에 관한 말씀과 무관한 듯 보인다. 하지만 '드러남'이라는 주제에 생각이 미치면 빛과 산 위의 도시라는 두 그림 사이의 유사성이 금방 드러난다. 산 위에 건설된 도시는 사람들에게 그 위용을 자랑하면서 본연의 의도를 완수하는 것처럼, 빛 역시 사람들에게 노출되었을 때라야 그 기능을 발휘할 수 있다. 바로 이런 의미에서 제자들은 빛이다. 마치 빛이 드러남을 통해 제 역할을 감당하는 것처럼, 주님의 제자들 역시 드러남을 통해 본연의 역할을 할 수 있는 존재다. 이것이 주님의 의도다.

등경 위의 등불

빛의 의미를 설명하기 위해 두 번째로 소개하는 그림은 등불이다. 등불은 빛을 내는 물건이라는 점에서 "너희는 세상의 빛이라"는 말씀과 훨씬 더 가깝다. 그리고 '산 위의 도시'가 한 장의 그림이었다면, 등불과 관련된 이야기는 행동을 묘사하는 일종의 동영상이다. 하지만 등불에 관한 말씀이 전달하는 의미는 앞서 '산 위에 있는 도시'가 전달하는 의미와 다르지 않다. 어두워지면 사람들은 등불을 켠다. 물론 이렇게 켠 등불은 말 아래 두는 법이 없다. 물론 이때의 '말'은 달리는 말馬이 아니라 '한 말, 두 말'이라고 할 때처럼 곡식을 재는 용기다. 우리나라의 열 되 들이 '말'과 정확히 일치하지는 않지만, 의미상 거의 유사하다 할 수 있다.

정상적인 경우라면 어둡다고 등불을 켜서 이를 다시 "말 아래에" 숨기는 일은 없다. 등불은 숨어서가 아니라 드러나야 제 역할을 할 수 있기 때문이다. 만일 누군가가 등불을 켜서 말 아래 감추기를 반복한다면, 그는 마치 대낮에 등불을 밝히고 다녔다는 디오게네스처럼 심오한 철학자거나 어딘가 이상한 사람일 것이다. 평범한 우리는 애초부터 감출 것이었다면 아예 등불을 켜지 않는다. 만일 등불을 켠다면 그 등불을 "등경 위에" 놓는다. '그래야 집안 모든 사람에게 비출 것'이기 때문이다.

"말 아래"와 "등경 위"라는 산뜻한 대조에서 눈치챌 수 있는 것처럼, 여기서 예수님께서 염두에 두고 있는 핵심은 숨김과 노출 사이의 단순한 대조다. '등경 위의 등불'이라는 정지화면을 클로즈업하면, 사실상 '산 위의 도시'와 같은 의미를 전달한다는 사실도 쉽게 관찰해 볼 수 있다. 등불은 등경, 곧 높은 산 위처럼 집안 모든 사람에게 노출된 곳에 올리는 것이 상식이다. 다 보이는 곳에 있어야 집안 모든 사람에게 비칠 것이기 때문이다. 여기서도 역시 주님의 말씀은 '드러남'에 집중된다.

이처럼 산 위에 있는 도시나 등경 위에 놓인 등불 이미지는 모두 '드러남'이라는 공통의 의미를 전달한다. 물론 드러남에 관한 이중적 설명은 모두 "너희는 세상의 빛이라"는 비유적 진술에 관한 설명들이다. 그렇다면 제자들이 빛에 비유되는 이유는 분명하다. 곧 드러나야 할 존재라는 것이다. 빛이 드러나지 않으면 빛의 역할을 하지 못하는 것처럼, 제자들 역시 사람들에게 드러나지 않으면 제자로서의 역할을 감당할 수 없다.

16절의 말씀은 이 '드러남'의 중요성을 구체적인 명령으로 연결한다. 문맥 속에서 "이같이"라는 도입구는 지금까지 부지런히 설명하신 바와 같이 "산 위에 있는 동네나 등경 위 등불의 존재가 모두 드러남에 그 핵심이 있는 것처럼" 정도의 의미다. 주님의 명령은 "너희 빛이 사람 앞에 비치게 하라"는 것이다. 이것은 일견 "세상의 어둠을 밝히라"는 말씀으로 읽히기 쉽지만, 이 구절에서 주님의 일차적 강조는 "사람 앞에"에 놓인다. 우리의 빛을 말 아래 숨기지 말고 사람들 앞에 비치게, 곧 사람들에게 "노출되게" 하라는 것이다. "빛을 비치게 하라"는 말씀 역시 "집안 모든 사람에게 비치느니라"라는 앞 절의 말을 이어받은 것으로써, 어두운 무언가를 밝히라는 타동사적 의미보다는 스스로 밝은 빛을 가진 존재로 반짝이라는 의미를 갖는다cf. 마7:2; 17:24; 행12:7.

그러니까 16절의 말씀 역시 제자들은 빛과 같아서 산 위의 도시처럼, 혹은 등경 위의 등불처럼 사람들 앞에 드러나야 한다는 것을 재차 강조하는 말씀이다. 그래야만 사람들이 그 빛을 "보고" 하늘의 아버지께 영광을 돌리게 될 것이기 때문이다.

'드러남'과 제자도

우리가 세상의 빛이라는 말씀은 세상을 밝히는 빛이 되라는 명령이기 이전에 주님을 따르는 제자도의 핵심이 드러남, 혹은 그것을 보여줌에 있다는 뜻이다. 제자들의 공동체는 숨겨질 수 없다. 그러니까 교회는 이 세상 사람들의 시선에 노출되어 무언가를 보여주기 위해 생겨난 존재다. 등불을 켜서 모든 사람이 볼 수 있는 등대 위에 놓는 것처럼, 예수님께서는 제자들의 공동체를 이 세상의 등대 위에 놓아 모든 사람에게 빛을 비추도록 하셨다.

재차 밝히자면, 이 말씀은 세상의 빛이 되라는 권고가 아니다. 오히려 제자로서의 본질 자체가 "보여주는" 역할에 있다는 선언이다. 따라서 빛으로서 기능하지 않는 교회란 품질 나쁜 교회가 아니라, 아예 교회이기를 그만둔 모임이다. 보여주지 못하는 교회란 말 아래 숨은 등불처럼 무의미한 존재이기 때문이다.

제자 공동체가 빛과 같은 존재라는 주님의 가르침은 오늘 우리 교회의 가장 치명적인 약점을 건드린다. 미국의 신화학자 캠벨은 『신화의 힘』이라는 책에서 기독교 목회자들의 어리석음을 두고 "그냥 보여주기만 하면 될 것을 어렵게 말로 전달하려고 한다"라고 말한 적이 있다.[44] 이 한마디가 더 아프게 다가오는 것은, 지금 우리 모습이 보여줄 게 많은데 말이 더 효과적인 줄 알고 말로 떠드는 것이 아니라, 보여줄 것은 없으면서 애써 말로 때워보려는 안타까운 몸짓에 가깝기 때문이다. 대형교회의 문제점을 고발하는 방송국을 향해 실력행사를 마다하지 않겠다는 보수 기독교회의 대응은 바로 이런 가난함을 실토하는 역설적 고백으로 보인다.

교회 안이건 밖이건, 오늘 교회의 실상은 한마디로 우리가 전하는 복음이 우리의 삶에서 확인되지 않는 이상함, 혹은 우리의 말을 우리의 삶이 부인하는 이율배반의 비극이다. 이것을 상업용어로 표현하면 '과대광고'다. 좀 더 심하게 말하면, 자기도 누리고 있지 못한 복음을 남에게 팔겠다고 나서는 일종의 '사기'다. 종종 이런저런 핑계를 대며 "그래도 아직은 교회가 믿지 않는 단체보다는 낫다"라고 말하는 이들도 있다. 하지만, 많은 이들에게 이런 식의 변명은 오히려 교회의 죽음을 알리는 확인 사살의 총성으로 들린다.

우리가 드러낼 빛이 "착한 행실"이라는 사실은 다음에 생각하기로 하자. 이 말씀을 통해 우리가 분명히 인식해야 할 것은 드러남, 혹은 보여줌의 중요성이다. "하나님 보고 믿지 사람 보고 믿나"라는 말을 종종 듣는다. 이해가 안 가는 바는 아니지만, 그럼에도 불구하고 이런 식의 표현은 비성경적이다. 주님은 우리더러 "보여주라" 하셨는데, "우리 말고 주님만 쳐다보라"고 말하는 것은 글자 그대로 제자로서의 직무유기다.

현대적인 비유로 바꾸자면, 제자 공동체는 복음을 파는 백화점의 진열장과 같다. 진열장 속에 전시된 '우리'라는 물건의 품질에 따라 주님의 메시아적 '장사'는 성공할 수도 있고 고전할 수도 있다. 진열장 속의 우리가 전시 역할을 제대로 하지 못하면 주님의 복음 사업은 고전을 면치 못할 것이다. 물론 주님의 사업이 망하는 일은 없다. 하지만 장사를 정상으로 회복하기 위해서 진열장 속의 도움이 안되는 물건들은 눈길을 끌 만한 다른 상품들로 교체될 것이다. 요한계시록의 표현을 쓰자면, 우리에게 놓였던 촛대가 다른 곳으로 옮겨지는 것이다.

> 그러므로 어디서 떨어졌는지를 생각하고 회개하여 처음 행위를 가지라 만일 그리하지 아니하고 회개하지 아니하면 내가 네게 가서 네 촛대를 그 자리에서 옮기리라계2:5

촛대가 교회를 상징하는 것이니, 이 말씀은 우리를 포기하고 다른 교회로 옮겨 승부를 걸겠다는 말씀과 같다. 애초부터 드러냄의 사역으로 부르심을 받은 존재들이 그 사역에 실패한다면, 제자로서의 존재 의의를 상실한 것이기 때문이다.

소금과 빛에 관한 주님의 말씀은 성경을 해석하는 우리의 성급함을 잘 드러낸다. 물론 성급함이란 많은 경우 자기중심적 태도의 한 표현이다. 찬찬히 상대의 말을 듣고 거기서 드러나는 의미를 음미하기보다는 성급히 내 생각을 덧입혀 버리는 잘못 말이다. 물론 이런 성급함은 일견 우리가 읽는 말씀을 훨씬 더 '그럴듯하게' 만들어 주는 것처럼 보인다. 하지만 이는 우리 자신의 생각을 재생한 데서 느끼는 익숙함이지 말씀 자체에 대한 깨달음은 아니다. 당장 삼키기 편한 메시지는 되겠지만, 우리를 변화시킬 수 있는 능력의 말씀이 되기는 어렵다. "들을 귀가 있는 자는 들을지어다"라는 성령의 외침은 바로 이런 우리의 이기적 조급함을 향한 채찍이 아닐까.

달면 삼키고 쓰면 뱉기

유학 시절 동성애적 입장의 성경해석에 관한 토론에 참여한 적이 있었다. 실제 동성애자였던 한 남학생이 발제자로 나섰었다. 물론 성경에서 동성애에 대한 호의적 논증을 찾기란 쉬운 일이 아닌지라, 그의 발제 역시 성의 구별을 상대화하는 듯한 갈라디아서 3장 28절처럼 간접적인 '증거'에 집중되어 있었다. 민감한 사안이었지만, 나는 그에게 동성애를 정죄하는 것처럼 보이는 구절들은 어떻게 하냐고 물어보았다. 그의 답변은 간단했다. 그냥 무시한다는 것이었다. 그렇다면 성경이 아니라 자신의 선택이 최종적 권위를 갖는 것 아니냐는 추궁에 그가 내놓은 답변은 이러했다.

"굳이 그렇게 말하겠다면 그렇다고 생각하라."

이것으로 대화는 끝났다. 더 이상 따져 물을 이유가 없었다. 동성애에 관한 입장과 무관하게, 성경을 해석하는 방식에 관한 생각의 차이였다. 어차피 성경보다 나의 입장이 우선이라면, 그것이 '성경적'이라고 말하는 것 자체가 우습다고 느꼈기 때문이었다. 그건 순종이라기보다는 정치에 가까울 터였다.[45]

성경의 권위와 나의 입장

편파보도가 사태를 자기 입장에 맞게 변조하는 기술인 것처럼, 취사선택은 성경의 거친 메시지를 내 입맛에 맞추는 기술의 하나다. 애초부터 성경을 '우습게 아는' 자유주의자들만 그런 것이 아니라, 성경의 권위에 죽고 산다는 보수주의자들 역시 하나도 다르지 않다. 물론 우리는 감히 성경의 권위를 부인하지 못한다. 그렇다고 성경의 날카로운 메시지를 그냥 삼키는 것도 아니다. 대신 우리는 불편한 말씀을 조용히 무시한다. 선생님과 눈을 마주치지 않도록 하여 질문을 피하려는 학생처럼, 나를 불편하게 하는 구절의 시선을 회피함으로써 상황을 무마한다.

때로 좋아하는 구절들을 더 열심히 읊어대는 경건함으로 이런 구린 침묵에 연막을 치기도 한다. 겉모습이 아무리 경건해 보여도 여기서 최종적인 선택의 기준은 나 자신의 입맛이다. 나의 입장이 먼저 있고, 이 입장을 정당화하기 위해 성경의 권위가 필요할 뿐이다. 고백이라는 면에서는 성경을 하나님의 말씀으로 인정하지만,

실용이라는 면에서는 그 권위를 부인하는 것이다. "경건의 모양은 있으나 경건의 능력은 부인"딤후3:5하는 삶의 또 다른 방식이다. 이런 상황에서 성경의 권위에 거품을 무는 모습은 '방귀 뀐 놈이 성내는' 상황과 다르지 않을 때가 많다.

두건에 관한 바울의 명령

예를 들어보자. 고린도전서 11장에는 예배 시 여성들의 복장에 관한 논의가 나온다. 바울의 결론은 "여성은 머리에 두건을 쓰라"는 것이었다.

> 5무릇 여자로서 머리에 쓴 것을 벗고 기도나 예언을 하는 자는 그
> 머리를 욕되게 하는 것이니 이는 머리를 민 것과 다름이 없음이라
> 6만일 여자가 머리를 가리지 않거든 깎을 것이요 만일 깎거나 미는
> 것이 여자에게 부끄러움이 되거든 가릴지니라고전11:5~6

어쩌면 "머리를 길게 하라"는 명령일 수도 있다.

> 만일 여자가 긴 머리가 있으면 자기에게 영광이 되나니 긴 머리는 가리는 것을 대신하여 주셨기 때문이니라고전11:15

본문 자체가 다소 모호하여 긴 머리인지 두건인지 분명치 않지만, 어쨌든 바울은 이것이 반론의 여지가 없는 사안임을 분명히 한다. 자신의 주장을 확실히 하기 위해 바울은 창조 질서와 관련된 구약성경의 전거8~9절 말고도 본성의 논리14절와 교회의 관습16절까지 동원한다. 그러니까 여기서 바울은 달리 예를 찾기 어려울 정도로 단호한 명령을 내린다. 좀 쉽게 풀면, "잔말 말고 시키는 대로 하라"는 식의 논조에 가깝다. 여자들은 예배 시에 머리에 두건을 반드시 써야 한다. 이것이 바울의 가르침이요, 이것이 하나님의 말씀이다.

하지만 우리는 눈도 깜빡하지 않는다. 바울의 강한 어조를 아는지 모르는지, 어느 누구도 이에 개의치 않는다. 하나님의 말씀이 "머리에 써야 한다"라고 명령하는데, 무슨 배짱일까? 이러한 우리의 강단剛斷은 소위 '문화상대주의'적 판단에 근거한 것일까? 성경과 우리 간의 문화적 간격은 해석학적 보정작업을 요구한다. 따라서 당시 고린도 상황에서 주어진 명령을 오늘 우리에게 '문자적으로' 적용하는 것은 무리라는 생각일까? 하지만 이것이 우리의 태도에 대한 진짜 설명일 수는 없다.

한국교회의 주류를 이루는 보수신학은 문화상대주의를 좋아하지 않는다. 문화의 차이를 고려하는 세심한 적용의 필요보다는 상대주의적 논리가 복음의 절대성을 훼손할 위험에 더 민감하게 반응하기 때문이다. 그래서 개신교인들은 제사를 하나의 '문화'로 간주하는 가톨릭의 입장을 두고 우상숭배의 용인이라 비난하지 않는가?

그러기에 성경의 단호한 명령에 대한 이런 태연한 무시는 더욱 놀랍다. 정확히 말하면, 문화적 간격이 그리 깊은 것도 아니다. 한국의 제사를 당시 고린도의 우상숭배와 연결할 수 있을 정도의 상상력이면, 당시의 예배와 우리의 예배 사이의 유사성을 발견하는 일은 식은 죽 먹기다. 예배라는 정황도 동일하고, 문제를 다루는 바울의 방식 역시 문화적 감수성 못지않게 성경적 전거에 더 깊이 의존하고 있다. 말하자면, "두건을 쓰라"는 바울의 명령이 우리에게 적용되지 말아야 할 이유를 찾기가 쉽지 않다. 하지만 우리는 이 명령을 가볍게 무시한다.

여자는 잠잠하라?

조금 후 고린도전서 14장에서, 바울은 "여자는 교회에서 잠잠하라"는 명령을 내린다. 여자가 교회에서 입을 놀리는 일은 부끄러운 일이며왜 그런지 바울은 설명하지 않는다, 그래서 뭘 배우고 싶더라도 집에서 남편에게 배우는 것이 마땅하다고 설명한다.

> 34여자는 교회에서 잠잠하라 그들에게는 말하는 것을 허락함이 없
> 나니 율법에 이른 것 같이 오직 복종할 것이요 35만일 무엇을 배우
> 려거든 집에서 자기 남편에게 물을지니 여자가 교회에서 말하는
> 것은 부끄러운 것이라고전14:34~35

물론 이 구절은 사본상의 불확실함 때문에 원문이 아닐 가능성이 있다. 하지만 일단 이 구절이 원문이라고 전제한다면, 우리는 이를 어떻게 받아들여야 할까? 동일한 예배 상황을 전제하고 있는 11장의 예를 두고 생각하면, 그리고 머리에 두건을 쓰라는 바울의 명령은 무시하는 것이 옳다고 믿는다면, 여성의 침묵에 관한 이 명령 역시 오늘 우리에게는 해당하지 않는 것으로 보는 것이 마땅하다. 적어도 그것이 일관성 있는 태도다.

더욱이 남녀의 역할에 관한 문제는 성경 시대와 우리 사이에 문화적 간격이 가장 두드러지는 영역이 아닌가? 여성의 역할이 제한된 당시에는 여자의 침묵이 문화적 황금이었겠지만, 지금은 사회 자체가 너무 달라져 있지 않은가? 여자가 공적인 자리에서 떠드는 것이 부끄러운 일이었던 당시 문화와 달리, 오늘의 문화는 오히려 그 반대에 가깝지 않은가?[46]

두 얼굴의 사나이

하지만 우리는, 혹은 적어도 남자들은 그렇게 생각지 않는다. 잘 알려진 것처럼, 디모데전서 2장 11~15절과 더불어 고린도전서 14장의 이 구절은 교회 내에서 여자의 역할에 관한 중요한 성경적 전거로 자주 인용된다. 특히 여성안수를 반대하는 주장은 거의 전부가 바울의 이 명령에 의존하고 있다고 해도 과언이 아니다. 물론

'가르칠' 수 없다는 말을 어떻게 '안수받을' 수 없다는 말로 축소할 수 있는지는 더 캐물어야 할 대목이긴 하지만.

여기서 우리가 주목하는 것은, 두건을 쓰는 문제와는 달리, 여자의 침묵에 대한 요구는 거부할 수 없는 것으로 받아들이는 경향이다. 논증의 힘으로 치자면 14장이 오히려 약하다. 여자가 교회에서 말하는 것이 부끄러운 일이라는 당시의 문화적 감수성에 대한 호소 외에 무슨 성경적 논거가 제시된 것도 아니다. 그럼에도 불구하고 우리는 이 명령을 내세우며 거품을 문다. 성경적 논거가 분명히 제시된 11장의 명령은 가볍게 무시하면서 말이다.[47]

우리는 이런 이중성을 어떻게 설명할 수 있을까? 두건을 쓰고 말고는 지엽적인 문화현상에 지나지 않지만, 여자의 역할 문제는 복음의 본질과 관계된 일이라고 억지를 부려야 할까? 하지만 "여자의 짧은 머리는 부끄러운 것"이라는 문화적 판단이 옛 시대의 유물이면서 "여자가 교회에서 말하는 것은 부끄러운 것이라"는 문화적 판단은 오늘도 유효한 이유는 무엇일까? 우리는 정말 성경의 권위를 수호하고 싶어서 우리의 주장에 목숨을 거는 것일까? 아니면, 내가 가진 기존의 입장을 수호하고 싶어서 성경적 권위를 활용하는 것일까?

자신에게 솔직하기

물론 나 역시 두건을 쓰는 것이 '성경적' 해석이라 생각지 않는다. 이 예를 들고 나오는 나의 의도는 이 사안들에 대해 어떤 특정한 입장을 주장하려는 것이 아니라, 성경의 권위에 호소하는 우리의 **일관성 없음**을 지적하려는 것이다. 우리의 이런 해석학적 자의성은 비단 위에 언급된 문제에만 국한되는 것은 아니다.

사실 "여자는 교회에서 잠잠하라 그들에게는 말하는 것을 허락함이 없나니"라는 명령을 근거로 여성안수를 금하면서도, 버젓이 여전도사와 주일학교 여성 교사를 두어 설교하고 가르치게 하는 것 자체가 우리의 일관성 없음을 여실히 드러낸다. 아무도 여전도사와 여성 교사를 두고서 시비를 걸지 않는 것은 무슨 이유일까? 교회 안에서라도 '애들'한테 설교하고 가르치는 것은 상관없는 일이기 때문인가? 그렇다면 '애들'은 아무리 많이 모아도 교회는 아니라는 이야기인가?

예를 바꾸어 보자. 방언의 은사를 받았다는 사람 중에서 "만일 통역하는 자가 없으면 교회에서는 잠잠하고"고전14:28라는 바울의 금지명령에 순종하는 사람이 얼마나 될까? 또한 우리 나름의 신학적 근거를 내세워 "방언 말하기를 금하지 말라"고전14:39는 바울의 명령도 더 이상 '방언은 없다'라는 주장으로 뒤집어 놓곤 하지 않는가?

고백과 정치

해석에 일관성이 없다는 말은 우리 해석이 비신학적 요인에 좌우되고 있을 가능성을 시사한다. 우리의 걸음이 말씀 해석과 순종의 회로보다는 나의 입장과 성경적 정당화라는 회로를 돌고 있을 가능성이 크다는 뜻이다. 물론 권위는 성경 자체에 있다. 우리의 분명한 고백이다. 하지만 앞에서 거듭 지적한 것처럼, 그 말씀의 해석과 수용은 우리 몫이다. 따라서 수용의 주체인 우리에게 해석학적 일관성이 없을 경우, 성경의 권위에 대한 우리의 주장은 쉽게 정치적 구호와 이데올로기로 전락한다.

물론 여성안수가 비성경적이라고 믿을 수 있다. 하지만 이 입장을 믿는 사람이라면, 두건에 관한 바울의 명령은 왜 무시하는지 설명할 수 있어야 한다. 개정 사학법이 싫어 바퀴 달린 십자가를 들고 거리로 나올 수도 있지만, 그들은 성경의 '십자가 신학'이 어떻게 바퀴 달린 십자가로 연결되는 것인지 설명해야 한다. 어떤 입장을 취하건 자신의 입장에 대해 선명하고 일관성 있는 설명을 제시할 수 있어야 한다는 것이다.

나를 돌아보는 해석

불편한 대목은 무시하면서 마음에 드는 대목은 성경이라 큰소리친다면, 그것은 더 이상 말씀 앞에 무릎 꿇는 겸손함은 아니다. 성경을 입맛대로 골라 읽으며 자신의 동성애적 입장을 '성경적'인 것으로 만들어 보려는 예전 친구의 시도처럼 말이다어쩌면 지금 그 친구는 석사 시절과는 달리 훨씬 더 탄탄하고 포괄적인 성경적 논증을 확보했을지도 모른다. 그래서 성경의 권위에 대한 맹목적 고백보다 더 중요한 것은 그 권위를 수용하는 나의 태도다. 권위는 성경의 몫이며, 그 권위를 수용하는 나의 태도는 언제나 반성과 비판의 대상으로 남는다.

자신의 해석을 성경 자체와 동일시하고, 자신과 다른 해석을 성경 권위에 대한 도전으로 모는 소아적 색깔론은 정치가의 수사이지 신실한 순종의 자태는 아니다. 교리와 신학이 종종 마녀사냥의 가장 무서운 사냥총이 되어왔던 한국의 보수 교계에는 더없이 절실한 이야기다. 성경의 권위에 대한 우리의 고백이 겸허하고 신중한 해석학적 반성을 수반하지 않는다면, 그 고백은 쉽게 우리의 추한 욕구를 달성하는 아집으로 전락하지 않겠는가? 우리가 그런 실수에서 자유롭다고 누가 장담할 수 있겠는가?

나의 입장과 말씀의 입장

말은 정황에 따라 의미가 달라진다. 대부분의 단어나 표현은 여러 가지로 쓰일 수 있지만, 그것이 사용되는 특정한 상황에 의해 한 가지 구체적 의미로 고착된다.

가령 "내가 쏜다"라는 말은 모호하다. 하지만 사격연습장이나 식당과 같은 '정황'이 정해지면 그 말의 의미는 분명해진다. "열쇠 세 개가 필요하다"라는 말도 마찬가지다. 이사하는 날 아파트 관리실에서의 대화냐 중매쟁이와의 면담이냐에 따라 그 뜻이 달라진다. 젊은이들이 노는 클럽에서 '물이 좋은' 것과 정수기 가게에서 '물이 좋은' 것이 같을 수 없고, 음식을 '씹는' 것과 여자 친구의 문자를 '씹는' 것이 같을 수는 없다.

표현 자체는 다양한 의미의 가능성이 있다. 그래서 모호하다. 하지만, 거기에 구체적 상황이 주어지면 많은 가능성 중 한 가지의 구체적 의미가 선택되고, 나머지 가능성들은 자동으로 사라진다.

그래서 우리는 아무 혼란 없이 상대의 의도를 이해한다. 가령 뜬금없이 "키보드가 고장났다"라고 말하면 다들 어리둥절해한다. 상황과 연결이 안 되기 때문이다. 하지만 컴퓨터실에서 그 말을 했거나'자판' 찬양 연습 시간에 그 말이 나왔다면'악기' 다들 무슨 말인지 금방 알아챘을 것이다.

물론 아주 특별한 예외를 제외하고는가령, "키보드라는 이름이 붙은 물건 모두 다 가져와!"와 같은 경우 두 가지 의미가 섞이는 일은 절대 없다. 한 가지 의미가 결정되어야 의사소통이 가능하기 때문이다. 따라서 정확한 이해를 위해 중요한 것은 우리가 읽는 구절이 어떤 상황에서 나온 것인지를 분명히 파악하는 일이다.

정황 파악의 중요성

성경 읽기에서 가장 흔한 실수가 바로 이 부분에서 일어난다. 문맥, 혹은 정황을 무시하는 실수다. 믿음이 좋은 우리는 성경을 매우 고분고분 읽는다. 하나님의 말씀이라 감히 '대들 수 없기' 때문이다. 설사 잘 이해가 안되는 경우에도 따져 묻기보단 "아멘"을 외치며 넘어간다. 어른 말씀에 토를 다는 것도 버릇이 없는데, 하물며 하나님 말씀이랴? 물론 이렇게 해서 이해가 될 리 없다. 그래서 우리는 '대충' 어떤 뜻이려니 짐작한다. 그리고 그 짐작한 의미를 통해 '내 나름대로' 은혜받는 것으로 상황을 마무리한다.

문제는 막연한 이해라는 게 애초부터 불가능하다는 데 있다. '열쇠 세 개'가 정확히 무엇인지 모른 채 은혜받기는 어렵다. 오히려 "무슨 뜻이지?"라고 할 뿐이다. 필자가 귀국 직후 "내가 쏠께"라는 말을 못 알아들어 당황했던 것처럼 말이다. 따라서 우리는 막연한 표현을 즉시 구체적인 것으로 만든다. 거의 자동으로 그 표현에 가장 어울리는 상황을 추측하고, 그 상황에 비추어 그 표현을 '이해'한다. 이사를 생각하며 '현관 열쇠 세 벌'을 떠올리거나, 혹은 결혼을 생각하며 '엄청난 혼수비용'을 걱정한다. 쉽게 말하면, 내 나름대로 의미를 넘겨짚는다. 옆 사람 전화를 어깨너머로 들어본 적이 있는 사람은 이 말의 의미를 쉽게 이해할 것이다.

물론 나의 지레짐작이 성경의 의도와 일치하리라는 보장은 없다. 성경에서 확보한 문맥이 아니라면 십중팔구 '헛다리'일 공산이 크다. 특히 하나님과 우리 사이처럼 입장과 사고방식의 차이가 심한 이들 간의 대화라면사55:8~9, 오해의 가능성은 더 커진다. 나에게 자연스런 의미가 하나님께도 자연스러울 가능성이 그만큼 적기 때문이다.

말할 것도 없이, 나는 나의 해석이 맞는 것 같다. 내겐 가장 자연스럽기 때문이다. 하지만 내가 해석한 의미가 성경 자체의 상황을 파악하여 생긴 것이 아니라면, 많은 경우 내게 자연스런 해석은 내 상황에 맞고 내게 편한 해석일 뿐이다. 물론 이것은 성경을 이해한 것이 아니라 내 생각을 성경적 언어에 대입해 재활용한 것에 불과하다. 설교 강단이나 성경공부 모임, 그리고 매일 아침의 QT

책상에서 이런 아전인수적 작업이 '적용'과 '은혜'라는 명분 아래 끊임없이 자행된다.

하지만 성경을 빌미로 재생산된 내 생각을 아무리 하나님의 말씀이라 부른들, 또 거기서 생겨나는 자기만족에 아무리 은혜라는 거룩한 이름표를 붙여준들, 거기서 나를 바꿀 수 있는 초월적 힘을 기대할 수는 없다. 많은 신자가 말씀의 능력에 대해 내심 회의를 품는 것도 무리가 아니다. 실제로는 성경이라는 거울에다 자기 생각을 끊임없이 투영하고, 그 비추어진 생각의 무력함을 재확인하는 경험만 반복하기 때문이다.

구원salvation이라는 말

정확한 정황 파악은 분명한 이해의 첫 단추다. 우리에게 익숙한 '구원'이라는 단어를 예로 들어보자. 가령 빌립보서 1장에서 바울은 자신의 구원에 관해 말한다.

> 이것이 너희의 간구와 예수 그리스도의 성령의 도우심으로 나를 구원에 이르게 할 줄 아는 고로빌1:19

우리는 구원하면 일단 영적 의미의 구원을 떠올린다. 그래서 그 말의 무게에 눌린 우리는 여기에서 사용된 구원도 같은 뜻이라고 쉽게 단정한다. 설교자들은 물론이고, 주석가들마저도 이런 실수에서 자유롭지 않다. 가령 한국에 잘 알려진 주석가인 F. F. 브루스 역시 이 구원을 '당장의 구출'이 아니라 '하늘 법정에서의 구출'이라 주장한다.[48] 하지만 심오한 해석이 반드시 옳은 해석일 이유는 없다. 거기에 본문의 의도라는 것이 드러나지 않는 한 말이다.

누구나 인정하는 것처럼, 바울이 편지를 쓸 당시 '구원'은 온갖 다양한 상황에서 두루 쓰일 수 있는 평범한 단어였다. 그런 단어가 영적 구원을 의미하려면 문맥에서 그런 의미가 드러나야 한다. 하지만 빌립보서 1장의 경우 영적 의미의 구원을 생각하고 있다는 문맥상의 흔적이 없다. 그런 마당에 '영적 구원'이라고 속단하면 곤란하다는 것이다.

오히려 바울의 상황과 1장의 분위기를 생각하면, 지금 바울이 말하는 구원은 분명 "출옥"의 의미일 가능성이 높다. 같은 문맥에 함께 등장하는 '죽음'과 '삶' 등의 단어들 역시 사형될 가능성 및 방면되어 살아남을 가능성을 가리키는 표현들이다. 결국 19절에서 바울은 성도들의 기도와 성령의 도우심, 그리고 해야 할 일이 아직 남았다는 사실에 근거하여 조심스레 자신의 출옥에 대한 기대를 피력한다빌1:20~25.[49]

이 점에서는 사도행전 27장 20절의 "구원" 역시 마찬가지다.

> 여러 날 동안 해도 별도 보이지 아니하고 큰 풍랑이 그대로 있으매
> 구원의 여망마저 없어졌더라

여기서 말하는 "구원의 여망"은 영적 구원의 소망과는 전혀 무관한 용법으로, "배만 상하고 목숨에는 지장이 없을 것"이라는 말이다. 곧 익사하지 않고 살아남을 가능성을 가리킨다. 그런 까닭에 뒤에 이어지는 "이 사람들이 배에 있지 아니하면 너희가 구원을 얻지 못하리라"행27:31라는 것은 지금 바울 일행이 탄 배가 영적 구원의 수단이라는 뜻이 아니다. 이것은 선원들이 배에 머물러 있어야 익사를 면하리라는 단순한 진술일 뿐이다. 빌립보서 1장 19절을 영적 의미로 해석했던 브루스도 이 구절에서는 단순한 구출의 의미로 자연스럽게 풀어낸다.[50]

내가 모든 것을 할 수 있느니라빌4:13 하

그 유명한 빌립보서 4장 13절 역시 쉽게 오해된다. "내게 능력 주시는 자 안에서 내가 모든 것을 할 수 있느니라"라는 말씀은 흔히 믿음의 위력에 관한 선언으로 이해된다. 아마 집에 액자로 만들어 걸어둔 이들도 적지 않을 것이다. 하지만 이 구절의 실제 의미는 전혀 다르다.

분위기를 파악하고 읽으면 알 수 있듯이, 빌립보서 4장의 10~20절은 그 전체가 빌립보 성도들의 재정후원에 대한 감사의 인사말이다. 요즘 식으로 하자면, 빌립보 성도들이 감옥에 있는 바울을 위해 영치금을 넣었다. 바울이 빌립보서를 쓰게 된 동기 중 하나는 이런 호의에 대한 감사의 마음을 전하기 위해서였다. 물론 처음부터 그 이야기를 꺼내는 것은 이상했을 것이다. 그래서 바울은 일반적인 감사와 권면의 말들을 쓴 다음, 편지의 앞부분에서보다 끝이 가까워지는 대목에서 바로 이런 감사의 의도를 명시적으로 표현한 것이다.

바울은 우선 10절에서 감사의 마음을 표현한다. 그런데 감사의 말이 잘못 전달되면 마치 돈을 더 달라는 요구로 오해될 수도 있다. 그래서 바울은 진심 어린 감사의 말이 돈에 대한 위장된 요구로 오해되지 않도록 자기 입장을 분명히 밝힌다. 바울의 말뜻은 한마디로 "나는 돈이 더 이상 필요하지 않다"는 것이다. 그것이 11~13절이다.

> [11]내가 궁핍하므로 말하는 것이 아니니라 어떠한 형편에든지 나는 자족하기를 배웠노니 [12]나는 비천에 처할 줄도 알고 풍부에 처할 줄도 알아 모든 일 곧 배부름과 배고픔과 풍부와 궁핍에도 처할 줄 아는 일체의 비결을 배웠노라 [13]내게 능력 주시는 자 안에서 내가 모든 것을 할 수 있느니라빌4:11~13

그의 말을 직접 인용하자면, "모든"개역개정은 "어떠한"으로 번역함 형편에서 자족하는 법을 배웠다는 것이다11절. 물론 여기서 "모든"개역개정은 "일체의"라고 번역함이라는 것은 "돈이 있을 때나 없을 때"라는 두 경우 모두를 뜻한다. 12절은 이 두 상황을 자세히 부연한다. 비천 혹은 풍부, 배부름 혹은 배고픔, 풍부 혹은 궁핍은 여섯 가지의 다른 상황이 아니라 돈이 있거나 없는 두 대조적 상황을 삼중적으로 반복 표현한 것이다"풍부"가 두 번 반복되고, 원어상 "배고픔" 역시 "비천"과 통한다. 그러니까 "없어도 좋고 있어도 좋다"라는 말을 세 번 반복하면서 강조한 것이다.

12절 중간의 이 "모든 일"은 지금 말하고 있는 이 "모든 형편"을 자연스레 가리킨다. "모든일체의 비결을 배웠다"라는 것은 "모든 상황에서 잘 지낼 수 있는 비결을 배웠다"라는 뜻이다. 그러니까 돈이 있거나 없거나 두 경우 "모두" 잘 지낼 수 있는 비결을 배웠다는 말이다. 물론 이것은 11절의 "자족하기를 배웠노니"라는 말과 연결된다. 이처럼 11~12절에서 "모두"라는 단어가 세 번 반복된다. 이는 문맥상 가난과 풍부라는 두 가지 경우를 가리키지만, "두 가지 모두"라는 말로 뜻을 강조한 것이다. "사이다 줄까, 콜라 줄까?" 하는 물음에 우리가 "둘 다 주세요" 하고 대답하는 것과 마찬가지다.

13절은 이 "비결"의 출처를 밝히는 대목이다. 바울이 "모든 것/모두"를 할 수 있는 것은 "내게 능력 주시는 자 안에서"다. 물론 이 "모든 것/모두"는 11~12절에서 세 번 반복된 "모두"와 같은 단어로 "가난 혹은 풍부 둘 다"라는 같은 의미다. 능력 주심 또한 현 문맥에서는 "자족할 수 있는 능력을 주심"이 된다. 그러니까 바울의 말은 "내가 가난하건 풍족하건 모든 상황에서 자족할 수 있는 것은 바로 나에게 자족할 수 있는 능력을 주시는 그리스도가 계시기 때문"이라는 뜻이다. 한마디로 자신을 위해 걱정하지 말라는 것이다. 요즘 우리가 "주님 한 분만으로 나는 만족해" 하고 노래하는 것과 비슷하다. 일단 바울은 이렇게 오해의 소지를 없앤 뒤11~13절 후원에 대한 감사의 말을 이어간다14~20절.

따라서 13절은 소위 믿음의 위력에 관한 진술이 아니라, 그리스도 안에서 바울이 가진 자족의 능력에 관한 고백이다. 얼핏 김이 새는 감이 있지만, 그렇다고 해서 더 시시해지는 것은 아니다. 오히려 그리스도 안에서의 자족에 관한 바울의 고백은 그가 소유한 십자가 영성의 실제적 면모를 잘 드러내 준다cf. 빌1:20~21; 3:7~8; 고후12:9~10. 자신의 연약함 속에 하나님의 능력이 드러나고고후12:9, 십자가의 행보를 통해 복음의 능력이 더욱 강력하게 나타나는 것처럼고전4:9~21, 외부적 상황과 관계없이 그리스도 안에서 자족함을 말하는 바울의 고백은 역설적인 의미에서 주님의 '능력'이 어떤 것인지를 분명히 보여준다.

그리고 이 글을 읽는 빌립보의 성도들은 이처럼 말하는 바울이 예전 자기 동네의 감옥에 갇혀서도 큰소리로 찬송을 불렀던 사람임을 기억했을 것이다행16:25. 물론 이런 식의 역설적 능력이 요즘처럼 '성공신화'를 진실로 믿는 시대의 사람들, 곧 믿음을 수단 삼아 더 잘 나가는 인생을 꿈꾸는 사람들에겐 더없이 실망스럽겠지만 말이다.

말씀 앞에서의 자기 부인

앞에서 우리는 마태복음 5장의 소금과 빛에 관해 살핀 적이 있다. 문맥을 살피면서 우리는 소금이 '회복 불가능성'을 가리키고, 빛이 '드러남의 필연성'을 강조한다는 것을 확인했었다. 이 구절들에서 소위 방부제나 조미료는 우리가 생각해 낸 소금의 의미일 뿐 본문의 흐름과는 무관하다. 그런데도 우리는 맛을 잃음과 드러남이라는 의미에 저항하고 싶다. 주저하거나 불쾌해하거나, 혹 억지라며 아예 무시해 버리기도 한다. 많은 경우 이것이 우리의 자연스러운 반응이다. 한번 황우석 박사를 좋아하면 그의 논문 조작이 사실로 드러나도 오히려 검찰을 의심하고 싶은 심리와 같다. 내 입장을 포기하는 일은 언제나 어렵다. 내 진리가 거짓으로 밝혀진다고 해서 포기가 더 쉬워지는 것은 아닌 것 같다. 하지만 내 생각을 포기하는 아픔이 제대로 된 희망의 시작일 수 있다는 것 또한 사실이 아니던가?

구약의 예언서들이 대표적인 예가 되겠지만, 때때로 말씀의 정황을 확인하는 일은 어렵다. 하지만 많은 경우 정황 파악의 어려움은 어쩌면 기술적 어려움만큼이나 심리적 피곤함에도 연유한다. 내 입장이 분명한 경우 다른 사람의 입장을 이해하는 일이 어려운 것과 같은 이치다. 우리 죄인들이란 늘 내 입장에서 생각하려고 든다. 그래서 상대방의 입장, 곧 말씀 자체의 입장을 진지하게 고려하는 일을 힘겨워한다. 하지만 그렇기 때문에 성경 읽기가 또한 의미가 있다.

대화의 본질이 내 입장의 강변이 아니라 상대방 입장의 이해라면, 이는 하나님과 우리의 대화에도 그대로 적용된다. 말씀을 통한 교제의 목적은 나 자신의 정당화가 아니다. 성경 읽기의 유익은 하나님의 힘 있는사55:10~11 말씀에 의해 우리 자신이 심판당하는 것, 혹은 말씀의 날카로운 칼날에 우리가 낱낱이 해부되어 드러나는 것이다히4:12~13. 나의 죄악된 편견과 입장이 드러나면서 말씀 자체의 입장, 혹은 의미가 분명해지는 순간이 우리가 그만큼 하나님의 생각에 다가가는 시간이다.

그런 의미에서 성경 말씀의 문맥, 혹은 정황을 묻는 과정은 말씀의 권위 앞에 무릎을 꿇는 태도의 가장 실제적인 표현 중 하나다. 문맥을 잘못 짚곤 하는 우리의 '실수' 역시 보다 근본적인 의미에서 보자면 하나의 '인위적 실수'로 드러나는 것이다. 그리고 보다 정확한 말씀의 의미를 향한 우리의 노력은 그런 점에서 '해석학적 회개'라 불러도 좋다. 올바른 해석을 위해서는 성령의 인도가 필수적이라는 말은 여기서도 해당하는 말이다.[51]

서신서와 형식

규칙과 소통

규칙은 제약이기도 하지만 가능성이기도 하다. 혼자 살아가는 삶이 아니라면, 무한한 자유란 가능하지 않다. 삶의 공간을 공유하는 다른 이들을 고려해야 하기 때문이다. 무수한 비행기들이 모두 제 마음대로 하늘을 난다면 처참한 충돌 사고들이 그치지 않을 것이다. 그래서 우리는 길을 정한다. 하늘과 바다에는 항로가 있고, 자동차들을 위해서는 도로가 있다. 정해진 항로는 나에게 특정한 지역과 특정한 방향을 따르도록 요구한다. 그런 점에서 항로는 내 자유를 제약한다. 하지만 무수한 비행기들이 같은 하늘을 나는 상황에서 이 제약은 제약이 아니라 오히려 자유다. 충돌의 공포로부터 나를 자유롭게 하고, 그래서 마음껏 비행할 수 있도록 해주는 장치가 된다.

이처럼 사람들이 모여 사는 곳에는 규칙이 있게 마련이다. 운동장에 사람들을 모아 두고 마음껏 뛰게 한다고 축구가 되는 것이 아니다. 축구라는 시합이 만들어지려면, 열한 명이라는 사람을 정해야 한다. 그들 중의 하나를 골키퍼로 삼으며, 나머지는 손으로 공을 잡을 수 없다는 제약을 가한다. 어찌 보면 이런 규칙들은 마음대로 뛰어다닐 나의 자유를 제약하는 것처럼 보인다. 하지만 이런 표면적 제약은 오히려 내 몸짓이 재미있는 축구가 되도록 만드는 방법이기도 하다. 그래서 우리는 규칙대로 움직이는 법을 배운다.

육상경기에서 우리 팀이 일등을 하면 열광을 한다. 하지만 그건 트랙을 따라 제대로 돌아 달렸을 경우를 전제한다. 만일 우리 팀이 트랙을 도는 대신 필드를 가로질러 결승 테이프를 끊었다면, 우리의 반응은 환호가 아니라 '어이 상실'일 것이다. 박지성이 골을 넣으면 9시 뉴스에까지 나오지만, 이는 그가 발로 차거나 머리로 받아 골네트를 흔들었다는 전제하에서다. 만약 그가 골이 고픈 나머지 핸드볼처럼 공을 집어 골 안으로 던져 넣었다면 이는 결코 신나는 일이 아니다. 오히려 나라 망신이라며 혀를 찰 것이다. 그건 게임을 망치는 행동이기 때문이다.

이런 게임의 규칙은 게임하는 사람들뿐 아니라 그것을 보는 사람들에게도 마찬가지로 적용된다. 게임의 규칙을 알고 보면 재미있다. 하지만, 규칙을 모르고 보면 그저 우스꽝스러운 몸짓에 지나지 않는다.

미국 사람들은 미식축구에 열광하지만, 내겐 그처럼 멍청한 게임이 없어 보인다. 미국에서 내가 인도하던 영어예배의 한 멤버는 자기 출신 대학의 시합이 있을 때마다 나에게 "기도해 달라"(?)고 강요했다. 나는 그게 왜 기도 제목이 되어야 하는지 납득이 안 간다. 설명을 들으면 머리는 이해하지만, 가슴은 여전히 냉랭하다. 규칙이 몸에 배어있지 않기에 재미를 느끼기가 어려운 것이다.

마찬가지로 영국이나 영연방 나라 사람들은 크리켓이라는 게임에 넋이 나간다. 나는 그처럼 재미없는 경기를 본 적이 없다. 나의 지도교수는 그런 나를 불쌍한 눈길로 쳐다본다. 규칙이 공유되지 않는 상황에서 생기는 소통의 단절이다.

언어적 소통의 규칙

글도 여러 사람이 함께 참여하는 의사소통의 수단이다. 그래서 글을 읽고 쓰는 행위 속에는 의사소통을 위한 여러 규칙이 담겨 있다. 글의 성격을 구분하는 '장르'genre나 그 장르의 특징적 '형식'form 등은 이런 사회적-문학적 합의, 혹은 관습convention의 대표적 사례들이다. 편지는 편지 나름의 쓰는 방식이 있고, 일기도 자유로운 중에 또 그 나름의 원칙이 있다. 친구들과 나누는 부담 없는 대화의 방식이 설교의 방식과 같을 수 없다. 마찬가지로 대학에서는 소위 논문작성법이라는 걸 배운다. 논문은 그 나름대로 작성하는 규칙이 있기 때문이다.

우리가 어릴 때부터 공을 차며 축구의 규칙을 익히는 것과 마찬가지로, 우리는 어릴 때부터 언어의 규칙을 체득하며 그 언어를 자유롭게 표현하는 법을 배운다. 또한 우리는 다양한 상황에서 의사를 소통하는 다양한 방식들, 곧 다양한 문학적 관습들도 사회화 과정의 일부로 체득한다. 이 규칙의 습득은 자연스러운 성장 과정의 일부다. 이런 학습의 결과로 우리는 각각의 상황에서 그 상황에 어울리는 방식으로 의사를 소통한다.

여기서 중요한 것은, 이런 자연스러움이 우리가 규칙을 체득했기 때문이지 의사소통에 아무런 규칙이 없기 때문이 아니라는 사실이다. 우리가 한국말을 잘하는 것이 어릴 때부터 그 말을 익숙하게 익혔기 때문이지 아무렇게나 말해도 되기 때문은 아닌 것과 같다. 당연히 의사소통이 더 전문적이 될수록 더 의식적이고 집중적인 학습과 훈련이 요구된다. 가령 본격적으로 시를 써 보겠다거나, 혹은 법정에서 변호하거나 할 경우, 그에 어울리는 의사소통의 형식을 따로 익혀야 한다.

우리가 이런 문학적 관습의 중요성을 절감하는 것은 다른 문화의 글을 읽게 될 때다. 가령 중학생이 난생 처음 미국의 한 친구와 펜팔을 했다고 치자. 편지의 첫머리에서 그는 "Dear Chulsu"라는 문구를 읽는다. 철수는 사전을 뒤져 'dear'가 '소중한'이라는 의미임을 발견한다. 그리고는 자신을 이렇게 부르는 것을 보니 펜팔 친구가 나를 무척 소중하게 생각하고 있구나 하고 짐작한다. 문자적으로는 매우 자연스러운 결론 같지만, 영어 편지 쓰는 법을 조금이라도 아는 사람이라면 철수의 이런 순진한 결론이 안타까울 것이다. 영어 편지 첫머리의 dear는 그저 편지를 시작하는 방식일 뿐, 거기에 무슨 감정이나 생각이 담기지는 않는다. 빚을 갚지 않으면 법정 소송으로 간다는 변호사의 협박 편지도 "Dear Mr. Kwon" 하고 시작한다. 영어에서 이별을 통보하는 편지를 'Dear John letter'라고 부르는데, 이걸 두고 "헤어지려니 마지막으로 애틋한 연민의 정을 느끼나 보다"라고 생각하는 사람은 어디에도 없을 것이다. 편지니까 그렇게 시작할 뿐, 그 이상의 의미는 없다. 하지만 이런 '규칙'을 모르는 이에게는 심각한 오해의 원인이 될 수 있다.

신약성경의 편지들

신약성경의 많은 부분은 편지글이다. 책 이름 뒤에 '서'書라는 글자가 붙은 것들은 모두 편지 형식의 글들이다. 바울의 편지가 다수를 차지하지만, 그 외에도 야고보예수님의 육신의 동생으로 알려진, 예수님의 수제자요 제자들의 대변인 노릇을 했던 베드로, 예수님의 사랑하시는 제자로 알려진 요한, 예수님의 또 다른 동생 유다 등 여러 사람의 이름으로 된 편지들이 다양하게 포함되어 있다. 히브리서 역시 편지로 분류된다. 한때는 바울의 저작으로 분류되기도 했지만, 지금은 저자 미상으로 인정되는 일종의 설교문이다. 하지만 글이 끝나는 형식을 보아 일단 편지로 분류한다.

지금도 그렇지만, 신약이 기록될 당시에도 편지를 쓰는 나름의 방식이 있었다. 그래서 우리가 그 편지들을 제대로 이해하려면 그 형식에 대한 어느 정도의 지식이 필요하다. 편지 쓰는 방식에 대한 기본적인 지식이 있어야 불필요한 오해를 피할 수 있다. 또한 통상적 형식과 달라지는 대목을 만났을 때 무언가 그럴만한 이유가 있었을 것이라 짐작해 볼 수 있다. 소통의 규칙을 무시하고 무조건 읽으면, 필시 '내 마음대로' 읽을 것이고, 그러다 보면 위에서 예를 든 펜팔 소년의 경우처럼 성경 본문의 의도와는 전혀 다른 의미를 '창조해 내는' 결과가 될 것이다.[52]

도입구

당시의 편지는 통상 다음의 형식으로 시작한다. 첫째, 보내는 사람 이름주격으로 '~가'에 해당. 둘째, 받는 사람 이름여격으로 '~가'. 그리고 셋째, 간단한 인사말. 신약의 야고보서1:1와 사도행전에 기록된 예루살렘 교회의 편지15:23에서 가장 기본적인 형태를 확인해 볼 수 있다.

야고보는 [하나님과 주 예수 그리스도의 종]
흩어져 있는 열두 지파에게
문안하노라(= 안녕하십니까?)

한글 번역에는 “하나님과 주 예수 그리스도의 종”이라는 수식어가 먼저 나온다. 하지만, 원문에는 “야고보”라는 이름이 가장 먼저 등장하고, 그에 대한 추가적인 수식어가 뒤따르는 형식이다. 이처럼 보내는 사람이 언급되고, 그 다음 “흩어져 있는 열두 지파에게”라는 형식으로 받는 사람이 언급되었다. 마지막으로 “문안하노라”로 번역된 말은 편지에서 첫 인사말로써 가장 흔히 사용되던 표현이다. “그간 안녕하셨는지요?” 정도에 해당한다.

바울의 편지들 역시 이런 기본형식을 따르지만, 보내는 자신이나 받은 성도들 대목에 좀 더 긴 수식어들이 붙은 경우가 많다. 그리고 통상적인 문안 인사 대신 “은혜와 평강이 너희에게”라는 바울 특유의 표현이 고정적으로 사용된다. 그냥 편지를 시작하는 관습이라는 점에서, 어찌 보면 본문 해석에 별 중요성이 없는 대목일 듯도 하다. 하지만, 이 부분 역시 상황과 관련해서 다양한 표현의 변화를 보여준다.

가령 로마서의 경우를 보자. 특이하게도 로마서는 바울이 개척하지 않은 교회에 보내는 편지다. 로마 교회에 자신의 사역과 복음을 소개하고 그들의 도움을 통해 로마제국의 서반부 선교를 수행하려는 의도를 담은 일종의 선교편지다롬15:19~25. 그러다 보니 단순히 자기 이름이나 받는 이의 이름을 거명하는 것으로는 충분치 않았을 것이다. 자연 자신의 이름을 적는 편지의 시작부터 말이 길어진다. 우리도 모르는 사람에게 처음 편지할 때 자신을 길게 소개하게 되는 것과 같은 이치다.

어차피 다 아는 교인들에게 보내는 다른 바울서신들의 경우, 보내는 이와 받는 이, 그리고 문안인사를 합해 한 절 아니면 두 절로 끝난다. 하지만, 로마서 1장에서는 이름과 함께 자신을 소개하는 부분이 무려 여섯 절에 걸쳐 이어진다. "바울"이라고 이름을 적은 뒤 "그리스도의 종"이라는 소개가 붙고, 거기에 "사도로 부르심을 받아"라는 설명이 뒤따른다. 이 사도 직분은 다시 "하나님의 복음을 위해" 구별된 자라고 풀이되고, 이는 결국 그 섬김의 목적이 되는 하나님의 "복음"2절, 그리고 그 복음의 중심인 "하나님의 아들"에 대한 구체적인 해석으로 연결된다3~4절. 그리고는 바로 이 하나님의 아들이 다름 아닌 우리의 "주 예수 그리스도"라는 설명이 주어진다. 그 뒤 자신의 사도 직분이 바로 이 그리스도에 의해 주어졌다는 사실, 곧 자신의 사도 직분이 "모든 이방인"의 "믿음의 순종"을 위한 것이라는 사실을 첨가한다5절. 물론 이 "모든 이방인"에는 로마의 성도들 역시 포함된다.

이런 식으로, 어쩌면 자신과 무관한 로마의 성도들 역시 자신의 사도적 섬김의 범주에 있다는 사실을 암시함으로써 자신의 로마 방문과 그에 앞선 편지 발송의 행동을 정당화한다6절. 여기까지가 모두 보내는 사람에 해당하고, 7절에 가서야 비로소 받는 사람이 나온다. "로마에서 하나님의 사랑하심을 받고 성도로 부르심을 받은 모든 자에게"7절 상. 그리고 "은혜와 평강"에 전형적인 수식어가 붙은 인사가 뒤따른다7절 하.

물론 자신이 개척한 교회에 보내는 편지들에는 이런 현상이 보이지 않는다비슷한 방식으로 자기소개가 사도적 직분에 대한 설명으로 확장되고 있는 디도서는 부분적인 예외다. 하지만 정황에 따른 사소한 변화들은 자주 관찰된다. 사도 직분과 관련한 논란이 짐작되는 곳에서는 이에 대한 말이 길어지고특별히 갈1:1; 또한 고전1:1; 고후1:1, 분위기가 참 좋은, 그래서 보다 친밀한 유대가 중요한 곳에서는 '사도'라는 딱딱한 직함을 생략한다살전1:1; 빌1:1.

받는 사람에 대한 언급의 경우에도, 로마서처럼 조심스런 상황에서는 성도들에 대해 예의 바르고 듣기 좋은 묘사들이 등장한다위에 인용된 1:7 및 15:14~15. 하지만 대단히 불편한 심기로 기록한 갈라디아서의 경우, 받는 사람이 "갈라디아의 교회들에게"라는 지극히 짧은 말로 끝난다. 바울 자신의 비틀린 심사를 은근히 드러내는 대목이다갈1:2. 고린도전서에서는 "고린도에 있는 하나님의 교회"라는 이름 뒤에 "그리스도 예수 안에서 거룩하여지고 성도라 부르심을 받은 자들"이라는 표현이 덧붙는다. 이어지는 질책의 내용에 비추어 볼 때, 이 역시 다분히 훈계의 의도를 담은 것으로 생각할 수 있다. 거룩한 성도라는 신분을 분명히 함으로써 그들의 거룩하지 못한 행동이 합당치 않음을 강조하는 방식인 셈이다.

감사 부분Thanksgiving

인사말 다음에 통상 등장하는 것이 감사다롬1:8; 고전1:4~7. 이 감사부는 감사의 내용을 주제로 한 기도로 연결되기도 한다고전1:8~9. 통상 성도들을 두고 하나님께 감사하는 형식이 일반적이다. 하지만 에베소서처럼 편지 자체가 구체적이지 않거나 고린도후서처럼 감사할 내용이 분명치 않은 경우, 신학적 이유엡1:3f나 바울 자신의 정황을 두고 감사하는 내용으로 바뀌기도 한다고후1:3~11.

이 점에서 재미있는 경우는 데살로니가전서와 갈라디아서다. 데살로니가전서는 막 설립된 어린 공동체를 위한 극심한 염려가 기쁨과 안도감으로 바뀐 상황에서 기록되었다살전 3장. 그러다 보니 이 편지는 온통 기쁨과 희망의 표현으로 넘쳐난다. 자연 감사의 말 또한 길어지는데, 편지의 구조를 분석하는 방식에 따라서는 1장 2절에서 시작된 감사가 3장 마지막까지 계속되는 것으로도 볼 수 있다가령 "감사한다"는 말이 반복되는 3장 9절을 보라. 4장부터는 권면이 시작되는데, 이는 한마디로 "지금 잘하고 있는 것처럼 계속 더 열심히 하자"라는 말로 요약할 수 있다살전4:1, "더욱 많이 힘쓰라".

그렇다면 편지는 성도들의 신실함에 대한 감사가 절반, 앞으로 잘하자는 격려와 권고가 절반이라 할 수 있다. 편지 형식으로는 다소 파격이지만, 깊은 염려가 큰 기쁨으로 변한 정황을 생각하면 지극히 자연스런 현상이다. 성도들의 후원에 감사한 마음을 표하기 위해 쓴 빌립보서 역시 이와 비슷한 양상을 보여준다.

하지만 갈라디아서는 그 반대다. 성도들이 배교하는 상황갈1:6에서 기록된 편지인지라, 바울은 도무지 감사의 이유를 찾지 못한다. 그래서 보통 "내가/우리가 감사하노라"라는 단어가 등장해야 할 바로 그 대목에 대신 "내가 깜짝 놀랐다"라는 비난의 말이 나타난다갈1:6. 개역개정에서는 "내가 이상히 여기노라"라고 점잖게 번역하였지만, 부모가 자녀를 꾸짖을 때 사용할 법한 심한 비난의 표현이다"엄마는 네가 왜 그러는지 도대체 이해를 못하겠네". 물론 이런 비난이나 질책의 질문들은 서신 전체를 두고 계속 반복된다갈3:1, 3; 4:8~11, 15~16, 19~20; 5:2~4, 7~12, 15, 26; 6:17 등.

갈라디아서는 바울서신에서 감사가 아예 생략된 유일한 경우다. 배교의 위기라는 정황을 고려하면 지극히 자연스러운 파격이라 할 수 있다. 그러니까 감사의 생략이라는 파격 자체가 본문의 분위기를 어느 정도 알려주는 신호 역할을 한다.

형식과 해석

형식을 알면 얻을 수 있는 유익의 하나는 불필요한 확대해석을 피할 수 있다는 점이다. 가령 바울의 인사말은 언제나 "은혜와 평강"이라는 형식을 취한다. 물론 은혜나 평강평화은 바울의 사상에서 매우 중요한 개념들이다. 특별히 이런 인사법이 바울 특유의 것이라는 사실은 이런 인사가 아무 생각 없이 습관적으로 튀어나오는 말들은 아니라는 사실을 짐작하게 한다.

하지만 인사말은 인사말이다. 원래 바울은 그렇게 인사한다. 그래서 다른 표시가 없는 한 이 개념에 너무 큰 비중을 두어서는 곤란하다. 인사말의 일부라고 항상 무의미할 이유는 없지만, 바울이 정작 본문에서 하려고 하는 말과 직접 관련이 없을 가능성이 높다. 바울이 은혜와 평강의 중요성을 강조하고 싶었다면, 인사말을 넘어 따로 이것을 설명했을 것이다. 누군가가 내게 사랑을 고백하고 싶었다면, 그저 "Dear Yon"미국과 영국에서는 나를 이렇게 불렀다으로 끝나지 않고이건 그냥 인사로 알아들을 테니까, 본론에서 길게 자기 마음을 토로했을 것이다.

'축도'에 관하여

서신의 형식과 관련된 확대해석의 한 예로, 교회에서 행해지는 축도의 관행을 들 수 있다. 잘 아는 것처럼, 축도는 고린도후서의 제일 마지막 구절을 사용한다.

> 주 예수 그리스도의 은혜와 하나님의 사랑과 성령의 교통하심이 너희 무리와 함께 있을지어다고후13:13

편지의 형식에서 이 구절은 편지를 마감할 때 통상 등장하는 축복 형식의 인사에 해당한다. "안녕"에 해당하는 통상적 인사말이 기독교적 문구로 변형된 것이다.

바울서신의 경우 마지막 인사는 통상적으로 "은혜가 여러분들과 함께 있기를…"이라는 형태를 띤다. 그런데, 재미있게도 고린도후서에서는 이것이 확장되어 "하나님의 사랑"과 "성령의 코이노니아"가 덧붙었다. 이렇게 삼위일체적 기원이 되기는 했는데, 순서가 좀 이상하다. 원래 "그리스도의 은혜"만으로 끝날 것이 확대된 것이기 때문이다. 물론 "은혜가 여러분과 함께 있기를"이라는 식의 인사말은 성경 아닌 초대교회의 서신들에서도 쉽게 확인할 수 있다. 또 교부 이그나티우스Ignatius의 편지들을 보면, "안녕"이라는 통상적 인사법과 기독교적 표현이 결합한 것도 볼 수 있다. 물론 당시 서신의 저자나 독자들은 바울식의 축도나 클레멘트Clement나 이그나티우스 방식의 인사법에서 아무런 실제적인 차이를 인식하지 않았을 것이다. 구체적 내용보다는 장르 상의 기능이 더 중요한 편지의 종결 인사이기 때문이다.

그런데 오늘날 우리에게는 이 구절이 매우 특별한 대접을 받는다. '은혜'라는 말로만 끝나는 다른 바울서신의 마지막 인사에는 적용되지 않는 특별대우다. 종교개혁의 후예인 우리는 성경이 모든 성도에게 주어진 하나님의 말씀이라고 믿지만, 한국교회에서 이 구절은 사실상 그 원칙의 예외다. 안수 받은 목사 외에는 그 누구에게도 금지된 구절이기 때문이다. 기도할 때 다른 성경 구절은 읊으면 읊을수록 경건해 보이지만, 이 구절을 인용하면 선을 넘은 것처럼 생각한다. 만약 어떤 전도사가 이 구절을 읽으며 성도들을 위해 복을 빈다면, 아마 당장 쫓겨나고 말았을 것이다.

물론 이런 '관행'은 모든 성경이 하나님의 성도들에게 공히 주어진 것이라는 원칙에 어긋난다. 뿐만 아니라, 이런 관습은 서신의 형식이라는 관점에서도 매우 불행한 일이다. 보내는 이의 입장에서 받는 이에게 자연스럽게 건네는 인사의 축복을 안수받은 목사만이 던질 수 있는 축도로 만든 것은 주석적으로나 신학적으로 정당화하기 어렵다. 오래 굳어진 관습이기는 하지만, 그래서 나 역시 존중하기는 하지만, 해석학적으로는 아무런 근거가 없는 관습이다. 한 성도가 데살로니가전서 5장 23~24절을 다른 성도에게 읽어주며 복을 비는 것이 자연스러운 일이라면, 그가 고린도후서 13장 13절을 읽고 복을 비는 것 역시 지극히 자연스러워야 한다.

> 23평강의 하나님이 친히 너희를 온전히 거룩하게 하시고 또 너희의 온 영과 혼과 몸이 우리 주 예수 그리스도께서 강림하실 때에 흠 없게 보전되기를 원하노라 24너희를 부르시는 이는 미쁘시니 그가 또한 이루시리라살전5:23~24

물론 목사가 고린도전서 13장 13절로 축도하는 것이 잘못된 일은 아니다. 손은 들지 않을 때도 많지만 나 역시 예배 후에 성도들을 위해 이 구절로 축도를 한다. 정작 위험한 것은 이 구절이 목사들만의 전유물이라고 우기는 발상이다.

하나님께서 성경 전체를 성도들에게 주신 것이 분명하다면, 그리고 우리가 종교개혁의 원리를 올바른 것으로 받아들인다면, 모든 성도는 자유롭게 이 구절을 인용하며 서로를 축복할 수 있어야 한다. 실제 미국교회에서는 고린도후서의 축도 구절로 가사를 삼은 찬송이 있어서 이를 다 함께 부르며 예배를 마치기도 한다. 나 역시 뉴욕의 한인교회에서 영어예배를 인도할 때 이 찬송과 더불어 예배를 마치곤 했다흥미롭게도 이 찬송 후에 축도를 위해 고개 숙이고 눈을 감는 사람이 적지 않았다.

신약을 전공한 사람의 입장에서 볼 때, '축도권'이라는 생경한 표현을 정당화할 만한 성경적, 신학적 근거는 존재하지 않는다. '만인제사장주의'라는 종교개혁적 원리를 포기하지 않는다면 말이다. 어차피 축복이 하나님의 전권에 속한 일이라면, 그래서 우리의 '축복'이 사실은 하나님을 향한 축복의 '부탁'에 지나지 않는 것이라면, 목사 한 사람이 일방적으로 복을 비는 것보다는 모든 성도가 다 함께 서로를 위해 복을 비는 모습이 더 아름답지 않은가? 이 구절이 형식상 편지의 마지막 인사말이라는 사실을 좀 더 깊이 고려했다면, 이런 식의 비성경적 차별은 피할 수 있지 않았을까? 어쩌면 이 역시 편지 형식이 가진 상식적 규칙을 무시한 읽기의 한 예는 아닐까?

“말씀을 통한 교제의 목적은
나 자신의 정당화가 아니다.
성경 읽기의 유익은
하나님의 힘 있는 말씀에 의해
우리 자신이 심판당하는 것,
혹은 말씀의 날카로운 칼날에
우리가 낱낱이 해부되어 드러나는 것이다.
나의 죄악된 편견과 입장이 드러나면서
말씀 자체의 입장, 혹은 의미가
분명해지는 순간이 우리가 그만큼
하나님의 생각에 다가가는 시간이다.”

RE_READ

Do you understand what you are reading?

Chapter 3

해석, 삶으로 침투하다

믿음과 착각
믿음을 잃지 않는 기도
용서
성숙한 신앙
미래를 생각하는 믿음
희망, 오늘을 지탱하는 힘
능력, 천국의 열쇠
대박과 축복
하나님의 꿈

바울이 복음에서 발견한 해답은 말의 공허함을 넘어서는 능력, 글자의 무력함을 넘어서는 능력이었다. 바울의 투쟁은 삶행위과 분리된 '오직 믿음'의 세계를 변호하려는 것이 아니었다. 오히려 그의 싸움은 공허한 인간의 말/지혜나 무기력한 율법/의문이 우리를 구원한다는 착각의 위험을 폭로하고, 참된 구원의 가능성을 열어주는 하나님의 능력을 선포하기 위한 몸부림이었다. 복음이 우리의 구체적 삶에 어떤 의미가 있는지를 묻는 우리의 물음은 바로 이 진리를 발견하는 것에서부터 시작할 것이다.

_『능력, 천국의 열쇠』 중에서

믿음과 착각

믿음이 구원의 열쇠라면 잘 믿는 일이 중요하다. 우리 기독교가 그렇다. 그래서 우리는 믿음에 관심이 많다. 재미있는 것은, 믿음에 대한 우리의 열성이 '제대로'보다는 '확실히'에 더 쏠린다는 점이다. 순도純度보다는 강도强度가 더 중요해 보인다.

사람을 깨우치기보단 현혹하는 설교에서 그러기가 쉽지만, 때론 내용도 무시한 채 거의 자동으로 "믿습니다"를 외치기도 한다. "믿습니까?"라는 유도 심문에 생각할 겨를도 없이 "아멘"으로 화답하는 것이 설교의 새로운 풍경 같기도 하다. 이런 식의 상황에서는 믿음의 내용은 아예 사라지고, 설교자와 청중이 미리 약속된 표현을 서로 주고받는 행위 자체가 하나의 강력한 종교적 의식으로 기능한다. 그런 자리에 앉으면, 우리가 추구하는 것은 진정한 안전이 아니라 당장의 안심이라는 느낌을 지울 수 없다.

하지만 믿음이 있으면 착각도 있다. 그녀는 자기가 공주라 '믿지만', 나는 "착각은 자유다" 하고 중얼거린다. 착각이 깊어진다고 믿음으로 변하는 것은 아니다. 그녀의 '철석같은' 믿음은 내게는 '대책 없는' 착각일 뿐이다. 믿음은 우리를 구원하지만, 착각은 우리를 안락사시킨다. 착각은 자유일지 모르지만, 그 자유란 '까불다 죽을' 자유 이상도 이하도 아니다.

내 팔은 나를 향해 굽고, 내 시선은 늘 나에게서 출발한다. 믿음은 쉽지 않고, 그래서 나는 믿음의 모양에만 욕심을 낸다. 쇠젓가락 꺾는 일은 어렵지만, 젓가락을 물에 담가 꺾인 것처럼 속일 수는 있다. 그래서 나는 끊임없이 나의 삶을 죄의 물속에 넣어 '장난'을 친다. 진리를 믿는 것이 아니라, 내 착각을 진리로 보이게 만드는 것이다. 죄의 물이 현실로 남는 한, 내 삶은 늘 '믿음과 착각 사이의 눈치 살피기'다. 자주 말씀으로부터 고개를 돌리고 싶은 것은, 말씀이 나의 그런 양다리 전술을 건드리기 때문이다. 아닌 듯하지만, 성경은 착각에 대해 관심이 많다. 믿음을 강조하는 만큼 착각에 대한 경고 역시 엄중하다. 구약과 신약 가릴 것 없이 착각이 가능한 데에서는 늘 이런 경고가 사라지지 않는다.

이스라엘의 착각

이스라엘은 선민選民이었다. 그래서 자부심이 있었다. 물론 이런 자부심은 하나님의 선택에 대한 분명한 믿음의 표현이었다. 하지만 죄인들의 믿음은 쉽게 착각으로 타락한다. 선민 된 특권은 고맙지만, 선민답게 제대로 살라는 요구는 반갑지 않다. 그들은 특권에는 민감하지만 의무에는 애매했다. 선민의 권리는 몸으로 누렸지만, 선민의 의무는 입으로만 섬겼다. 이처럼 그들의 믿음은 하나님과의 언약이라는 역동적 기반을 상실한 채 형식적 정체성에 고착된 심각한 착각으로 변형되어 갔다. 믿음이 편리해지는 순간, 그것은 더 이상 믿음이 아니었다. 불순종이나 교만 같은 단어들은 모두 이런 일그러진 믿음에 붙은 이름들이었다.

물론 그들에겐 착각을 믿음으로 만드는 장치가 필요했다. 그것이 바로 '종교'였다. 그들은 할례를 받고 제사에 부지런을 떨며 스스로의 믿음을 믿었다. 십일조와 금식과 구제 행위 같은 모든 좋은 것들이 그들의 착각을 믿음으로 분장시키는 소품으로 활용되었다. 그들의 믿음은 철석같았지만, 하나님은 거기서 점입가경의 착각을 보셨다.

예언자들의 싸움은 착각과의 전쟁이었다. 백성들은 믿음이라 말했지만, 하나님은 착각이라 말씀하셨다. 백성들은 축복을 노래했지만, 하나님은 심판을 예고하셨다. 선지자들 또한 그 나름의 싸움을 벌였다. 그들의 '믿음'을 착각으로 폭로하는 위험한 작업이었다. 말라기에 기록된 하나님과 백성들 간의 대화 아닌 대화는 착각은 정말 자유라는 사실을 절감케 한다.

착각이 그럴듯한 경건의 모양을 갖추면 '위선'이 된다. 개역개정식으로 말하면 '외식'外飾, 곧 겉꾸밈이다. 종종 뒤집어 생각하는 사람들이 많지만, 사실 기독교는 이런 착각에 시비를 걸며 역사의 무대에 등장했다. 이것은 결코 우연이 아니다. 할례라는 표지에, 아브라함의 자손이라는 핏줄에 희망을 걸었던 이스라엘을 향해 세례 요한은 "착각은 자유다"라고 외쳤다. 임박한 하나님 나라의 문 앞에서 중요한 것은 할례나 핏줄이 아니라 "회개에 합당한 열매"였다.

> 8그러므로 회개에 합당한 열매를 맺고 9속으로 아브라함이 우리 조상이라고 생각하지 말라 내가 너희에게 이르노니 하나님이 능히 이 돌들로도 아브라함의 자손이 되게 하시리라마3:8~9

열매 없는 이들은 그들의 "아멘"과 "주여!"를 비명으로 삼아 심판의 불로 떨어질 것이다. 예수님의 가르침도 이와 다르지 않다마 7장. 달리 생각하는 이들이 많지만, 사실 바울의 복음 역시 세례 요한이나 예수님의 비판과 동일한 비판으로부터 시작된다롬 2장. 하나님은 각 사람을 행한 대로 보응하신다. 따라서 할례자든 아니든, 불의를 행하는 자는 하나님의 심판을 면할 수 없다롬1:18; 2:6~11.

하나님 나라의 도래는 회개를 요구한다. 문 앞에 서면 맞는 열쇠를 가려야 하는 것처럼, 천국의 복음은 믿음과 착각을 가리는 일로부터 시작한다. 물론 마지막 심판 역시 진짜 알곡들과 '알곡이라 착각하는 가라지'를 분리하는 것으로 시작될 것이다마13:36~43. 혹은 자신이 알곡인지 잘 몰랐던 알곡들과 알곡인 줄 알았던 가라지들을 분리하는 것일지도 모른다마25:31~46.

신약이 말하는 착각

신자들 사이에 '예수님을 믿는 우리는 다르다'는 생각이 널리 퍼져 있다. 불순종이 심판으로 이어지는 구약의 논리는 우리에겐 더 이상 적용되지 않는다는 것이다. 우리에겐 십자가가 있고, 우린 이미 의롭다 하심을 얻었기 때문이다. 사실 그렇게 가르치는 구절들롬3:21~26; 5:1; 8:1이 얼마든지 있지 않은가? 그래서 우리가 하나님의 은혜를 말하는 것이 아닌가? 그리스도의 이름으로 세례를 받고, 그리스도의 살과 피를 수시로 먹고 마시는 우리가 은혜에서 떨어진다는 것은 불가능한 일이 아닌가?

혹자는 이를 믿음이라 여길지 모르지만, 신약은 이것을 착각이라 부른다. 흔히 말하는 구원의 확신이 많은 경우 구원의 착각이라는 사실을 부인하기 어렵다. 십자가의 피가 우리를 구원하지만, 그 이야기 속엔 보다 더 진한 사연이 담겨 있다. 이미 의롭다 하심을 얻었다고 선언하는 신약은 동시에 합당한 열매가 없는 성도들을 향해 하나님의 심판을 경고한다. 베드로만 그런 것도 아니고, 야고보만 그런 것도 아니다. 믿음과 은혜의 화신이라 불리는 바울 역시 그런 경고에 인색하지 않다.

> 너희가 만일 내가 전한 그 말을 굳게 지키고 헛되이 믿지 아니하였으면 그로 말미암아 구원을 받으리라고전15:2

이처럼 바울은 믿음이 우리를 구원하지만, 믿음이 구원이라는 등식은 우리의 그 믿음이 '헛된' 것이 아니어야 한다는 전제를 달고 있다.

바울의 전략적 구약 읽기가 드러내는 것처럼, 불순종에서 멸망에 이른 광야의 이스라엘이 우리보다 못한 체험을 가졌다는 기독교의 '편견'은 이방인에 대한 이스라엘의 착각과 다르지 않다. 이스라엘을 향한 하나님의 은총을 시시하게 여기는 것 자체가 사태를 한참 잘못 짚었다는 증거다. 바울이 역설하는 것처럼, 광야 이스라엘이 누린 은총은 우리가 누린 은총과 다르지 않다. 우리가 세례를 받았다면, 그들도 그랬다. 우리가 성찬을 통해 그리스도의 영적 양식을 먹고 마신다면, 그들 역시 마찬가지였다. 홍해를 건너고 구름 기둥의 인도를 받은 것은 세례와 다르지 않고고전10:2, 그들이 마신 물은 놀랍게도 그리스도라는 바위에서 흘러나온 것이었다고전10:3~4.

하지만 그 은총이 그들의 구원을 보장해 주지는 못했다. 출애굽을 체험하고 그리스도의 은총을 받아 누렸지만, 하나님은 불순종하는 그들 대부분을 "기뻐하지 아니하셨으므로 그들이 광야에서 멸망"고전10:5을 당했다. 바울은 이것이 우리를 위한 "거울"이라고 말한다고전10:6, 11절에 "본보기"라고 번역된 단어도 같은 뜻이다. 악을 행하다가 멸망했던 그들의 전철을 되풀이하지 말라는 경고다고전10:6~11. 굳게 서 있다고 생각하는 사람들, 그러니까 철석같은 믿음의 소유자들은 넘어질까 조심해야 한다. '나는 안전하다'라는 믿음은 곧잘 아무런 근거 없는 착각으로 타락할 수 있기 때문이다.

그런즉 선 줄로 생각하는 자는 넘어질까 조심하라고전10:12

물론 우리에게 피할 길을 내시는 하나님은 신실하시다. 하지만 바울이 강조하는 하나님의 신실함은 시험을 이기고 인내하려는 이들의 소망이지고전10:12~13, '커닝'으로 시험을 넘겨보려는 자들의 보험은 아니다. 이방 성도들을 향해 "하나님이 원 가지들도 아끼지 아니하셨은즉 너도 아끼지 아니하시리라"롬11:21고 경고하는 바울은 믿음과 착각 사이에 분명한 경계를 긋는다.

고린도후서를 맺으며 바울은 성도들에게 "너희는 믿음 안에 있는가 너희 자신을 시험해 보라"고 권고한다.

너희는 믿음 안에 있는가 너희 자신을 시험하고 너희 자신을 확증하라 예수 그리스도께서 너희 안에 계신 줄을 너희가 스스로 알지 못하느냐 그렇지 않으면 너희는 버림 받은 자니라고후13:5

물론 우리는 그리스도께서 우리 안에 계신다고 믿을 수 있다. 하지만 여기엔 "우리가 실격한 자가 아니라면"이라는 단서가 달린다. 그리스도께서 내 안에 계신다는 믿음이 착각이 아닌 것은 내가 믿는다는 사실 때문이 아니라, 내 삶이 그 믿음에 어울리는 열매를 보이기 때문이다. 바울이 스스로에 대해 자신하는 것처럼고후13:6, 여기서 "우리"는 바울을 가리킨다, 고린도 성도들의 믿음 역시 참된 믿음으로 인정될 수 있을 것인가?

칭의론의 원조 격인 갈라디아서 말미에서, 바울은 서로 갈등하며 싸우는갈5:15, 26 성도들을 향해 “착각하지 말라”는 날 선 경고를 날린다갈6:7, 개역개정의 “스스로 속이지 말라”는 말은 “착각하지 말라”는 뜻이다. 착각에다 믿음이라는 이름표를 붙여준다고 사태가 달라지는 것은 아니다.

> 7스스로 속이지 말라 하나님은 업신여김을 받지 아니하시나니 사람이 무엇으로 심든지 그대로 거두리라 8자기의 육체를 위하여 심는 자는 육체로부터 썩어질 것을 거두고 성령을 위하여 심는 자는 성령으로부터 영생을 거두리라갈6:7~8

가위는 우리 손에 있지 않으며, 구원의 엿장수는 우리가 마음대로 갖고 놀 수 있는 분이 아니다. 그의 원칙을 우리가 무시할 수 없다는 뜻이다. 그 엿장수의 가위는 “심는 대로 거둔다”라는 소리를 낸다. 콩 심은 데 콩 나고 팥 심은 데 팥 난다. 육체라는 밭에다 심으면 그 육체의 밭으로부터 썩어질 것을 거둔다갈6:8, 바울서신에는 ‘지옥’이라는 개념이 나오지 않는데, 대신 이 ‘썩어짐’은 공관복음의 ‘지옥’에 가까운 바울식 표현의 하나다. 혹은 종말론적 ‘죽음’이라고 불리기도 한다. 반면, 성령이라는 밭에 우리 인생을 뿌리면 그 성령의 밭으로부터 영생을 수확하게 된다갈6:8.

바울이 여기서 농사와 관련된 그림언어를 활용하는 것은 뿌림과 거둠 사이의 필연적 연관을 강조하기 위해서다. 육신에 심는 삶을 살면서 영생을 기대할 수 없다. 하지만 기쁨으로 영생이라는 단을 거두기 위해 지금 우리는 눈물을 흘리며 씨를 뿌린다시126:5~6. 바울이 역설하는 믿음과 은총의 논리는 이 원리를 뒤집는 것이 아니라, 바로 이 원리를 우리의 삶 속에 구현해 내는 것이었다. 그래서 바울은 이 복음을 두고 모든 믿는 자를 구원에 이르게 하는 하나님의 능력power이라 불렀다롬1:16; 고전1:18, 24. 이는 심판을 건너뛰는 것이 아니라 심판을 견딜 수 있게 한다.[53]

히브리서의 경우

한 걸음 더 나아가, 히브리서는 '우리는 다르다'라는 일부 신자들의 헛된 자만심을 백팔십도 뒤집어 놓는다. 물론 예수님께서는 모세보다 크시고3장, 우리의 구원은 첫 언약의 구원보다 크다4~10장. 하지만 신약의 "구원이 더 크다"라는 진술은 "그러니까 우리는 심판으로부터 자유롭다"라는 생각으로 연결되지 않는다. 오히려 이는 "구원이 큰 만큼 심판 역시 더 커진다"라는 결론으로 이어진다.

히브리서 저자는 성도들에게 이렇게 묻는다. 율법에 대한 불순종도 그처럼 큰 심판을 받았다면, "이같이 큰 구원을 등한히 여기면 어찌 [그 보응을] 피하리요"히2:3. 땅의 경고자를 거역한 것이 그처럼 큰 심판을 초래했다면, 하늘의 경고자를 거역하는 우리는 더욱더 피할 길이 없지 않겠는가히12:25~29. 따라서 우리는 광야의 이스라엘마냥 하나님을 진노케 하는 잘못을 피해야 한다히3:7~4:13. 히브리서 저자는 "주께서 그의 백성을 심판하리라"는 사실을 상기시키며, "살아 계신 하나님의 손에 빠져 들어가는 것이 무서울진저" 하며 경고한다.

> [30]원수 갚는 것이 내게 있으니 내가 갚으리라 하시고 또 다시 주께서 그의 백성을 심판하리라 말씀하신 것을 우리가 아노니 [31]살아 계신 하나님의 손에 빠져 들어가는 것이 무서울진저히10:30~31

히브리서 저자의 이 경고는 구약의 이스라엘이 아니라 신약의 성도들을 향한 것이었음을 우리는 기억해야 한다.

언제라도 그리스도의 십자가에 호소하면 그만이라는 착각, 이를 향해 히브리서는 "우리가 진리를 아는 지식을 받은 후 짐짓고의로 죄를 범한즉 다시는 속죄하는 제사가 없다"고 경고한다히10:26. "그리스도께서 이미 십자가에서 돌아가셨으므로 우리는 이미 구원을 받은 자들이다"라는 생각에 머물 수만은 없다. 그래서 저자의 훈계는 "그리스도께서 이미 우리의 죄를 속하셨다. 따라서 앞으로 이 속죄를 무시하고서 우리가 계속 죄를 짓는다면 속죄를 받을 기회는 더 이상 남아 있지 않다"라는 경고로 바뀐다. 이 경고를 무시하는 우리를 기다리는 것은 "오직 무서운 마음으로 심판을 기다리는 것과 대적하는 자를 태울 맹렬한 불"뿐이다히10:27.

중대한 잘못은 더 중대한 처벌을 받는 것처럼, 더 큰 구원을 받은 우리가 이런 가중된 처벌을 받으리라는 것 또한 불가피하지 않은가? 모세의 법을 어긴 사람들도 두세 증인만 있으면 용서받지 못하고 죽임을 당했는데, "하물며 하나님의 아들을 짓밟고 자기를 거룩하게 한 언약의 피를 부정한 것으로 여기고 은혜의 성령을 욕되게 하는 자가 당연히 받을 형벌은 얼마나 더"히10:29 무겁겠는가?

그리스도께서 우리 죄를 위해 온전하고도 영원한 제사를 드리셨다는 선포히7:27; 9:12; 10:12~14의 결론은 "그러니까 그리스도는 언제나 우리 죄를 사해 주신다"가 아니다. 그것은 "다시는 제사가 있을 수 없으므로 죄짓는 삶을 버려야 한다"는 것이었다. 하늘의 은총을 맛본 후 타락한 자들은 다시 회개할 기회가 없다는 말씀 역시 동일한 사실을 경고한다히6:4~8. 바로 이런 논리를 깔고서, 히브리서 저자는 "참 마음과 온전한 믿음으로 하나님께 나아가자"고 성도들을 독려한다히6:9~12; 10:22.

> 우리가 마음에 뿌림을 받아 악한 양심으로부터 벗어나고 몸은 맑은 물로 씻음을 받았으니 참 마음과 온전한 믿음으로 하나님께 나아가자히10:22

성도의 견인

'성도의 견인' 교리를 내세우며 구원과 관련된 경고를 상대화하려는 시도는 강한 믿음이 제대로 된 믿음보다 더 중요하다는 착각의 표현일 수 있다.[54] 궁극적인 의미에서 우리는 하나님의 신실함과 그 부르심의 효력을 고백할 수 있다. 하지만, 하나님의 이런 신실함은 성도들의 '견인', 곧 '인내'라는 모양으로 드러나는 것이지, 인내와 순종이 없이도 통할 수 있는 마법의 공식은 아니다. 오히려 우리의 죄성을 지적하며 올바른 믿음을 독려하는 성경의 경고를 뒤집어 '어쨌든 우리의 구원은 안전하다'라는 식의 결론을 도출하는 시도는 말씀 자체의 의도를 뒤집는 것 이상도 이하도 아니다.

고린도전서 3장에는 "불을 통과한 것과 같은 구원"에 관한 구절이 나온다. 이 말씀은 무슨 일이 있어도 그런 끔찍한 상황을 피하도록 하라는 경고로 주어진 것이다.

> 누구든지 그 공적이 불타면 해를 받으리니 그러나 자신은 구원을 받되 불 가운데서 받은 것 같으리라고전3:15

그런데 우리는 얼마나 자주 이 구절로부터 "구원은 기본으로 받는다"라는 결론을 내며 안심하곤 하는가? 불의를 행하는 자는 하나님 나라에 들어가지 못한다는 경고 앞에서도 마찬가지다. 우리는 하나님의 이 경고를 액면 그대로 받고 두려워하기보다는 "평안하다, 평안하다"를 반복하는 데 부지런을 떨고 있는 것은 아닐까?

칼뱅은 성화가 뒤따르지 않는 칭의란 존재하지 않는다고 못을 박으며『기독교강요』, 3.16.1, 성도의 행실은 하나님의 선택과 부르심, 혹은 내주하시는 성령의 표지이자 증거라고까지 말했다『기독교강요』, 3.14.20~21; 3.17.6. 그런 그가 오늘날 자신의 이름으로 널리 팔리는 통속적 견인 교리를 들었다면 옷을 찢고 머리에 재를 뿌리며 통곡하지 않았을까?[55] 우리를 향한 진지한 경고의 소리조차도 '성도의 견인' 교리를 부정하는 것으로 몰아붙이고 싶은 우리의 심리는 강한 믿음인가, 아니면 깊은 착각인가?

믿음을 잃지 않는 기도

말씀 비틀기

외형은 쉽게 바꿀 수 있지만, 속내를 바꾸기는 쉽지 않다. 교회 나오게 만들기는 비교적 쉬워도, 그 사람 속에 복음적 체질을 심는 일은 숨이 막힌다. 그러니까 새 신자의 교회 '등록'은 임무 완수보단 본격적 싸움의 시작에 가깝다. '원수'들이 '자녀'가 되었지만, 우리 삶을 지배해 온 원수의 사고와 습관은 단숨에 사라져 주는 것이 아닌 탓이다.

십자가는 위대한 승리의 순간이지만, 그렇다고 죄의 세력이 순순히 물러나지는 않는다. 죄의 세력은 우리 삶의 지리산을 타고 다니며 빨치산이 되기도 하고, 시민의 옷으로 위장하고 간첩 활동을 벌이기도 한다. 이럴 때의 전략은 들키지 않고 실속을 차리는 것이다. 신앙의 명분은 지켜주면서 삶의 속내를 물들일 수 있다면, 혹은 세속적인 삶을 살면서도 신앙인이라는 착각에 빠지게 할 수 있다면, 이것이 바로 빨치산 사탄이 기대할 수 있는 최대의 승리일 것이다.

관건은 신앙의 이름으로 세속적인 일을 하도록, 혹은 가장 영적인 일을 가장 세속적으로 하게 만드는 일이다. 그래서 성경은 사탄이 가장 즐기는 싸움터가 된다. 곧 하나님의 말씀을 세속적으로 읽게 만드는 것이다. 물론 하나님의 말씀이라는 고백 자체는 건드리지 않는다. 어차피 세속적인 해석이라면, 그걸 하나님의 말씀이라 믿은들 무슨 상관인가? 오히려 엉터리 해석을 앞에 놓고 그것이 하나님의 말씀이라 믿는다면, 그것이 가장 완벽한 성공이 아닌가? 시내산의 이스라엘처럼 황금 송아지를 앞에 놓고서 "이것이 우리를 애굽에서 인도하여 낸 여호와"라고 고백하게 만든다면, 이야말로 가장 완벽한 시나리오가 아닌가? 아마 사탄은 이런 식으로 숨죽인 승리의 외침을 날마다 이어갈 것이다. "하나님의 말씀으로 마음껏 고백하라. 그리고 나의 속삭임을 따라 그 말씀을 해석하라."

욕심을 위한 면죄부?

누가복음 18장에는 억울한 과부에 관한 비유가 나온다눅18:1~8. 누가는 이 비유가 "항상 기도하고 낙심하지 말아야 할 것"에 대한 가르침을 위한 것이라고 일러 준다.

기도에 대한 열심이 특별한 우리에게 이 말씀 역시 인기가 좋다. 마음에 간절한 기도제목이 있을 때마다 우리는 이 말씀을 떠올리며 매달린다. 아들의 명문대 입학일 수도 있고, 남편의 승진일 수도 있다. 조건에 꼭 맞는 사윗감일 수도 있고, 옆의 핸드폰 점포가 망해 나가서 우리 교회가 거기까지 넓혀 쓸 수 있게 되는 '축복'일 수도 있다. 가끔은 들어주실 때까지 '단식투쟁'을 하기도 하고어떤 사람들은 이를 '금식'이라 부른다, 아예 40일이니 100일이니 시한을 정해놓고 하나님을 협박하기도 한다. 그래도 좋다. 끈질기게 기도하라는 가르침을 충실히 따르는 믿음의 표현이니 말이다.

여기에 사탄의 장난이 있다. 부지런히 기도하라는 말씀에 밑줄을 치지만, 정작 무엇을 위한 기도인지는 잊게 만든다. 매달리는 모습만 전면에 내세우며, 억울한 과부와 우리 사이의 차이는 뒤로 감춘다. 사실 우리의 기도란 욕심 가득한 투정일 뿐인데, 우리의 생떼가 과부의 끈질김과 닮았다는 이유만으로 우리는 자신의 태도가 성경적이라고 믿는다.

사실 주님은 무조건 매달리지 말고 무엇을 어떻게 구할지 조심하라고, 또 구하기 전에 이미 우리 필요를 다 아신다고 권하신다마 6:7~8, 31~34. 하지만 우리는 그런 가르침엔 별로 구미가 당기지 않는다. 무조건 우리가 원하는 제목조건(?)을 내걸고서 들어줄 때까지 끈질기게 매달린다. 이런 억지를 위해 예수님의 말씀을 써먹는다.

원한에 관한 기도

이 말씀을 본문으로 한 설교에서 쉽게 잊어버리는 대목이지만, 우리 기도의 모범으로 등장하는 이 과부는 억울한 사정이 있는 사람이다. 성경에서 '고아와 과부'가 하나님의 특별 보호 대상으로 등장하는 데서 알 수 있듯, 철저한 남성 중심 사회에서 남편이 없는 여인의 힘겨움을 상상하긴 그리 어렵지 않다. 이런 상황에서 여인의 간청은 자기의 사치스러운 욕심을 채워달라는 것이 아니라, "내 원수에 대한 나의 원한을 풀어 달라"3, 5절는 것이었다. 말하자면, 지금의 정황은 '웰빙'well-being이 아니라 그냥 '생존'being의 문제다.

물론 정상적인 경우라면 끈질긴 기도를 논할 상황이 아니다. 재판장이 사태를 판단하고 문제를 해결해 줄 것이기 때문이다. 문제는 그가 "불의한 재판장"6절이라는 점이다. 그는 "하나님을 두려워하지 않고 사람을 무시하는" 그런 종류의 사람이다4절. 당연히 그는 과부를 무시하며, 그녀의 부탁을 들어주지 않는다4절.

하지만 이 과부는 포기하지 않는다. 그녀는 "자주" 그 재판장에게 간청하였다3절. 우리 식으로 하자면, '날이면 날마다' 찾아와 애걸복걸하였을 것이다. 오죽하면 재판장이 "빨리" 그녀의 원한을 풀어주지 않으면, 그녀가 "끝까지" 자신을 찾아와서 괴롭힐 것5절이라고 생각했을까? 개역개정에는 "늘 와서"라고 되어 있지만, 정확하게 말하면 "끝까지 찾아와"라는 뜻이다. 쉽게 말하면, 들어 줄 때까지 찾아오겠다는 의미다. 정의보다도 개인의 안락이 더 중요한 재판장에게 이런 상황은 최악이다. 그러니 결국 이 불의한 재판장의 입에서도 "내가 그 원한을 풀어 주리라"5절는 약속이 나오고 말았다.

주님은 이 불의한 재판장의 말에 귀를 기울이라고 말씀하신다6절. 그리고 특유의 "하물며"7절 논법을 통해 우리의 이야기로 넘어온다. 과부의 이야기는 우리 이야기가 되고, 불의한 재판장은 하나님의 모습에 비교된다. 물론 이 재판장과 하늘의 아버지는 비교가 안 된다. 그래서 "하물며"라는 말이 필요하다. 불의한 재판장조차도 끈질기게 간청하면 결국 그 청을 들어줄 것이다. 하물며 "의로우신 재판장"딤후4:8이신 선한 아버지께서 밤낮 부르짖는 택한 자들의 기도를 외면하시겠는가마7:11 참고? "속히"8절 그 자녀들의 기도를 들어주시지 않겠는가? 불의한 재판장과 하나님이 다른 만큼, 응답의 확실성은 더 커진다.

사실 하나님과 악한 재판장을 비교할 수는 없지만, 과부와 우리 사이에는 비교가 가능하다. 재판장에게 매달리는 과부의 신세는 하나님께 매달리는 우리와 같다. 그저 간청하는 입장만 비슷한 것이 아니다. 과부와 우리 사이엔 원한이라는 공통분모가 있다. 둘 다 무슨 원한을 두고 간청하는 자들이다. 간절한 기도에 관한 권고와 확실한 응답에 관한 약속은 편히 살면서 생기는 이런저런 욕심들이 아니라, 우리의 신앙적 자태를 위협하는 억울함에 관한 것이다. 신앙인답게 살려고 하다가 억울한 형편에 처한 사람이 아니라면, 지금 이 말씀에는 해당 사항이 없다.

믿음을 지키라

주님의 권고는 "항상 기도하고 낙심하지 말라"1절는 것이다. 주님의 약속은 분명하다.

> 밤낮 부르짖는 택하신 자들의 원한을 풀어주시지 아니하겠느냐? 저희에게 오래 지체하시겠느냐? 속히 그 원한을 풀어 주시리라
>
> 눅18:7~8 상.

우리의 원한은 우리로 밤낮을 가리지 않고 하나님께 부르짖게 만든다. 하나님은 그런 우리의 원한을 분명히 갚아주실 것이다.

원한은 인자예수의 재림을 기다리며 살아가는 제자들의 삶을 규정한다. 주님의 말씀을 따라 믿음을 지키며 살아가는 삶은 박해를 자초하는 길이다. 인자의 길이 고난의 길인 것처럼눅17:25, 그를 따르는 자들의 삶 또한 억울한 원한에서 자유롭지 않다딤후3:12. 아직도 복음으로 인해 생명의 위협을 당하는 사람들도 있지만, 대한민국 같은 곳에서도 신앙적 자태가 야기하는 박해와 억울함은 낯선 이야기가 아니다. 이런 크고 작은 억울함에 관한 이야기들은 무대를 교회나 신학교로 옮긴다고 해서 달라지는 것도 아니다. 자리를 옮긴다고 사람이 달라지는 것은 아닐 테니까 말이다.

이런 상황에서 우리는 제자로서의 짠맛을 잃어버리거나 제자로서의 빛을 드러내지 않음으로써 그 어려움을 피할 수 있다마5:13~16

참고. 이는 박해에 굴복함으로써 어려움을 피하는 '해결책'이다. 이런 상황을 염두에 두고 읽으면, "항상 기도하고 낙심하지 말아야 할 것"이라는 주님의 권고는 하나님의 신실하심을 기억하면서 끝까지 믿음을 포기하지 말라는 훈계가 된다. 무엇이든 달라고 떼를 쓰면 주신다는 약속도 아니고, 안 주면 줄 때까지 울고불고 매달리라는 충고도 아니다. 억울한 핍박이 불가피한 제자의 길이지만, 우리는 그 좁은 문을 포기해서는 안 된다. 낙심하여 제자의 길을 포기하는 대신, 우리는 인자가 오셔서 억울함을 풀어주도록 밤낮 부르짖는다. 하나님께서 속히 우리 억울함을 풀어주시리라는 믿음을 잃지 않고서 말이다.

결국 주님의 가르침은 이 세상에서 욕심을 차리라는 부추김이 아니라, 제자다운 자태를 잃지 말라는 권고다. 팔복 말씀에 빗대자면, "하늘에서 너희의 상이 크다"라는 약속과 크게 다르지 않다. 하지만 주님은 현실적이다. 믿음을 잃지 않는 인내를 요구하면서도, "그러나 인자가 올 때에 세상에서 믿음을 보겠느냐?"8절 하 하며 한숨을 쉰다. 재림의 상황에서 믿는 자를 찾기 어려울 것이라는 비관적 판단이다. 물론 여기서 말하는 "믿음"은 원하는 것을 해 달라고 무조건 떼를 쓰는 그런 믿음이 아니다. 그런 믿음이야 지금도 차고 넘치지 않는가? 주님의 비관적 전망은 낙심하지 않고 제자의 삶을 지켜가는 그런 믿음에 관한 것이다. 곧 핍박에 직면해서도 "죽기까지 신실함을 지키는" 자들, 그리하여 "생명의 면류관"을 받기에 합당한 자들에 관한 말씀이다.

> 너는 장차 받을 고난을 두려워하지 말라 볼지어다 마귀가 장차 너희 가운데에서 몇 사람을 옥에 던져 시험을 받게 하리니 너희가 십일 동안 환난을 받으리라 네가 죽도록 충성하라 그리하면 내가 생명의 관을 네게 주리라계2:10

주님의 재림이 눈에 보이지 않는 상황은 불의한 재판장 앞에 선 과부의 상황과 통하는 대목이 있다. 따라서 그런 '희망 없는' 상황 앞에서 희망을 버리지 않은 과부의 끈질김cf. 롬4:18은, 답답한 심정을 하나님께 토하며 주의 재림을 기다리는 공동체를 위한 절묘한 비유가 된다. 하지만 재림의 때가 가까울 때 이런 믿음이 얼마나 남을 것인가? 오히려 오늘의 우리는 '구원의 현재성'이라는 술에 취해, 누군가를 기다린다는 사실조차 잊고 사는 것은 아닐까?

겸허한 성경 읽기가 필요하다

믿음을 잃지 말라는 권고가 세속적 욕심에 대한 면죄부로 둔갑했다면, 사탄의 전략은 성공이다. 주님의 말씀을 나름대로 읽은 결과 이기적 욕심이 믿음으로 치부되고, 신실한 인내가 오히려 '축복받지 못한' 삶으로 매도된다면, 사탄은 우리의 성경 읽기를 부추길까, 방해할까? 중요한 것은 어떤 일을 하는 것이 아니라, 그 일을 제대로 하는 것이다. 하나님의 말씀이라는 큰 권위가 붙은 것일수록 더 조심해야 할 이유가 여기에 있다. 그 말씀을 읽고 해석하는 것은 바로 우리 자신이며, 우리의 삶은 사탄의 공작으로부터 자유롭지 않기 때문이다.

그러기에 우리의 욕심으로 말씀을 학대하지 않으려면, 말씀 앞에 끊임없이 우리 자신을 '괄호 치는' 일종의 현상학적 판단중지가 필요하다. 중요한 것은 성경이 하나님의 말씀이라고 거품 무는 것이 아니라, 그 말씀의 칼날 앞에 나 자신의 삶을 순순히 내어놓는 것이다. 겸허한 성경 읽기, 이것이 더 실제적인 의미에서 말씀의 권위를 존중하는 태도가 아니겠는가.

용서

“사람은 잘못하고 신은 용서한다”라는 서양 속담이 있다. 신자든 아니든, 모든 인간은 잘못으로부터 자유롭지 않다. 하지만 한 번의 실수가 파국으로 이어지지는 않는다. 우리에겐 용서하는 신이 있기 때문이다. 우리가 믿는 하나님은 의롭다. 그래서 우리는 회개를 말한다. 하지만 그는 또 사랑에 신실한 분이기도 하다. 그래서 우리의 회개는 용서에 대한 분명한 약속과 더불어 이루어진다.

> 만일 우리가 우리 죄를 자백하면 그는 미쁘시고 의로우사 우리 죄를 사하시며 우리를 모든 불의에서 깨끗하게 하실 것이요요일1:9

예수님의 아름다운 비유에서처럼, 하나님은 우리의 귀향을 애타게 기다리시는 아버지다눅15:11~32. 아직 천사보다 못한 우리에게 회개와 용서는 우리를 절망에서 지켜주는 불가결한 재생 장치다.

용서는 죄를 덮는 것이다롬4:7~9. 죄가 아무 상관 없어서가 아니다. 그랬다면 회개니 용서니 하며 부산을 떨 것도 없었을 것이다. 십자가의 존재는 사정이 이와 다름을 보여준다. 여기서 우리는 회개와 용서가 얼마나 심각한 일인가를 깨닫는다. 십자가는 우리의 죽음이며, 이 죽음은 바로 죄에 대한 것이다롬6:4, 10.

십자가의 피를 요구하는 하나님의 용서는 우리의 허물에 대한 면죄부가 아니다. 그것은 죄에서 벗어나 새 삶을 살게 하는 하나님의 창조적 행동이다. 그래서 용서는 종종 '지나간' 죄에 대한 용서라 불린다히9:15. 이는 새 언약에 들어와 지은 죄는 용서될 수 없다는 의미가 아니라, 십자가 자체가 새로운 삶을 위한 것임을 보여주는 어법이다. 우리의 회개가 용서를 가져다주는 것은 용서가 손쉬운 일이어서가 아니다. 그것은 우리를 향한 하나님의 신실하심 때문이다.

슬픈 일이지만, 하나님의 신실하심은 때때로 우리를 타락시킨다. 마치 마음 좋은 부모 아래 버릇없는 자식이 자라는 것처럼 말이다. '품꾼'을 기대하던 탕자의 뉘우침에 '아들'의 은총으로 응수하는 아버지의 사랑은 언제나 거기서 우리를 기다린다. 잘못에 익숙한 우리에게 이 사랑은 기댈 언덕이요, 피할 요새가 된다. 하지만 기댈 수 있는 강력한 요새의 존재는 우리의 자세를 해이하게 할 수 있다.

회개가 항상 용서로 응답된다면, 죄는 우리에게 어찌 될까? 더 이상 심각한 문제가 아닐 수 있다. 아버지께는 언제나 큰 상처겠지만, 이것을 절실히 느끼기엔 우린 너무 이기적이다. 첫 실수의 아픈 회한은 갈수록 무디어지고, 우리는 쉽게 용서의 응답을 듣는다. 죄가 사소해서가 아니라 사랑이 그만큼 커서 우릴 용서한다고 말하면서도, 우리의 의식은 금방 용서의 편리함에 마비되어 간다. 죄를 끊기 위한 처방이던 것이 도리어 죄의 전횡을 돕는 수단으로 전락하는 것이니, 참으로 아이러니하다. 하나님은 죄를 끊기 위해 우리를 용서하지만, 우리는 확실한 용서 때문에 손쉽게 죄를 저지른다.

조건을 단 용서

대개 별생각 없이 무시하지만, 우리가 늘 외우는 주기도문에는 섬뜩한 구절이 하나 있다. 바로 죄 용서에 관한 것이다. 우리는 "우리 죄를 사하여 주시옵고"라고 기도한다마6:12. 이건 이상할 게 없다. 문제는 이 간구에 붙은 수식어다. 죄를 무조건 사해 달라는 것이 아니라, "우리가 우리에게 죄 지은 자를 사하여 준 것 같이" 그렇게 우리의 죄를 사해 달라는 기도다마6:12.

여기서 "사하여 준 것 같이"라는 과거시제에서 알 수 있듯, 기도의 시점은 이미 우리가 우리에게 잘못한 사람을 용서하고 난 후다. 이미 다른 사람을 용서해 준 뒤, 바로 이 사실을 하나님께 상기시키며 "그러니까 우리의 죄도 용서하는 것이 마땅하다"라는 논리를 펴는 것이다.

누가복음은 이 말씀을 "우리가 우리에게 죄 지은 **모든** 사람을 용서하오니"눅11:4라고 적는다. 과거형을 현재로 바꾸어 의미가 다소 약해진 듯도 하다. 하지만, 누가는 여기에 "모든"이라는 말을 첨가하여 오히려 그 조건을 더 절대적인 것으로 만든다.

이 기도가 무서운 것은, 우리가 우리에게 죄지은 자를 사하지 않는 경우가 많다는 뻔한 사실 때문이다. 그렇게 되면, 이 기도는 사죄의 은총을 구하는 기도가 아니라 정죄를 자초하는 독소조항이 된다. "우리가 우리에게 죄 지은 자를 용서하지 않은 것처럼, 우리 죄를 사하지 마시옵고"라는 말이 되기 때문이다.

이는 필자의 억지 해석이 아니다. 혹여 짧은 구절로는 그 의미를 못 알아들었을까 염려하신 탓인지, 주님은 주기도문이 끝나자마자 아예 별도의 경고문을 덧붙이신다.

> 14너희가 사람의 잘못을 용서하면 너희 하늘 아버지께서도 너희 잘못을 용서하시려니와 15너희가 사람의 잘못을 용서하지 아니하면 너희 아버지께서도 너희 잘못을 용서하지 아니하시리라마6:14~15

여기서 주님의 의도는 의심의 여지가 없다. 그러니까 가사에서 이 조건을 빼먹고 그냥 "우리들의 큰 죄 다 용서하여 주옵시고"라며 기분 좋게 노래하는 주기도문 찬송은 당장 듣기는 좋지만, 주님의 의도에 대한 심각한 오해를 불러일으킨다원래 영어 가사에는 다 들어 있다.

물구나무선 은총의 논리

주님의 말씀을 액면 그대로 읽는다면 어떤 일이 발생할까? 이 지점에서 우리가 아는 '은혜'의 논리는 물구나무선다. "하나님이 용서하시니 우리도 용서한다"라는 선행적 은총의 논리는 "우리가 용서하니 그것을 근거로 하나님도 용서하신다"라는 선행적 행위의 논리로 바뀐다. 그런데도 우리는 이 말씀에 별로 신경을 쓰지 않는다. 우리의 행위가 하나님의 은총을 촉발하는 것일 수 없다는 바울의 은총론이 진실이라면, 여기 용서에 관한 주님의 말씀은 액면 그대로 이해될 수 없다고 생각하기 때문이다. 그러니까 여기서는 예수님보다 바울이 우선이다.

그런 까닭에 우리의 성경적 상상은 대체로 이렇게 기운다. 예수님의 말씀은 말이 그렇다는 것이지 실제로 우리의 용서가 하나님의 용서의 전제라는 의미는 아닐 것이다. 바울은 우리에게 "서로 용서하기를 하나님이 그리스도 안에서 너희를 용서하심과 같이 하라"엡4:32고 명령하고 있지 않는가? 그러니 예수님의 '살벌한' 어조는 아마도 우리의 순종을 격려하기 위한 일종의 충격요법이 아닐까? 분명 용서는 중요하지만, 우리가 설령 남의 허물을 용서하지 못하더라도 나를 향한 하나님의 용서가 정말로 취소된다는 말씀은 아니지 않을까?

대개 우리는 이 정도로 생각하고 넘어간다. 아니, 그렇게 생각하고 싶어 한다. 하지만 사태는 그리 간단하지 않다. 교육적 효과를 노린 과장이기엔 주님의 말씀은 너무 분명하며, 또 너무 단호하다. 그렇다면 우리는 이를 어떻게 해결할 수 있을까?

주님의 가르침 속에는, 왕에게서 엄청난 빚을 탕감 받고도 동료의 작은 빚을 탕감하지 않아 다시 감옥에 던져진 악한 종 이야기가 있다. 이 비유의 결론은 주기도문의 결론과 다르지 않다.

> 너희가 각각 마음으로부터 형제를 용서하지 아니하면 나의 하늘 아버지께서도 너희에게 이와 같이 하시리라마18:35

마가복음은 주님의 또 다른 말씀을 전해준다.

> 서서 기도할 때에 아무에게나 혐의가 있거든 용서하라 그리하여야 하늘에 계신 너희 아버지께서도 너희 허물을 사하여 주시리라 하시니라막11:25

주님의 가르침 속에서 하늘 아버지는 형제를 용서하지 않는 자에게는 용서를 거부하는 분으로 그려진다. 거듭거듭 하나님의 수직적 용서는 우리의 수평적 용서를 **전제한다**. 하늘 아버지께 용서를 구하는 기도는 이웃의 허물을 용서하는 실천적 삶의 문맥에서만 효력을 발휘한다는 것이다.

물론 일만 달란트의 용서가 백 데나리온의 용서에 앞서는 것처럼, 궁극적인 의미에서 하나님의 용서가 인간의 용서에 앞선다는 것은 주님의 가르침에서도 분명하다. 그렇다면 주님의 강조점은 무엇인가? 우리가 아버지께 받은 용서를 몸소 우리의 동료들에게 실천하지 않는다면, 먼저 받은 하나님의 용서가 무익해진다는 것이 된다. 통속적 견인교리 때문에 혼란스러워하는 이들이 없지는 않다. 하지만, 여기서 우리는 용서하지 않은 종이 감옥에 들어가고 말았다는 '진노의 포도주'에 물을 타지 않도록 주의해야 한다마 18:21~35.

사실 용서라는 주제를 벗어나도 이런 식의 경고는 드물지 않다. 초대를 받아 잔치를 즐기던 사람이라도 예복을 입지 않았을 경우 추방을 면치 못하며마22:10~14, 등불을 밝히며 신랑을 애타게 기다렸어도 충분한 기름을 준비하지 못한 이들은 혼인 잔치에서 배제된다마25:1~13. "주여, 주여"를 외치는 자라고 다 천국에 들어가는 것이 아니며, 오직 하늘에 계신 아버지의 뜻대로 "행하는" 자라야 들어간다마7:21~23. 주님의 말씀을 듣고 실천하는 이는 지혜로운 건축자에, 듣고도 실천하지 않는 자는 어리석은 건축자에 비유된다마7:24~27. 주님의 명령대로 지극히 작은 자에게 사랑을 베푼 사람은 천국을 상속받지만, 사랑 베풀기에 무관심했던 성도들은 지옥의 고통으로 떨어진다. 그들 모두가 주님을 섬긴다고 믿던 사람들이었다마 25:31~46.

예수님께서 오늘 한국교회에서 이런 가르침을 선포했다면 어떤 일이 벌어질까? 아마 대부분의 보수주의자들은 이를 두고서 당장 비성경적 행위구원론으로 정죄했을 것이다. 예수님의 가르침이라

차마 그렇게 하지 못하는 우리는 읽고도 안 읽은 척함으로써, 혹은 읽고 더 이상 생각하지 않음으로써 문제를 애써 외면한다. 그렇다면 우리는 과연 무엇을 믿는 사람들인가? 주님의 말씀인가? 아니면 자신의 마음에 드는 '내가복음'인가?

우리의 삶, 은총의 흔적

은총은 악에 대한 면죄부가 아니다. 그것은 악으로부터 우리를 구출하는 하나님의 의지다롬6:1~2, 14. 그래서 우리 삶으로 들어오는 은총의 관문인 그리스도의 십자가는 우리의 "양심", 곧 우리의 삶의 태도를 "죽은 행실"로부터 돌이키는 사건으로 규정된다.

> 하물며 영원하신 성령으로 말미암아 흠 없는 자기를 하나님께 드린 그리스도의 피가 어찌 너희 양심을 죽은 행실에서 깨끗하게 하고 살아 계신 하나님을 섬기게 하지 못하겠느냐히9:4

용서의 은총이 필요한 것은 애초부터 우리의 새로운 삶을 향한 하나님의 열망 때문이다엡1:4~5; 2:10. 그래서 우리 존재의 바닥을 흔드는 은총의 지진은 우리 삶의 해변을 쓸어가는 쓰나미가 된다. 우리를 용서하는 하나님의 놀라운 은총은 그대로 우리의 삶에 용서의 파장을 일으킨다. 그런 점에서 하나님의 용서는 또한 우리가 행해야 할 용서의 본보기이기도 하다엡4:32~5:2; 히3:1; 12:2; 13:12~13; 벧전2:21.

용서하지 않는 악한 종의 비유는 바울의 말처럼 "은혜를 헛되이" 받는 일이 드물지 않음을 보여준다고후6:1. 이런 현실에서 용서에 관한 주님의 무서운 말씀은 하나님의 용서가 우리의 삶에 뿌리를 내린 용서이기를 요구하며, 이로써 용서가 공허한 말의 장난으로 전락하는 것을 막는다. **우리 삶에서 일어나는 작은 용서의 몸짓들은 하늘에서 시작된 놀라운 용서의 파장들이다.** 우리가 용서하지 않으면 하나님도 용서치 않는다는 말은 속임수에 능한 우리를 겨냥한 직설적 경고다.

그렇지만, 결국 이 경고의 핵심은 우리의 삶 속에서 **신적 은총의 근원적 울림을 회복하라**는 것이다. 그래서 이 경고는 보다 깊은 의미에서 은총을 향한 초대다. 쓰나미의 폐허를 어루만지며 바닷속 지진의 위력을 실감하듯, 우리 삶에 일어나는 작은 흔들림을 체감하며 우리 존재의 뿌리를 흔드신 하나님의 지진을 느끼라는 것이다.

우리가 용서하는 삶을 살지 못하면 하나님의 용서를 기대할 수 없다. 우리는 이 무서운 말씀 속에서 오히려 우리를 향한 하나님의 은총의 위력을 새삼스레 실감한다. 복음이 엄중한 경고의 모습으로 나타나기도 한다는 것, 이것이 자기기만에 익숙한 우리의 역설이라면 역설이다.

이렇게 생각하면 사도 요한의 말에도 고개를 끄덕일 수 있다. 눈에 보이는 사람을 사랑하지 않는 사람이 눈에 보이지 않는 하나님을 사랑할 수 없다는 말은, 인간을 향한 사랑이 기초가 되어야만 하나님 사랑에 이른다는 말이 아니다요일4:20. 하나님을 향한 사랑이 빈말이 아니라 사실이라면, 그 사랑은 당연히 사람들과의 관계 속에 그 나름의 파장을 미칠 것이다. 그리고 이 파장을 피부로 느끼면서 우리는 피부로 느낄 수 없는 하나님의 사랑을 감지한다. 말하자면, 우리는 서로 사랑하는 작은 파장을 통해 우리를 사랑하신 하나님의 지진을 감지한다.

> 어느 때나 하나님을 본 사람이 없으되 만일 우리가 서로 사랑하면 하나님이 우리 안에 거하시고 그의 사랑이 우리 안에 온전히 이루어지느니라요일4:12
>
> 우리가 사랑함은 그가 먼저 우리를 사랑하셨음이라요일4:19

그런데 우리가 사람들과 함께하는 삶 속에서 아무런 사랑의 파장을 느낄 수 없다면, 우리가 하나님과의 사랑을 감지할 만한 어떠한 근거도 없어진다. 물론 삶에 아무런 흔적을 남기지 않는 순수 초월의 사랑을 말하고도 싶겠지만, 요한은 이런 추상적 사랑의 가능성을 부인한다. 나뭇잎을 흔들지 않는 바람은 있을 수 없다요3:8. 큰 지진은 바다에 해일을 일으키는 법이다. 이처럼 인간적 삶에 투영되지 않는 신적 사랑은, 적어도 우리로서는, 허구에 지나지 않는다.

요한의 권고는 가시적 사랑을 연습함으로써 보다 더 고상한 불가시적 사랑의 단계로 나아가라는 게 아니다. 그의 권고는 결국 가

시적 사랑에 마음을 기울임으로써 우리가 가진 불가시적 사랑의 파장을 드러내고 구체화하라는 것이다. "눈에 보이는 사람도 사랑하지 않는다면, 이런 사람이 하나님을 사랑하고 있을 리가 만무하지 않겠는가?"

살아 있는 은총

"우리가 우리에게 죄 지은 자를 사하여 준 것 같이"라는 구절은 "주여, 주여" 하는 외침이 전부라고 믿는 우리의 편리한 생각에 강력한 경고를 던진다마7:21. 그럼으로써 우리로 하여금 제대로 된 복음의 음성에 귀를 기울이게 만든다. 물론 우리가 이 구절을 무시하지 않는 경우에만 그렇다. 하지만 주기도문 찬송에서 하듯, 이 구절을 가볍게 지워버리고 그저 "우리들의 큰 죄 다 용서하옵시며"라고만 노래한다면, 주님께서 의도하신 그 깊은 울림을 느끼기는 쉽지 않다. 노래 가사가 어쩌다 그렇게 된 것일까? 아니면 마음속의 불편함 때문에 사라진 것일까?

하지만 당장 편해져 보자고 말씀 속의 이런저런 내용들을 무시하는 우리의 '인위적 실수'는 결국에는 복음 자체로부터 우리를 멀어지게 만드는 '치명적 실수'가 된다. 존재하지도 않는 줄기세포가 한국의 과학 수준을 높일 수 없는 것처럼, 본문이 말하지 않는 '내 가복음'으로 천국의 문을 열겠다고 기대할 수는 없다. 그럼에도 텅 빈 깡통에 은총의 상표를 붙이고 스스로 만족하겠다면, 그건 어쩔 수 없는 노릇이다.

우리의 작은 삶을 하나님의 큰 은총 앞에 두는 주님의 조치가 의미하는 바는 무엇인가? 그것은 우리의 어쭙잖은 노력으로 하나님의 은총을 구애해야 한다는 주문이 아니다. 물론 이 땅의 삶 속에 천국의 무늬가 어려야 한다는 주문은 가볍게 삼킬 수 있는 생각이 아니다. 그렇다고 해서 무늬도 어리지 않는 공허한 은총론이 우리를 구원하는 것도 아니다. 그러기에 주님의 신학적 도치법은 우리를 부담스럽게 하는 강요이기 이전에 우리를 참된 은총 속에 머물게 하는 지혜로운 초대의 부름이다. 이처럼 이 땅의 삶은 하늘의 은총과 연결되어야 한다. 만약 그렇지 않으면, 우리의 삶이란 정말 물 없는 사막처럼 말라버릴 것이기 때문이다. 물론 메마른 땅의 먼지를 마시고도 하늘의 단비를 노래할 수도 있다. 하지만, 이런 환각은 우리가 꿈꾸는 구원이 아니지 않은가!

그러므로 너희는 이렇게 기도하라
우리가 우리에게 죄지은 자를 사하여 준 것 같이
우리 죄를 사하여 주옵시고
우리 속에 있는 당신의 은총에 대한 증거로서
우리가 우리 이웃을 용서하기로 굳게 마음먹은 것 같이
우리 죄를 사하여 주옵소서하이델베르크 요리문답 126[56]

성숙한 신앙

성숙함과 고분고분함

목사님 말씀 잘 듣는 사람이 가장 믿음 좋은 사람이라는 생각이 없지 않다. 목사들에게야 반가울지 모르지만, 신앙의 성숙이라는 점에서 보면 통탄할 만한 대답이 아닐 수 없다. 이런저런 일로 질문을 던져보면, 신앙생활을 할 만큼 한 장로님조차도 "목사님께 여쭤보겠다"는 말로 대답을 대신하는 경우를 만난다. 목사님이 가장 좋은 길을 가르쳐 줄 것이므로 거기에 순종하는 것이 좋은 길 가는 비결이라는 생각이다.

오늘날처럼 불량 목사들이 넘쳐나는 시대에이것은 부당하게 목사들을 욕하는 것이 아니라 사태를 정확하게 관찰한 것이다, 목사에 대한 이런 전폭적 신뢰는 터무니없는 영적 도박이다. 그리고 설사 좋은 목사님이라 한들, 이런 의존적 무기력함이 주님께서 기대하신 진정한 겸손이겠는가?

스스로 생각하고 판단할 수 없는 신앙, 그래서 옆의 누군가가 대신 살아주어야 할 수준의 신앙이라면, 우리는 이를 무엇이라 말해야 할까?

다섯 살 꼬마에게 필요한 태도와 스물다섯 살 청년에게 필요한 태도는 분명 다르다. 꼬마는 매사를 엄마에게 물어야겠지만, 이런 '고분고분함'이 스물다섯 청년에게는 지혜가 아니라 지체다. 어릴 때는 말하는 것이나 깨닫는 것이나 생각하는 것이 아이 수준이겠지만, 장성한 사람이 되어서는 어린아이의 일을 버리는 법이다고전 13:11. 혼자 판단하며 자기 삶을 살아야 할 나이에 엄마의 '가르침'에 의존한다면, 착한 아이로 잘 길렀다는 칭찬보다는 멀쩡한 아이를 망쳐놓았다는 질타가 어울린다.

겸손과 순종의 이름으로 영적 마마보이를 양산하는 많은 '권위 있는' 목회자들은 주님의 심판대 앞에서 어떤 평가를 받을까? 목회자들이 바라는 건 자신의 목회에 도움 되는 '착한' 성도인가? 아니면 정말로 이 악한 세대와 맞설 수 있는 성숙한 성도인가?

히브리서가 말하는 '성숙'

히브리서 저자의 안타까움이 바로 여기에 있었다. 그는 멜기세덱에 관한 다소 '심오한' 이야기를 할 참이었다. 그런데 성도들이 그런 수준을 감당할 수 없음을 확인하고 좌절한다히5:11. 아이가 태어나 성장해 가듯, 회심한 성도들 역시 성숙의 길을 걸었어야 했다. 그래서 지금쯤 다른 사람들을 가르칠 수 있을 만큼 성숙했어야 했다.

그런데 현실은 그렇지 않았다. 시간이 거꾸로 흐른 것인지, 그들은 "다시" 말씀의 기초를 배워야 할 처지가 되었다.

> 때가 오래 되었으므로 너희가 마땅히 선생이 되었을 터인데 너희가 **다시** 하나님의 말씀의 초보에 대하여 누구에게서 가르침을 받아야 할 처지이니 단단한 음식은 못 먹고 젖이나 먹어야 할 자가 되었도다히5:12

막 태어나면 젖을 먹겠지만, 자라면서는 제대로 된 음식을 먹기 시작하는 법이다. 복음으로 태어난 성도들 역시 말씀의 "젖"을 먹는 단계를 넘어 어른을 위한 "단단한 음식"을 먹는 것이 자연스럽다. 그런데 여러 가지 이유로 인해 이들의 성장이 지체되고 있었다. 아니 퇴행적 양상마저 보였다. 시간이 가도 이들은 여전히 단단한 음식을 소화하지 못하며, 우유 외엔 아무것도 못 먹는 안타까운 수준에 머물러 있었다.

젖의 수준에 머무르는 아이는 어른의 단단한 음식을 먹지 못한다. 저자는 이 단단한 음식을 "의의 가르침""의의 말씀"이라 푼다13절. 의의 말씀이 무엇인지 확실치 않다. 이 표현을 사용한 교부 폴리캅에 따르면, 거룩함과 관련된 영적, 도덕적 가르침인 것으로 보인다. 영적 어린아이이란 바로 이런 의의 말씀에 대한 "경험이 없는"inexperienced 사람들이다. '경험이 없다'는 말이 시사하듯, 이는 교리적 지식의 부족함이 아니라 거룩함의 가르침을 삶에 적용하고 실천할 능력을 갖추지 못했다는 의미다. 영적, 도덕적 문제에 있어 전혀 "숙련되지 못한"NRSV에서는 "unskilled"를 사용함 상태에 머물러 있다13절.

반면, 단단한 음식을 먹는 장성한 사람들은 "지각을 사용함으로 연단을 받아 선악을 분별하는"14절 사람들이다. 문자적으로는 "훈련된 감각을 갖게 된" 사람들을 가리킨다. '감각'이란 본래 오감과 같은 감각기관을 가리키는데, 여기서는 영적, 도덕적 의미로 전용되었다. 말하자면, 영적이고 도덕적인 일들을 제대로 판단하고 실천할 수 있는 '감수성', 곧 스스로 선과 악을 분별할 수 있는 실천적 감수성을 가진 사람들이다. 영적 의미에서, 자랄 만큼 자라 이제 사람 구실을 하게 되었다는 의미와 다르지 않다.

물론 이런 감수성은 꾸준한 훈련의 결과다. 그리고 이 훈련된 상태가 바로 '성숙함'이다. "의의 말씀"을 경험적으로 체득한 상태, 곧 시행착오의 과정을 거쳐 이제는 스스로 선악을 분별할 수 있는 영적, 도덕적 감수성을 갖춘 상태다. 그러니까 아무것도 모르는 어린아이가 자라나면서 소위 '철이 드는' 과정과 같다. 애석하게도 히브리서의 수신자들은 이런 성숙의 과정을 거치지 못했고, 그래서 스스로 선악을 분별하는 성숙한 감각을 얻지 못했다. 그래서 저자는 한탄한다.

"시간이 얼마나 지났는데 아직도 그러고 있습니까?"

성숙을 위한 시행착오

성숙한 사람이 갖춘 판단력과 실행의 능력은 본능의 발현이 아니라 끊임없는 훈련과 경험의 산물이다. 그래서 우리에겐 성숙을 향한 훈련 과정이 필요하다. 물론 이 훈련의 대부분은 잘못된 판단과 잘못된 동작으로 채워진다. 하지만 애초에 없었던 감각을 얻으려 애쓰는 것이라 이런 시행착오는 피할 수 없다. 자기 숟가락으로 직접 먹겠다고 우기면서 식탁을 돼지 여물통으로 만드는 과정이 없이 '능숙한' 숟가락 사용법을 배울 수 없다. 물론 부모의 입장에서 이런 연습 과정은 때론 위험하고 때론 피곤하다. 이런 위험과 피곤을 면하기 위해 '대신'해 줘 버릇하는 것은 잘 자라도록 돕는 것이 아니라, 자라남의 기회 자체를 박탈하는 것이다.

아이는 끝없는 '어른 연습'을 통해 어른이 된다. 이처럼 영적 성숙의 과정 역시 주는 대로 받아먹는 고분고분함에서 벗어나 직접 먹으려는 연습이 필요하다. 물론 이런 영적 훈련의 대부분 또한 잘못된 판단과 잘못된 동작으로 채워진다. 하지만 어른에 걸맞은 영적 '감수성', 혹은 지각을 갖추기 위해서는 달리 방법이 없다. 물론 이런 시행착오의 과정은 위험하다. 목회자의 입장에서는 피곤할 수도 있다. 이런 위험이나 피곤을 피하기 위해 대신해 주거나 철저한 지침을 하달하는 것은 성도들이 잘 자라도록 돕는 것이 아니라, 자라남의 기회 자체를 박탈하는 것이다.

스스로 판단하고 스스로 실행하는 연습의 과정이 없이 성숙한 사람이 될 수 없다. 이처럼 영적 성숙의 과정도 많은 부분 미숙한 판단과 어색한 몸짓을 드러내는 과정으로 비칠 수밖에 없다. 하지만 그러한 연습 과정을 거치지 않으면 우리가 바라는 영적 감각은 획득되지 않는다. 고분고분한 마마보이보다는 고집불통 아이가 나중에 큰일 할 가능성이 크다는 소리는 괜히 나온 말이 아니다.

소아적 신앙과 성경 읽기

신앙의 소아병적 증상은 우리가 성경을 읽는 방식에서도 곧잘 확인된다. 굳이 성경을 열지 않아도 되는 뻔한 상황에서도 우리는 습관처럼 성경을 펴고 하나님의 뜻을 묻는다. 물론 부모님의 뜻을 잘 헤아리겠다는 자식처럼, 하나님의 인도를 받겠다는 태도가 나쁠 이유는 없다. 하지만 말씀의 인도라는 것이 매 순간순간 그 말씀이 적힌 '책'을 열어 보아야 하는 것은 아니다. 부모님의 의중을 헤아리는 것이 매번 부모님께 여쭙는 것과 다른 것처럼 말이다.

한번 생각해 보자. 비교적 단순한 사건을 맡고서도 법률 서적을 뒤적여서 그것을 기계적으로 적용하는 변호사를 본다면, 혹은 별로 어렵지 않아 보이는 증세를 검진하면서도 의학서적을 계속 뒤적여야 하는 의사를 본다면, 우리는 그 사람을 어떻게 여길까? 우리가 생각하는 명의名醫란, 오랜 진료 경험이 몸에 쌓여 굳이 책을 열지 않아도 증상을 진단하고 처방할 수 있는 사람이 아닌가. 삶의 성숙함, 아니 신앙의 성숙함이라고 해서 다를 이유가 없다. 매사에 성경을 펴야 하는 영성은 성숙한 순종의 표지라기보다는, 아직도 '짠밥이 모자라' 늘 고참의 눈치를 살펴야 하는 영적 이등병들의 모습에 더 가깝지 않은가?

엇갈리는 대화

물론 하나님이 다섯 살 아이와의 대화를 원하신다면 그런 방식이 맞을 것이다. 하지만 하나님이 우리에게 자기 뜻을 알리시는 방식은 그렇게 단도직입적이지 않다. 우리가 가진 하나님의 말씀은 하나님께서 오늘의 나를 위해 특별히 준비해 두신 '맞춤양복'이 아니다. 우리를 위한 하나님의 말씀은 본래 어떤 사람이 다른 누군가를 생각하며 적어 둔 글들의 모음이다.

물론 거기에는 그 글에 얽힌 저자들과 독자들의 문화상과 세계관, 그리고 그 글이 기록되어야 했던 특수한 상황들이 반영되어 있다. 그러니까 우리는 '다른 사람에 의한, 다른 사람을 위한, 다른 사람의' 말을 '하나님에 의한, 우리를 위한, 하나님의' 말씀으로 간주하며 읽는다. 애초에 다른 상황에 처한 다른 사람을 위한 말씀이 나를 위한 말씀이 될 때, 그 대화가 단도직입적일 수는 없다. 말하자면, 남의 이야기를 들려줌으로써 내 물음에 대한 답변을 도출해 내게 하는 방식이다. 굳이 말하자면, 간접적 대화의 방식인 셈이다.

비유를 달리하자면, 우리가 '경험'해야 할 '의의 말씀'은 우리가 무조건 따르기만 하면 되는 단답형 답안지가 아니다. 하나님의 수학능력시험은 답 자체를 외우기보단 답이 도출되는 원리를 알기 원하고, 기계적인 공식 암기보다는 문제 해결 능력을 우선시한다. 이웃이 누구냐고 물을 때 이야기를 들려주시는 예수님처럼, 당신의 뜻을 구하는 우리에게 하나님은 얼핏 우리와 상관없어 보이는 여러 이야기를 건네주신다. 단순한 삶을 위한 단순한 답변이 필요한 다섯 살 꼬마에게는 당혹함이겠지만, 삶의 새로운 상황은 언제나 '창조적 판단'을 요구한다. 그래서 우리에게는 상황에 대처할 '감각'이 필요하다. 그걸 아는 스물다섯 청년에게 필요한 대화법은 창조적 사유를 자극하는 대화다.

우리는 성경 말씀에 기초해 우리 삶 속에서 하나님의 뜻을 찾아간다. 하지만, 이는 무조건 외워 우리 삶의 답안지로 옮기는 단순노동이 아니다. 우리에게는 성인에 어울리는 영적 생활력과 영적 생활의 지혜가 필요하다. 그런 점에서 성경은 끊임없는 적용과 실천을 통해 영적 감각을 익히게 하고, 그럼으로써 스스로 선과 악을 분별하며 하나님의 뜻을 실천해 갈 수 있도록 돕는다. 말하자면, 일종의 훈련 지침서와 같다.

영적 지체 혹은 가장된 순진함?

성인이 아이처럼 행동한다면 이는 둘 중 하나다. 영적 지체라는 장애를 앓고 있거나, 아니면 일부러 다섯 살 흉내를 내는 것이다. 실제 많은 '착한' 성도들은 그 영적 지능이 다섯 살에 머무는 경우가 많다. 엄마'우리 목사님' 없이는 아무것도 하지 못하는 사람들이다. 자의든 타의든, 책임 있는 삶을 위한 영적 감각 자체를 갖추지 못한 경우들이다.

하지만 우린 때때로 음흉한 의도로 다섯 살의 순진함을 흉내 내기도 한다. 억지로 찾아낸 말씀을 빌미 삼아 원치 않는 결정을 회피하거나, 나의 불순종을 성경 구절로 정당화하려는 정치적 제스처다. 마치 귀찮은 부탁을 거절하고 싶을 때 "기도해 보겠다"라는 고상한 언어를 빌리는 것처럼, 재주껏 성경을 뒤적여 내가 원하는 답변을 만들어 낸다.

사실 이런 행태는 세상이 즐기는 '코드' 문화나 '점괘' 문화처럼 자기 숭배적 미신을 좇는 것과 그리 멀지 않다. 헛된 초월의 논리로 성숙한 책임을 피하고 싶거나, 혹은 경건의 논리를 빌어 세속적 욕구를 포장해 보려는 그런 욕구다. 사주팔자나 손금 대신 성경 말씀을 이용한다는 것이 다르다면 다를까. 그러기에 어른의 대화로 성경을 읽으려는 노력은 동시에 성숙한 신앙적 삶을 연마하기 위한 노력이기도 하다.

미래를 생각하는 믿음

오지 않은 미래에 대한 우리의 생각은 불가불 지금 만지고 있는 현재에 대한 우리의 생각에 좌우된다. 현재가 피하고 싶은 고통의 시간일 경우, 우리는 상상의 나래를 타고 지금과는 다른 세상을 꿈꾼다. 소위 "낮에나 밤에나 눈물 머금고 내 주님 오시기만 기다리는" 그런 희망이다. 반면 현재가 상당히 살만한 시간이라면, 우리가 그리는 미래 또한 행복한 현재와 비슷해진다.

여기서 한 걸음 더 나가면, 미래가 사실상 무의미해지기도 한다. "우리가 여기 있는 것이 좋사오니"마17:4라고 했던 변화산 위의 베드로처럼, '이대로가 좋은' 현재의 시간적 연장 이상도 이하도 아니다. 미래에 대한 우리의 기대 자체가 '보다 나은' 무언가를 향한 바람의 표현이다. 그런데 오늘 이미 충분한 행복을 누리고 있다면, 굳이 미래를 운운할 필요가 없기 때문이다.

현재에 대한 집착

나의 느낌이 보편화될 수 있다면, 많은 그리스도인의 의식 속에서 미래는 사라진 시간에 속한다. 성경은 시종일관 미래에 관한 언어로 가득 차 있지만, 우리는 다양한 방식으로 미래의 언어들을 '현재화'한다. 복음서에서 예수님께서 선포하신 메시지의 핵심인 하나님의 나라는 대부분의 경우 미래에 도래할 나라로 제시된다. 지금이 아니라 나중에 우리가 상속받고 들어가야 할 나라다.

하지만 이것이 전부는 아니다. 하나님 나라는 미래에 우리가 들어가야 할 곳이기도 하지만, 이미 실현되어 우리 가운데 현존하는 나라이기도 하다. 적어도 몇몇 구절은 분명히 그렇게 말하는 것처럼 보인다. 그런 이유로 하나님의 '나라'는 종종 하나님의 '통치'라는 말로 바꿔어 표현된다. 그리고 우리는 대부분 시간을 이 천국의 현재성을 음미하는 데 소모한다. 하나님 나라에 관한 복음서의 많은 구절 중 천국의 현재성을 말할 수 있는 구절은 많아야 두어 구절에 지나지 않지만마12:28; 눅17:20~21. 그러한 사실은 여기서 별로 중요치 않다. 여기서 우리의 태도는 자기가 원하는 증거만 골라내고 나머지 증거들은 조용히 감추어 버리는 변호사의 태도와도 닮았다. 여기서는 어떻게 하나님 나라라는 하나의 실재가 현재 실현된 것이기도 하고, 또 미래를 기다려야 하는 것일 수 있을까 하는 '상식적인' 물음조차 생겨나지 않는다.

기독교적 약속을 통칭하는 구원 역시 마찬가지다. 그리스도인들의 일상적 대화 속에서 구원은 거의 전적으로 현재화된 개념에 속한다. 길게 설명하라면 미래적 차원 역시 언급하겠지만, 통상적인 그리스도인들의 의식 속에서 구원은 이미 주어진 것 이상도 이하도 아니다. 이미 주어진 것이기에, 구원에 대한 우리의 관심은 "어떻게 미래의 구원에 이를까?"가 아니라, "이미 얻은 구원을 어떻게 확신할 수 있을까?"에 쏠린다. 그래서 구원에 관한 많은 이야기는 '구원의 확신'이라는 주제 주변을 맴돈다.

구원에 이르는 유일한 열쇠인 믿음 역시 마찬가지다. 장차 우리를 구원으로 인도하는 삶의 자태로서보다는 이미 주어진 구원을 알아채는 심리적 '확신'의 문제로 이해된다. 그래서 선교단체의 신앙 지도는 많은 부분 그리스도인의 삶을 더 신실한 것으로 바꾸려는 노력 못지않게 구원에 대한 확신을 더욱 확실한 것으로 만들려는 답답한 노력으로도 나타난다.

믿음의 대상이 되어 버린 구원

구원의 확신이 하나의 신앙적 문제로 대두되는 것은 일견 당혹스럽다. 성경 어디에서도 "구원을 얻었다는 것을 믿으라"는 식의 주문을 발견할 수 없다는 사실도 문제지만, 자기가 소유하고 있는 것을 믿으려고 애쓴다는 것이 우스꽝스럽기도 하기 때문이다. 구원을 받긴 했지만 그걸 알 도리가 없고, 그래서 신앙의 힘으로 '믿어야' 한다. 이런 구원을 우리는 어떻게 불러야 할까?

성경 역시 보이지 않는 것을 "믿어야 한다"고 역설하지만, 이러한 믿음은 '보이지 않는' 것, 다시 말해 아직 존재하지 않는 미래를 향한 믿음을 가리킨다. 아직 실현되지 않았으므로 우리 눈에 보이지 않는다. 그래서 우리는 인내하면서 기다린다.

> 24우리가 소망으로 구원을 얻었으매 보이는 소망이 소망이 아니니 보는 것을 누가 바라리요 25만일 우리가 보지 못하는 것을 바라면 참음으로 기다릴지니라롬8:24~25

믿음은 우리가 장차 얻을 것으로 "바라는 것들의 실상"이자, 아직 실현되지 않아 "보지 못하는 것들의 증거"이지히11:1, 이미 갖고서도 그것을 알아채지 못하는 상황을 위한 심리적 단서는 아니다.

상식적으로 구원의 현재성이라는 말은 모순이다. 현재 삶의 실상에서 눈을 돌리지 않는 한, 이를 두고 "하나님 나라가 실현되었다"라거나 "구원이 이루어졌다"라고 말하기는 어렵기 때문이다. 메시아가 왔다고 떠들썩한 성탄 무렵, 눈 내리는 창밖을 바라보며 "메시아가 왔다면 아직도 이럴 리가 없어"라며 고개를 저었다는 한 랍비의 일화는 솔직함과 불신은 다르고, 믿음은 말장난으로 치부될 수 없다는 사실을 되새기게 한다. 분명 메시아는 오셨다. 하지만 우리는 그 역설적 오심의 함의를 지나치게 몰아가는 것은 아닐까?

성경이 약속하는 구원의 세계는 분명 지금 우리가 경험하는 세계와는 다르다. 그런데 우리는 이 구원이 현실이 되었다고 말한다. 도대체 무슨 뜻인가? 우리가 그토록 고대하는 구원이란 만질 수도 없고 맛볼 수도 없는, 하지만 실재하는 것으로 믿어야 하는 어떤 것인가?

구원, 미래의 소망

구원의 현재성에 익숙한 우리에게는 오히려 어색하겠지만, 성경적 용법으로 구원이란 본래 미래에 주어질 어떤 것이다. 그래서 영생이나 하나님 나라의 개념과 사실상 겹친다. 적어도 시간적으로는 그렇다.

한 관리가 예수님께 "내가 어떻게 해야 영생을 얻을 수 있습니까?" 하고 묻는다눅18:18. 예수님께서는 재산을 모두 팔고 자기를 따라오라고 말씀하신다. '엄청 부자였던' 그 사람이 받아들이기엔 어려운 주문이다. 그래서 그는 고개를 떨구고 돌아선다. 이 모습을 보고 예수님께서 말씀하신다. "부자가 하나님 나라에 들어가는 것보다 낙타가 바늘귀로 들어가는 것이 더 쉽다"눅18:25. 그러자 옆에서 이 말씀을 들은 사람들은 "그렇다면 누가 구원을 얻을 수 있을 것인가?" 하고 놀란다눅18:26. 여기서 보는 것처럼, 영생을 상속하는 것이나 하나님 나라에 들어가는 것이나 구원을 얻는다는 것은 모두 같은 의미로 사용된다. 곧 미래에 우리가 바라는 구원을 얻는다는 말이다.

야고보 사도는 행위와 결합하지 않은 '빈 믿음', 곧 죽은 믿음은 결코 우리를 구원할 수 없다고 못을 박는다. 그런데 여기서 말하는 구원 역시 마지막 때의 구원을 가리킨다.

> 내 형제들아 만일 사람이 믿음이 있노라 하고 행함이 없으면 무슨 유익이 있으리요 그 믿음이 능히 자기를 구원하겠느냐약2:14

구원이 미래의 선물이라는 것은 바울서신에서도 마찬가지다. 구원이 미래 기다림의 대상이라는 점에서 현재 우리에게 주어진 칭의나 화목과는 구별된다. 바울은 현재의 칭의, 혹은 화목함이 미래 구원의 토대라고 말한다. 우리는 현재 그리스도를 통해 의롭다 하심을 얻고 화목하게 되었다는 사실에 근거하여 우리가 미래에 확실하게 구원받을 것을 알 수 있다롬5:9~10. 처음 믿을 때보다 구원이 더 가까워진 것은 사실이다. 하지만, 그렇다고 해서 이 구원이 이미 실현된 것은 결코 아니다.

> 11또한 너희가 이 시기를 알거니와 자다가 깰 때가 벌써 되었으니 이는 이제 우리의 구원이 처음 믿을 때보다 가까웠음이라 12밤이 깊고 낮이 가까웠으니 그러므로 우리가 어둠의 일을 벗고 빛의 갑옷을 입자롬13:11~12

물론 바울은 우리가 "구원을 얻었다"라고도 말할 수 있었다롬 8:24. 하지만 여기서도 이 구원은 "소망으로"라는 말의 제한을 받는다. 우리가 바라는 구원은 아직 나타나지 않았다. 따라서 우리는 인내하며 이를 기다려야 한다는 권면에서 분명히 드러나는 것처럼 롬8:24~25, "소망으로 구원을 얻었다"라는 말은 오히려 구원의 미래성을 강조하는 역설적인 표현에 가깝다.

우리가 지금 그리스도를 믿고 즐거워하는 것은 이미 구원을 얻었기 때문이 아니다. 이 믿음의 마지막 결과가 "영혼의 구원"이기 때문이다벧전1:9. 말하자면, 구원은 지금 우리가 '확신해야 할' 대상이 아니라 인내하며 기다려야 할 미래의 선물이다. 구원 얻었다는 사실을 애써 믿으라는 것이 아니라, 믿으면 장차 구원을 얻게 될 것이라는 말이다.

> 네가 만일 네 입으로 예수를 주로 시인하며 또 하나님께서 그를 죽은 자 가운데서 살리신 것을 네 마음에 믿으면 구원을 받으리라
> 롬10:9

믿음이 소망과 사실상 동의어가 되는 것이 바로 이런 이유에서다가령 히브리서 11장의 믿음은 모두 앞을 바라보는 소망과 구분되지 않는다.

구원의 현재

물론 성경은 구원을 미래 시제로만 말하는 것은 아니다. 에베소서나 디모데후서 같은 곳에서 구원은 분명 이미 이루어진 사실로 나타난다. 바울은 에베소서에서 하나님께서 죄와 허물로 죽었던 우리를 그리스도와 함께 살리셨다고 말한다. 그리고 이것은 바로 우리가 "은혜로 구원을 얻었다"는 설명이 덧붙는다엡2:5. 잠시 뒤 바울은 동일한 진술을 반복한다. "너희는 은혜로 믿음으로 말미암아 구원을 얻었다"엡2:8. 여기서 바울은 분명 우리가 회심이라 부르는 그 시점의 변화에 대해 말한다. 이를 두고 그는 "구원을 받았다"라고 말한다. 그러니까 이 '구원'은 우리가 고대하는 마지막 심판 때의 구원과 다르다.

디모데에게 보내는 두 번째 편지에서도 그는 이렇게 말한다.

> 하나님이 우리를 구원하사과거형 거룩하신 소명으로 부르심은 우리의 행위대로 하심이 아니요 오직 자기의 뜻과 영원 전부터 그리스도 예수 안에서 우리에게 주신 은혜대로 하심이라딤후1:9.

이런 구절들을 들어 우리는 구원이 미래인 만큼 또한 현재이기도 하다고 주장할 수 있다. 많은 학자들 역시 이런 주장을 펼치며 구원의 '이미'와 '아직'에 관해 말한다. 하지만 이런 식의 설명은 바울의 논증을 읽는 자연스러운 방식은 아니다. 문제는 우리가 '구원'

이라는 하나의 고착된 개념에서 시작한다는 데 있다.

바울이 편지를 쓸 당시 구원이라는 말은 신학적 언어일 수도 있었지만, 또한 여러 가지 의미로 활용이 가능한 일상적 단어이기도 했다. 그래서 바울은 감옥에서의 출옥을 두고 "나의 구원"빌1:19이라고 부를 수도 있었고, 바다에 빠져 죽지 않고 살아남는 것을 두고도 "구원을 얻는다"라고 말할 수 있었다행27:20, 31. 그러니까 우선 중요한 것은 바울이 '구원'을 말할 때, 그것이 구체적으로 무엇을 가리키는지를 확인하는 일이다.

위에 언급한 두 구절에서 바울이 언급하는 '구원'은 모두 우리가 '회심'이라고 말하는 정황을 묘사한다. 그러니까 여기서 말하는 '구원'은 예수님의 재림 때 우리에게 주어질 구원이 아니라, 우리가 경험한 회심을 가리킨다. 여기서 바울은 이 회심, 이 부르심이 하나님의 은총에 근거한 것임을 역설하는 것일 뿐, 미래적 구원이 현재에 이미 실현되었다는 식의 생각을 드러내는 것은 아니다. 회심을 구원이라는 말로 묘사하고 나서도 미래적 소망은 여전히 생생하다는 사실, 그리고 그 소망에 이르는 과정도 긴장 가득하기는 마찬가지라는 사실은 "미래 구원이 이미 이루어졌다"라는 식의 생각이 바울의 실제 의도와는 멀다는 사실을 잘 말해 준다엡4:30; 5:5~6; 6:10~20; 딤후2:10; 3:1, 15; 4:1.

과거와 대조되는 현재

바울이 회심의 경험에 부활이나 구원과 같은 용어를 적용하는 것은 현재 상황이 우리의 과거와는 판이하게 다르다는 사실을 강조하기 위함이다. 에베소서 2장에서 이는 "허물과 죄로 죽었던"1절 우리의 과거와 "선한 일을 위해 지으심을 받은"10절 현재 사이의 대조로 나타난다. 이 양자 간에는 죽음에서 새로운 생명에로의 부활, 혹은 구원이라는 과격한 개념이 필요할 만큼 근본적인 단절이 놓여 있다. 따라서 이런 불순종의 과거가 신자들의 현재에 다시 나타나서는 안 된다. 바로 이 단절을 강조하기 위해 바울은 죄와 허물로 규정되는 우리의 '그때'와 새로운 창조로 규정되는 우리의 '지금'을 대조한다.

그러니까 여기서 말하는 부활, 혹은 구원은 "죄와 허물 속에서의 죽음으로부터" 살리심을 받는 것이며, 그러한 죽음으로부터 '구원받는' 것을 의미한다. 그러니까 여기 동원된 부활과 구원의 언어는 모두 우리의 현재와 과거를 끊어놓으려는 의도의 표현이다. 과거의 죄와 죽음을 생각하면, 현재 우리의 삶은 분명 구원과 부활로 설명될 수 있다. 그러니까 최종적인 의미에서의 구원이나 부활이 아니라, 우리가 저지르던 죄악으로부터의 구원, 곧 우리를 덮었던 죽음으로부터의 살아남이다.

이처럼 우리의 회심을 구원과 부활로 설명하는 것은 현재의 믿음과 과거의 죄악된 삶 사이의 대조를 부각하여 보다 확실한 순종의 삶을 격려하려는 목회적 의도를 드러낸다. 따라서 이러한 움직임은 미래의 부활과 구원을 현재로 당겨오려는 신학적 성급함이 아니다. 그리스도의 재림과 하나님의 심판으로 대변되는 우리의 미래는 신학적 말장난으로 조작할 수 있는 것이 아니다. 그 미래에 이르는 과정이 “살아 있는 믿음”, 곧 “행위와 함께 일하는” 믿음이 요구된다는 사실 또한 변하지 않는다. 하나님의 시간을 우리가 조작할 수 없다면, 그리고 하나님의 심판이 이미 이루어졌다고 말할 수 없다면, 우리는 이런 구원이 ‘이미’ 주어졌다고 말할 수 없다.

Back to the Future

미래를 향한 관심을 회복하는 것은 현재에 매몰된 우리를 발견하는 것과 같다. ‘천당 아래 분당’이라는 농담도 있지만, 미래에 대한 우리의 무관심은 현재에 대한 우리의 집착과 이어진다. 물론 오늘을 벗어날 수 없는 한, 우리는 현재에 대해 무관심할 수 없다. 따라서 미래에 대한 관심, 혹은 소망을 회복하자는 것은 현재로부터 눈을 돌리자는 주문이 아니다. 오히려 미래의 소망에 눈을 뜨자는 주문은 미래로부터 오는 소망의 빛을 회복함으로써 오늘의 삶을 보다 분명히 바라보자는 것이다.

현세대의 특징은 현재가 비추는 빛으로 현재를 살아가는 데 있다. 반면, 임박한 미래의 관점에서 현재를 다시 보고, 이 미래의 관점에서 오늘을 살아가는 것이 종말론적 신앙의 특징이다. 밤이 깊고 아직 낮은 아니다. 그래서 아직 "낮이 되었다"라며 흥분할 수는 없다. 그러나 이 낮을 기대하며, 어둠의 일을 벗고 낮처럼 단정히 행하는 것, 바로 이것이 오늘에 미치는 미래의 충격이다.

> 12밤이 깊고 낮이 가까웠으니 그러므로 우리가 **어둠의 일을 벗고**
> 빛의 갑옷을 입자 13**낮에와 같이 단정히 행하고** 방탕하거나 술 취
> 하지 말며 음란하거나 호색하지 말며 다투거나 시기하지 말고 14오
> 직 주 예수 그리스도로 옷 입고 정욕을 위하여 육신의 일을 도모하
> 지 말라롬13:12~14

희망, 오늘을 지탱하는 힘

우리는 현재를 살아간다. 물론 우리 의식 속에는 어제도 있고 내일도 있다. 어제는 내가 살았던 시간에 대한 추억이고, 내일은 살게 될 시간에 대한 예측이다. 사실 과거나 미래는 의식의 산물일 뿐 실제로 존재하는 시간은 아니다. 필자가 다른 곳에서 말한 것처럼, 과거나 미래는 모두 현재라는 노래를 더 구성지게 불러보려는 색다른 곡조들일 수 있다.

그런데도 불구하고 우리는 어제나 미래로부터 자유롭지 않다. 우리가 걷는 땅은 현재뿐이지만, 우리의 걸음은 어제로부터 이어져 왔고, 또 내일을 향해 열려 있다. 뒤로는 과거와 얽히고 앞으로는 미래와 얽힌다. 이 시간의 얽힘은 단순한 연장이 아니다. 원하건 원하지 않건 어제와 내일은 나의 오늘을 뒤흔든다. 어제의 넘어짐은 오늘의 상처가 되고, 내일의 어두움은 오늘 나의 자리에 그림자를 드리운다.

내일을 바라보는 오늘

우리는 분명 오늘을 걸어가지만, 오늘 내 걸음의 힘은 내일로부터 온다. 우리는 이것을 희망이라 부른다. 때로 내일에 대한 불안한 예감에 힘이 빠지기도 한다. 여기에는 절망이라는 익숙한 이름이 붙는다. 오늘이 내일을 향해 열린 공간이라면, 내일을 말하지 않고 오늘을 설명하기는 어렵다. 더구나 현재가 '고난', 혹은 '박해'의 파도에 휩쓸릴 때, 내일을 향한 희망은 오늘의 어둠을 견디게 하는 유일한 구명선으로 작용한다.[57]

우리의 삶이 믿음의 삶이라는 점에서, 인생 이야기는 곧 믿음에 관한 이야기이기도 하다. 우리는 믿음으로 현재의 삶을 살지만, 현재의 믿음은 과거 십자가에 대한 '추억'과 나누어질 수 없고, 또 미래 영광에 대한 '기대'와 떨어질 수 없다. 그래서 우리의 믿음은 소망과 나누어지지 않는다. '소망'이라고 하면 우리는 먼저 먼 미래를 떠올리지만, 실상 소망 역시 현재 우리의 모습을 그린 또 하나의 초상에 해당한다. 우리의 오늘은 내일을 바라보는 오늘이다.

믿음과 소망

데살로니가전서에서 바울은 성도들의 삶을 "믿음의 행위개역개정에는 "믿음의 역사"로 번역되어 있다, 사랑의 수고, 소망의 인내"라는 세 마디로 요약한다살전1:3. 물론 이들은 우리 삶을 세 영역으로 구획하는 것이 아니다. 우리의 삶 자체를 서로 다른 각도에서 부르는 이름들이다.

우리의 삶이 믿음의 산물이기에 삶의 몸짓은 불가불 믿음의 행위로 규정된다. 사람들의 공동체에서 이런 믿음의 행위는 응당 서로를 향한 사랑의 수고로 나타난다. 여기에 소망이라는 차원이 더해진다. 믿음과 사랑이라는 현재는 동시에 소망의 인내라는 이름으로 불린다. 미래를 바라보며 그 희망으로 견디는 삶이기 때문이다. 믿음의 행위와 사랑의 수고로 인내하는 것은 우리에게 미래가 있기 때문이다. 우리는 믿음과 사랑의 몸짓으로 미래를 그려간다.

소망을 품는 믿음

히브리서 11장은 '믿음장'이라 불린다. 전체가 "구름같이 둘러싼 허다한 증인들"의 열전이다히12:1. 달리 증인이 아니라 믿음의 속내를 삶으로 실증해 보인 '믿음의 용사들' 이야기다.

그런데 이 부분을 찬찬히 살펴보면, 이들의 삶은 믿음에 관한 이야기인 만큼 또한 소망에 관한 이야기이기도 하다는 사실을 알게 된다. 사실 믿음이란 처음부터 미래를 두고 하는 말이다. 믿음이란 "우리가 희망하는 것들"을 현실로 보게 하는 확신이며, "눈에 드러나지 않은 미래"를 확실하게 해 주는 "증거"다1절. 하나님께 나아가는 우리는 당연히 그가 계신다는 사실을 믿는다. 더해서, 하나님을 향한 믿음은 그분께서 "자기를 찾는 자들에게 갚아주시는 분"이라는 신념을 포함한다6절.

> 믿음이 없이는 하나님을 기쁘시게 하지 못하나니 하나님께 나아가는 자는 반드시 그가 계신 것과 또한 그가 자기를 찾는 자들에게 상 주시는 이심을 믿어야 할지니라히11:6

믿음의 여정이 완성될 미래를 향해 뻗은 길이라면, 본질상 믿음이란 미래를 향한 믿음일 수밖에 없다.

믿음이 좋았던 노아는 "아직 보이지 않는 일"에 관한 경고를 받고 맑은 하늘 아래 방주를 준비했다7절. 아브라함은 어디로 갈지 알지도 못하면서 "장차 유산으로 받을 땅"으로 순종하여 나갔다8절. 그가 머문 곳은 "약속의 땅"이었고, 그의 가족들은 "동일한 약속을 유산으로 함께 상속할" 공동상속자들이었다9절. 그 믿음의 핵심은 "하나님께서 설계자요 건축자이신 기초 있는 도성을 바랐다희망했다"는 것이었다10절. 이삭의 탄생에서도 드러나듯, 아브라함의 믿음은 "약속하신 분"을 믿는 미래적 믿음이었다11절. 아브라함의 가족들은 모두 믿음을 따라 살다 죽었다. 그들은 모두 "약속한 것을 받지 못하였으나 그것을 멀리서 바라보고 환영하며" 주어진 나그네 인생을 살았다13절. 이런 믿음으로 인해 하나님은 "그들의 하나님이라 불리는 것을 부끄러워하지 않으셨다."

그들이 이제는 더 나은 본향을 사모하니 곧 하늘에 있는 것이라 이러므로 하나님이 **그들의 하나님이라 일컬음 받으심을 부끄러워하지 아니하시고** 그들을 위하여 한 성을 예비하셨느니라히11:16

모세 역시 죄악의 즐거움보다는 의로운 고난을 더 낫게 생각했다. 그리스도를 위한 비방을 이집트의 보화보다 더 큰 재물로 여겼다. 그가 이런 믿음을 가진 것은 하나님께서 그에게 "보상해 주실 것을 바라보았기" 때문이었다24~26절. 홍해를 마른 땅같이 건너게 하는 믿음은 보이지 않는 하나님을 보이는 것처럼 참고 견디는 믿음이기도 하다27, 29절. 한마디로 믿음의 용사들이란 "더 좋은 부활을 얻고자" 굳이 현재의 목숨을 구걸하지 않았던 소망의 사람들이었다35절.

소망을 새롭게 하는 그리스도

그 믿음을 인정받은 믿음의 용사들은 약속하신 것을 실제 누리지는 못했다39절. 말하자면, 그들의 믿음은 언제나 미래형이었다. 그들이 바라보던 "더 좋은 것"은 그리스도를 통해 주어지는 것이며, 그런 의미에서 이것은 우리를 위해 준비된 것이라 할 수 있다40절. 이제 그리스도의 오심과 더불어 "장차 올 좋은 일의 그림자"는 가고, 그 좋은 것들의 "참 형상", 곧 실물 자체가 나타났다히10:1. 말하자면, 우리의 시대는 약속이 성취로 이행하는 시대다히9:11; 10:14.

하지만 그렇다고 우리의 믿음이 과거 지향적으로 바뀌는 것은 아니다. 그리스도가 놓으신 성취의 초석은 미래를 과거로 바꾸는 것이 아니라, 미래의 기대를 더욱 확실한 소망으로 만든다. 십자가가 신앙을 과거로 돌려놓았다면 미래지향적 신앙을 길게 논하는 자체가 무의미했을 것이다. 반대로 그리스도 사건은 옛적 믿음과 소망의 용사들을 더욱 중요한 인물들로 부각시킨다.

앞을 바라보는 그리스도의 믿음

그럴 수밖에 없는 것은, 그리스도 자신이 옛적 영웅들과 동일한 믿음을 발휘한 분이기 때문이다. 믿음의 증인들에 관한 이야기 제일 마지막에, 혹은 그 절정에 그리스도가 등장한다. 예수님께서는 우리 "믿음의 창시자요 완성자"시다히12:2, 새번역. 우리 믿음을 개척하시는 분이며, 동시에 그 믿음을 완성하시는 분이다.

그런데 그가 개척한 믿음이란 "자기 앞에 놓여 있는 즐거움을 위하여" 십자가를 기꺼이 참으신 그런 믿음이었다. 그는 극심한 고난을 겪었지만, 그의 고난은 온전함에 이르는 불가피한 과정이었다히2:10. 우리 중 하나와 같이 되었던 그는 "그 받으신 고난을 통해 순종함을 배웠고", 이로 인해 "자기에게 순종하는 모든 이에게 영원한 구원의 근원이 되셨다"히5:8~9.

예수님으로부터 배우는 소망의 믿음

히브리서 저자는 바로 이 "예수를 바라보자"라고 우리를 권한다 히12:2. 앞을 바라보며 현재의 고난을 참으셨던 그리스도를 깊이 생각하며히3:1, 우리 역시 "인내로 우리 앞에 놓인 길을 달려 간다"히12:1. 그리스도에 관한 묵상은 우리에게 미래를 소망하며 현재를 인내할 힘을 불어넣는다. 그리스도의 십자가는 우리에게 "약속하신 분은 신실한 분이시다"라는 사실을 가장 분명하게 상기시키기 때문이다.

이렇게 보면, 그리스도의 십자가는 약속 자체의 성취라기보다는 약속의 재확인에 가깝다. 바로 이런 의미에서 하나님의 모든 약속은 그리스도 안에서 "예"가 된다고후1:20. 출발에 앞서 비행기 예약을 재확인하듯, 그리스도는 우리를 향한 하나님의 약속을 참된 것으로 만들어 준다. 그래서 우리는 "소망에 대한 신앙고백믿음을 굽히지 말고 굳게 지키자"개역개정, "우리가 믿는 도리의 소망을 움직이지 말며 굳게 잡고"라고 번역하였다라는 권면을 듣는다히10:23. 그리고 이러한 권면에는 "그 날이 가까워지는 것을 볼수록"이라는 수식이 붙는다히10:25.

> 23또 약속하신 이는 미쁘시니 우리가 믿는 도리의 소망을 움직이지 말며 굳게 잡고 24서로 돌아보아 사랑과 선행을 격려하며 25모이기를 폐하는 어떤 사람들의 습관과 같이 하지 말고 오직 권하여 그 날이 가까움을 볼수록 더욱 그리하자

미래를 바라보는 인내

미래의 약속이 견고할 때, 현재의 고난은 무의미한 고통을 넘어 미래를 향한 담금질이 된다. 현재 히브리서의 독자들은 이런 고난에 처해 있다. 아직 죽음에 이르는 정도는 아니지만, 그들은 "죄와 싸우는" 상황이다히12:4.

하지만 죄와 싸우는 이 상황은 그저 막연한 고통은 아니다. 오히려 현재의 어려움은 우리의 아버지가 되신 하나님께서 사랑하는 자녀를 훈육하는 교육적 징계에 해당한다히12:5~8. 따라서 현재의 고난은 우리로 하여금 하나님을 잊게 만드는 것이 아니라, 오히려 하나님을 더욱 공경하게 만드는 것이 마땅하다히12:9. 물론 현재의 징계는 즐거운 경험이 아니다히12:11. 하지만 이런 징계를 통한 연단은 우리로 하여금 하나님의 거룩함에 참여하도록 만들고, 결국 의로움과 평화의 열매를 맺게 한다히12:10~11.

> [9]또 우리 육신의 아버지가 우리를 징계하여도 공경하였거든 하물
> 며 모든 영의 아버지께 더욱 복종하며 살려 하지 않겠느냐 [10]그들
> 은 잠시 자기의 뜻대로 우리를 징계하였거니와 오직 하나님은 우
> 리의 유익을 위하여 그의 거룩하심에 참여하게 하시느니라 [11]무릇
> 징계가 당시에는 즐거워 보이지 않고 슬퍼 보이나 후에 그로 말미
> 암아 연단 받은 자들은 의와 평강의 열매를 맺느니라

제대로 바라보면, 현재의 고난은 미래를 가리는 장애물이 아니라 미래로 나가는 유일한 통로다. 바울의 말처럼, 환난은 인내를 낳고, 인내는 연단된 인격을 낳으며, 이 연단된 인격은 우리의 소망을 현실로 만든다롬5:3~4. 우리가 그리스도를 바라보며 그와 함께 고난의 삶을 인내한다면, 또한 그와 더불어 미래의 영광을 누리게 된다롬8:17. 현재 우리가 발을 딛고 선 곳에는 영원한 도성이 없기에, 우리는 앞으로 주어질 새로운 도성을 바라본다히13:14. 이 소망을 마음에 품고 우리는 그리스도께서 받으신 수치를 어깨에 걸머지고 성문 밖에 계시는 그리스도께로 나아간다히13:13.

소망 새롭게 하기

굳이 복음이 필요 없을 만큼 살기 좋은 세상이다. 우리가 뱉는 온갖 불평들은 어찌 보면 행복에 겨운 교성에 가깝다. 이처럼 현재가 그럴듯할 때 미래에 대한 소망은 위력을 잃는다. "낮에나 밤에나 눈물 머금고 내 주님 오시기만 기다리는" 신앙은 일제시대를 위한 것이지 1인당 국민총소득 이만 불, 삼만 불의 시대를 위한 것은 아니다. 교회 역시 이런 현재 속을 헤엄친다. 그 속에서 미래를 말하기는 쉽지 않다. 그래서 우리 또한 미래의 의미를 밝혀내어 그것에 승부를 걸기보단, 현재의 행복에 겨워 거기에 세례를 베풀기에 정신이 없다.

수백억을 들여 '천막'을 짓는 우리에게서 장래를 향한 소망을 읽기란 어렵다. 우리 교회의 몸짓 대부분은 내일의 영광보단 오히려 오늘의 승리를 위한 땀 흘림처럼 보인다. 혹 오늘 우리 교회는 '먹고 마시고 장가 가고 시집 가는' 오늘의 삶에 파묻혀 구원과 심판이란 이름의 내일의 도래를 잊은 것은 아닐까? 오늘의 우리에게 장래의 소망은 과연 무엇일까? 찬물 끼얹는 훼방꾼일까, 오늘을 견디게 하는 복음일까?

능력, 천국의 열쇠

말과 글의 허망함

한때는 글쓰기가 좋았다. 내 글이 좋다는 이들도 제법 있었다. 그러다가 글쓰기가 재미없어졌다. '참을 수 없는 글의 가벼움' 때문이었다. 아름다운 시에 감동하다가도, 그 시를 쓴 시인의 삶에 실망하곤 했다. 그 멋진 세계를 그려낸 시인 자신도 감동시키지 못하는 글의 무력함이 허망했다. 심오한 철학의 세계에 놀라다가도, 그 철학을 생각해 낸 사람의 삶에 실망했었다. 그 심오한 세계를 그려낸 철학자 자신도 움직이지 못하는 생각의 허망함에 절망했다.

글은 한없이 아름다울 수 있었지만, 그 아름다움이 삶을 움직이지는 못했다. 그럴 때엔 아름다움이 오히려 추하게 보였다. 우리의 말은 늘 우리의 삶을 앞지른다. 그래서 뒤뚱거리는 삶과 발 빠른 말 사이엔 늘 좁혀지지 않는 거리가 자리했다. 신앙의 영역으로 옮겨와도 말과 삶 사이의 거리는 좁혀지지 않았다.

『천국의 열쇠』라는 소설이 있었다. 말로 신앙을 고백하지는 못하지만, 그 삶이 너무나도 희생적이었던 한 의사에 관한 이야기다. 자세한 내용은 기억나지 않지만, 아마 저자의 물음은 이랬을 것이다. "무엇이 진정한 천국의 열쇠인가?" "'오직 믿음'인가, 아니면 우리의 '삶' 자체인가?" 어쩌면 우리는 이 소설이 가톨릭적 관점을 반영한다고 무시할 수 있을지 모른다. 하지만 이는 그리 쉬운 질문이 아니다. 오히려 이 소설은 '참을 수 없는 우리 믿음의 가벼움'을 폭로하고 있는 것은 아닐까? 우리가 천국의 열쇠라고 말하는 그 믿음은 정말 천국의 육중한 문을 열 수 있을 만큼 튼튼한 것일까?

공평하신 하나님?

시편에 보면 억울한 상황에 처한 시인이 하나님의 도우심을 구하는 기도가 자주 등장한다. 복음성가를 통해 그 일부가 잘 알려진 시편 62편도 그중 하나다. 시 속에 묘사된 시인의 상황은 거의 절망에 가깝다. 그는 지금 "넘어지는 담"이나 "흔들리는 울타리"와 같은 형편에 놓였다3절. 다른 모든 사람이 시인 한 사람을 겨냥하여 달려들고, 높은 곳에서 떨어뜨리려고 공모한다3~4절. 구체적인 정황은 알 도리가 없지만, 시인이 인식하는 위험의 본질은 거짓이다. "입으로는 축복"을 말하면서 "속으로는 저주"를 의미하는 이율배반,

이 거짓과 위선이 시인을 내몰고 있다4절.

> 3넘어지는 담과 흔들리는 울타리 같이 사람을 죽이려고 너희가 일제히 공격하기를 언제까지 하려느냐 4그들이 그를 그의 높은 자리에서 떨어뜨리기만 꾀하고 거짓을 즐겨 하니 입으로는 축복이요 속으로는 저주로다시62:3~4

이런 형편에서 시인은 하나님에게서 희망을 발견한다. 객관적 상황은 위험하기 짝이 없지만, 시인의 확신 또한 견고하기 그지없다. 넘어지는 담과 흔들리는 울타리 같은 상황에서도 시인의 영혼은 잠잠히 하나님을 바라본다. 하나님께서 자신을 구원하시리라 믿기 때문이다1, 5절. 마음의 흔들림이 없을 수는 없겠지만, 경황없이 허둥댈 만큼 "크게 흔들리지" 않는다. 바로 하나님이 "나의 반석"과 "나의 구원"과 "나의 요새"이심을 알기 때문이다2, 6절.

반면 그의 대적들, 아니 모든 인간은 무서워할 존재가 되지 못한다. 천한 자나 높은 자나 허망함과 거짓의 영역에서 벗어나지 않는다. 이런 인간들을 의지할 수 없는 것은 이들이 "저울에 달면 입김보다 가벼운" 존재들에 불과하기 때문이다.

> 아, 슬프도다 사람은 입김이며 인생도 속임수이니 저울에 달면 그들은 입김보다 가벼우리로다시62:9[58]

거짓을 일삼는 인간들과는 달리, 하나님이 신뢰의 대상이 되는 이유는 바로 그의 신실한 사랑, 곧 그의 '헤세드' 때문이다. 히브리어 구약의 헬라어 번역인 〈칠십인역〉은 이 언약적 사랑을 '자비'라는 말로 옮긴다. 바로 이 언약적 사랑으로 인해 하나님은 시인의 견고한 피난처가 된다.

> 주여 인자함헤세드, 자비은 주께 속하오니 주께서 각 사람이 행한 대로 갚으심이니이다시62:12

하지만 이 언약적 자비는 하나님이 무조건 시인의 편을 들어 주리라는 식의 편애가 아니다. 그건 오히려 시인의 원수들에게 더 큰 희망이 되었을 것이다. 억울한 상황에서 시인이 희망을 거는 이 신적 헤세드의 본질은 "모든 사람에게 그 행한 대로 갚아주신다"는 그의 공평함에 있다12절. 대적들은 정직하지 못한 거짓으로 자신을 위협해 오지만, 시인은 자신의 정직함을 확신하며 하나님을 바라본다. 여기서 시인의 소망은 하나님이 공평하신 분이라는 사실에 놓인다.

비록 자기 처지가 더없이 불리한 것으로 보이지만, 시인은 두렵지 않다. 하나님의 저울은 사람들의 행위를 달아볼 것이며, 이 행위 심판의 저울 위에서 거짓된 인간들은 그 '참을 수 없는 존재의 가벼움'을 드러내고 말 것이다9절. 바로 이것이 시인의 소망이다. 하나님이 시인의 구원이 되는 것은 그가 사람의 행위를 따라 공정하게 심판하는 분이시기 때문이다.

하나님이 "나의 반석"이시라는 고백은 복음성가로 널리 불리지만, 하나님이 모든 사람을 행위대로 심판하신다는 시인의 신념은 그 노래 속엔 없다. 하나님이 "나의 구원"이시라는 외침은 계속 울리지만, 이 울림에 힘을 불어 넣어주시는 하나님, 곧 각 사람에게 그 행한 대로 갚으시는 신실하신 하나님은 우리의 찬양 속에는 나타나지 않으신다.

대신, 우리는 행위를 살피지 않고 "오직 은혜"로 우리를 구원해주시는 새로운 하나님을 꿈꾼다. "하나님이 행위를 살피시기에 우리는 그를 신뢰할 수 있다"라는 구약적 희망은 "하나님이 행위를 살피신다면 우리는 끝장이다"라는 복음적 절망으로 바뀐 지 오래다. 그렇다면 우리의 하나님은 시인의 하나님과 다른 하나님이신 걸까?

여전히 공평하신 하나님

우리는 예수님을 '믿어' 천국 간다고 생각하지만, 정작 예수님께서 제시하신 천국의 열쇠는 말이 아닌 실천이었다. 말로 "주여, 주여"를 외치는 사람이 아니라 몸으로 하늘 아버지의 뜻을 실천한 사람들만이 천국에 들어간다. 사실 복음서들은 올바른 실천 없이는 결코 천국에 들어가지 못한다는 가르침과 경고로 가득 차 있다.

> 나더러 주여 주여 하는 자마다 다 천국에 들어갈 것이 아니요 다만 **하늘에 계신 내 아버지의 뜻대로 행하는 자라야** 들어가리라마7:21

예수님의 동생 야고보 또한 그의 '형'과 같은 생각을 가졌다. 마지막 심판 때에 우리가 의롭다 하심을 얻는 것은 행위가 있어야 되는 일이지 믿음으로만 되는 것이 아니다.

> 이로 보건대 **사람이 행함으로 의롭다 하심을 받고** 믿음으로만은 아니니라약2:24

예수님의 수제자였던 베드로 역시 마찬가지다.

> 외모로 보시지 않고 **각 사람의 행위대로 심판하시는** 이를 너희가 아버지라 부른즉 너희가 나그네로 있을 때를 두려움으로 지내라 벧전1:17

이런 가르침을 통해 아무 '행위 없이' '오직 은혜로' 구원받는다는 생각을 만들어 내기는 어려울 것이다. 그런 점에서 예수님과 야고보, 혹은 베드로의 가르침은 시편 62편에서 보이는 행위심판의 사상과 다르지 않다. 주의 깊은 독자라면 히브리서나 요한계시록 역시 같은 관점을 공유하고 있음을 어렵지 않게 확인할 수 있다.

종교개혁 이후로 유명해진 복음의 공식들은 대부분 바울의 편지에서 나왔다. 사실상 복음의 요체로 통하는 믿음과 은혜는 모두 바울서신에서 나온 것들이며, 우리의 구원이 '행위 없이' 주어진다는 신념 역시 율법과 관련된 바울의 진술들에 의존하고 있다.

그렇다면 바울은 어떠할까? 바울이 말하는 구원의 길은 그가 주님으로 섬기던 예수님께서 말씀하신 구원의 길과 다른 것일까? 하늘에 계신 아버지의 뜻대로 실천하지 않으면 결코 천국에 들어갈 수 없다는 예수님의 선언은 믿음과 은혜로 의롭게 된다는 그의 진술과 어떻게 연결되는 것일까? 바울은 정말 우리의 행위와 무관한 구원을 말하는 것일까? 아니면 우리가 바울을 잘못 생각한 것일까?

복음, 하나님의 능력

바울이 제시한 천국의 열쇠는 "능력"이었다.

하나님의 나라는 말에 있지 아니하고 오직 능력에 있음이라 고전4:20

통상 이 구절은 현재 하나님 나라의 속성에 관한 진술로 이해되곤 한다. 하지만 어떤 장소에 "있다"로 번역된 단어는 수단적으로 "통하여"를 뜻할 수도 있다. 그렇게 되면 "하나님 나라는 말을 통해서가 아니라 능력을 통해서 들어간다"는 말이 된다. 바울이 같은 편지에서 하나님 나라를 거듭 미래적 실체로 명시하고 있음을 고려한다면, 두 번째 해석이 훨씬 더 자연스럽다고전6:9~10; 15:50. 좀 더 정확히 하자면, 하나님 나라는 "능력을 통하여 상속받게 될" 그런 나라다. 아직 천국은 우리 앞에 있고, 그 천국 문을 여는 데 필요한 열쇠는 다름 아니라 "능력"이다.

그래서 구원의 복음, 혹은 천국의 복음은 능력이라는 말로 요약된다. 십자가의 도가 멸망하는 자들에게는 어리석음이겠지만, 구원을 얻는 우리에게는 "하나님의 능력"이다고전1:18, 24. 바울이 복음을 자랑스러워한 것은 이 복음이 모든 믿는 자에게 구원을 주시는 "하나님의 능력"이 되기 때문이었다롬1:16.

고린도 교회의 상황에서 하나님의 능력은 인간의 "말"과 대조된다고전4:19~20. 물론 말은 아름다울 수 있고, 그래서 자주 "지혜"라는 이름으로 불린다고전2:1~5; 3:18~19. 그러나 포장이 내용을 바꿀 수 없는 것처럼, 말이 지혜가 된다고 없는 능력이 생겨나는 것은 아니다. 지혜롭게 할 만한 선악과를 먹었어도 인간이 신이 될 수는 없었던 것처럼, 말의 세계는 능력의 세계와 다르다.

또한 갈라디아서나 로마서에서처럼 이 능력은 "율법"과 대조되기도 한다. 물론 율법은 "거룩하고, 의롭고, 선하다"롬7:12. 하지만 그 거룩한 율법 속에도 바울이 찾았던 그 능력은 없었다. 결과적으로 율법은 "연약한" 것이었다롬7:10~11; 8:2; 갈3:21; 4:9. 그래서 바울은 그 율법을 의문, 곧 "글자에 불과한 것""율법 조문"이라고 불렀다롬2:29, 7:6; 고후3:6~7.

이제는 우리가 얽매였던 것에 대하여 죽었으므로 율법에서 벗어났으니 이러므로 우리가 영의 새로운 것으로 섬길 것이요 율법 조문의 묵은 것으로 아니할지니라롬7:6

우리의 삶과 구원을 분리하는 '오직 은혜'와 '오직 믿음'이 매력적인 것은, 그것이 성경의 가르침이어서가 아니라 우리의 삶이 한심해서다. 성경이 그렇게 가르치기 때문이 아니라 내 삶이 그럴듯하지 못하기 때문에 행위와 무관하게 은혜로만 구원받는다는 말이 반갑다. 곧 복음을 내 삶의 수준으로 끌어내려 복음과 나 사이의 간격을 해소하려는 시도다. 하지만 이런 '하향평준화'는 복된 소식이 아니라 죽음의 속삭임이다. 바울이 '능력'이라고 정의한 복음을 '말'의 영역으로 끌어내리는 조작이며갈1:6~7, 당장의 안심을 위해 영생을 포기하는 어리석은 거래다갈3:1, 3.

바울이 복음에서 발견한 해답은 말의 공허함을 넘어서는 능력, 글자의 무력함을 넘어서는 능력이었다. 바울의 투쟁은 삶행위과 분리된 '오직 믿음'의 세계를 변호하려는 것이 아니었다. 오히려 그의 싸움은 공허한 인간의 말지혜이나 무기력한 율법의문이 우리를 구원한다는 착각의 위험을 폭로하고, 참된 구원의 열쇠인 하나님의 능력을 선포하기 위한 몸부림이었다고전2:1~5. 복음이 구체적 삶에 어떤 의미가 있는지를 묻는 우리의 물음은 바로 이 진리를 발견하는 것에서부터 시작된다.

대박과 축복

돈과 사람

언젠가 벼락부자들에 관한 TV 프로그램을 본 적 있다. 순식간에 엄청난 돈을 얻어 정말 인생이 '잘 풀린' 사람들도 있었고, 갑자기 떨어진 돈의 파장을 감당하지 못해 인생을 '망친' 이들도 있었다. 당장 몇 푼 돈이 아쉬운 우리는 "나는 잘할 수 있다"라고 말하고 싶겠지만, 객관적 통계로 보면 실제로 돈의 파괴력을 이길 수 있는 사람은 그리 많지 않아 보인다.

돈을 지키는 일은 그리 어렵지 않지만, 이와는 관계없이 많은 이들은 할 수 있다면 예전으로 돌아가고 싶다고 했다. 사실 그들이 잃고서 그리워하는 것은 돈으로는 해결할 수 없는 것들, 그러기에 더 절박한 것들이었다. 바로 사람이었다. 한때는 돈이 우리 삶을 더 좋게 하리라고 기대했겠지만, 돈 때문에 사람들을 잃고 난 지금 그들은 그것이 얼마나 어리석은 생각이었는지 절실하게 깨닫고 있다. 돈만 남고 사람은 잃었다는 벼락부자들의 고백이 말해 주는 바는 무엇일까?

반면, 로또 당첨 후 소중한 것을 얻은 사람들도 있었다. 로또로 받은 돈을 고스란히 챙겨 뇌수막염을 앓던 가난한 집 아이를 도왔던 가족 이야기였다. 이 가족은 그들이 얻은 것을 '사람의 가치'라 표현했다. 큰돈을 얻은 이들은 사람을 잃어버렸지만, 그 돈을 아낌없이 내어준 사람은 사람과 삶의 소중함을 더욱 절실히 느꼈다.

로또 때문에 이혼하게 된 한 젊은 남자는 '없던' 시절이 더 행복했다고 말했다. 역설일까? 그가 말하는 '없던' 시절이란 '일한 대로 벌어서 그만큼 살던' 그런 때였다. 돈과 함께 가정을 잃고 난 지금 그렇게 하루하루 산다고 말하면서 그는 "이렇게 하면 될 것 같다"는 말로 끝을 맺었다. 이 사람의 깨달음이 일리 있다면, 우리가 꿈꾸는 행복이란 가진 것 자체가 아니라 살아가는 방식의 문제다. 유명한 에리히 프롬의 말을 빌자면, "소유가 아니라 존재"가 그 해답이라는 의미다.

우리 시대의 대박증후군

"억, 억하며 살다가 억하고 죽는다"라는 자조의 소리가 자주 들린다. 이제는 아빠도 '부자 아빠'라야 하고, '3년 안에 10억'을 벌지 못하는 우리는 인생을 잘못 살아도 한참 잘못 사는 사람들처럼 여겨진다. 이런 소리들이 허공을 떠돌지만, 물론 대부분 사람에게는 여전히 말도 안 되는 소리다. 말도 안 되지만, 그런 말이 우리의 의식을 지배한다. 소위 '대박' 증후군이다.

대박 아니면 쪽박이라는 극단적 이분법적 사고 속에서, 우리는 대박 나지 않는 모든 인생은 불행하다는 자충수自充手를 둔다. 대박이란 필연적으로 극소수일 뿐이라는 자명한 사실을 생각하면, 평범한 인생들 모두가 '환자'로 전락하는 치명적인 병이다. 부동산 열풍이나 주식 과열이라는 근자의 현상들은 정책의 부재나 사회 구조의 문제이기 이전, 우리 모두를 물들이는 이런 대박증후군의 표현이 아닐까?

한동안 온 나라가 논문 조작 사건으로 난리였다. 범인이 누구든, 여기엔 익숙한 '욕심'의 냄새가 난다. 뿌린 것 이상의 수확을 노리는, 소위 대박의 함정이다. 2005년 그 유명한 논문을 발표한 뒤 황우석 박사는 "하늘이 내려준 천운"에 관해 운운한 적이 있다. 자신의 '성과'를 두고, 긴 세월 억눌려 온 우리나라도 이제 세계에 기 한번 펴고 살라고 하늘이 내려준 기회라고 했다. 도를 넘는 과대망상은 차치하고서라도, 이처럼 대단한 과학적 진보마저도 하나의 대박으로 환호하는 우리가 참 서글프다는 생각을 했다. 물론 이젠 그 대박이라는 것이 더없이 부끄러운 쪽박이 되고 말았지만 말이다.

그 후 얼마 지나지 않아 한 젊은 미술 교수가 가짜 학위로 사기를 친 사실이 들통이 나 나라가 또 시끄러웠다. 이 역시 동일한 병증의 표현일 것이다. 부지런히 욕하며 시원해하지만, 사실 우리 모두는 각기 나름의 방식과 수준으로 황우석처럼, 그리고 신정아처럼 행동하는 것일지도 모른다.

세상과 다른 기독교?

세상이 어두울 때 우리 신자들은 얼마나 밝을까? 어두운 밤하늘의 별처럼 빛나라고 바울은 말했지만, 우리는 이 대박 세상의 어둠에서 얼마나 밝은 빛을 내고 있을까?

> 이는 너희가 흠이 없고 순전하여 어그러지고 거스르는 세대 가운데서 하나님의 흠 없는 자녀로 **세상에서 그들 가운데 빛들로 나타내며**빌2:15

사실 따져보면, 우리 기독교인들은 성경적 가치를 들고 세상과 싸우는 데 능했다. 하지만, 세상의 가치에 황급히 세례를 베풀고서 마치 그것이 성경적 가치인 양 포장하는 데도 능했다.

세상이 대박을 말할 때, 우리는 '하나님의 축복'을 이야기한다. 성경이 시종 복이라는 말로 도배되어 있으니, 복을 자주 말하면 말할수록 우리는 더욱 좋은 신앙을 가진 사람으로 보인다. 하지만 군대의 '세례교인'에 허수가 많은 것처럼, 우리가 말하는 '하나님의 축복' 역시 엄청난 양의 허풍을 품고 있다.

'하나님'이라는 수식을 떼고 생각하면, 우리가 추구하는 복된 인생은 세상이 추구하는 대박 인생과 과연 얼마나 다를까? 우리 입에서 "축복받았다"라고 말하는 순간은 세상에서 "대박 났네"라고 말하는 순간들과 얼마나 다를까? 혹 우리가 목청껏 부르는 복의 노래 역시 이 세대가 지어낸 탐욕의 곡조를 표절한 것은 아닐까?

성경적 '기복신앙'

어떤 사람들은 기복신앙을 나무라지만, 사실 성경은 복에 관심이 많다. 모든 인간은 행복을 추구하기 마련이다. 기독교인들이라고 예외가 아니다. 우리가 추구하는 행복의 색깔이 다르다면 다를까, 우리 역시 '구원'이라는 궁극적 행복을 사모한다.[59] 무언가를 기대하는 신앙을 저급한 수준의 신앙으로 매도하고, 바라는 것 없이 선을 행하려는 모습을 이상적인 태도로 그리는 경향이 없지 않지만, 엄밀히 이런 관점은 약속과 소망의 기독교 신앙보다는 칸트의 철학에 더 가깝다.[60] 정말 좋은 복이라면, 기복신앙이라고 나쁠 이유가 없지 않은가?

문제는 성경이 우리에게 복에 대한 '패러다임 시프트'paradigm shift를 요구한다는 사실이다. 시편 128편을 보면 시인은 "네가 네 손이 수고한 대로 먹을 것이라"라는 한 마디로 하나님의 복을 축약한다시128:2. 그의 시는 복으로 시작해 복으로 끝날 만큼 온통 복투성이지만, 그가 말하는 대박 인생은 결코 "수고한 만큼 거둔다"라는 신의 원칙을 넘지 않는다. 심판의 종결과 축복의 도래를 선포하는 예언자의 메시지 역시 우리가 보기엔 대박보다는 오히려 평범한 일상에 가깝다가령, 욜2:18~27을 보라. 사람들이 흥분하는 세상은 꿈 한번 잘 꾸고 숫자 한번 잘 골라 팔자 고치는, 혹은 망치는 세상이다.

하지만, 하나님이 다스리는 나라는 "무엇으로 심든지 그대로 거두는" 그런 동네다갈6:7~8. 그래서 성경은 우리에게 "네 손으로 수고하여 먹는" 법을 배우라고 가르치며살전4:11, "입을 것과 먹을 것이 있으면 자족할 줄 알라"고 깨우친다딤전6:8. 하나님 나라는 태어날 때 가져온 것이 없는 것처럼 죽을 때 역시 가져갈 것이 없다는 믿음으로 사는 나라이자딤전6:7, 돈에 대한 욕심이 모든 죄악의 근원이라고 믿는 나라다딤전6:9.

> [7]우리가 세상에 아무 것도 가지고 온 것이 없으매 또한 아무 것도 가지고 가지 못하리니 [8]우리가 먹을 것과 입을 것이 있은즉 족한 줄로 알 것이니라 [9]부하려 하는 자들은 시험과 올무와 여러 가지 어리석고 해로운 욕심에 떨어지나니 곧 사람으로 파멸과 멸망에 빠지게 하는 것이라딤전6:7~9

이런 까닭에 하나님의 나라는 대박증후군을 앓는 우리에겐 더없이 실망스런 나라다. 세상 사람들을 비난할 것도 없다. 복음을 믿는다는 우리 역시 자기 손으로 수고한 만큼 먹고 사는 수많은 사람을 '지지리도 박복한' 사람들로 멸시하고, 수고한 것 이상의 호위를 누리는 이들은 '축복받은' 사람이라며 대우한다. 그래서 우리 신자들에게도 "네 손이 수고한 대로 먹을 것이라"라는 선언은 덕담이기보다는 차라리 악담에 가깝다.

인내의 삶을 위한 약속

수고한 만큼 먹을 수 있는 삶이 복된 삶이라는 시인의 축복은 "여호와를 경외하고 그 도를 따라 살아가는"시128:1 사람을 향한 것이었다. 고대의 이스라엘이건, 신약의 교회건, 혹은 오늘 우리의 경우건, 하나님의 뜻을 따라가는 삶은 늘 '위험한' 삶인 수가 많다. 악인의 형통함은 어제오늘의 일이 아니며, 하나님을 생각하며 근신하는 이들의 삶은 언제나 힘겨운 갈등과 투쟁의 연속이었다시 79편. 이런 삶의 본질은 현대라고 해서 크게 달라지지 않는다. 이런 위기의 인생에게 "네 손이 수고한 대로 먹을 수 있다"라는 한마디는 그 어떤 대박의 소식보다도 더 값진 것이 틀림없다. 시인의 이 한마디가 축복 아닌 실망으로 다가온다면, 이는 나의 삶 자체가 하나님 나라의 방정식이 아닌 다른 계산식을 따르는 삶일 가능성이 농후하다. 곧 자신의 배를 하나님으로 섬기는 이방인의 삶에 가깝다는 말이다.

> 그런즉 너희는 먼저 그의 나라와 그의 의를 구하라 그리하면 이 모든 것을 너희에게 더하시리라마6:33

> 그들의 마침은 멸망이요 그들의 신은 배요 그 영광은 그들의 부끄러움에 있고 땅의 일을 생각하는 자라빌3:19

예수님의 첫 메시지는 복에 관한 것이었다. 그 복의 내용은 가난과 눈물이었다마5:3~4; 눅6:20~21. 가난과 눈물의 삶에서 복을 생각해 내는 일은 대단한 신앙적 상상력을 요구한다. 대박 난 부자를 보며 "어리석다"라고 말할 수 있는 사고방식 또한 마찬가지다눅12:20. 예수님께서 선포하시는 하나님의 나라는 쪽박과 대박의 개념을 해체한다. 우리가 고대하는 세상은 부자는 지옥불로 가고, 거지 나사로는 아브라함의 품에 안기는 세상이다눅16:19~26. 마리아의 노래에서처럼, 복음이 선포하는 하나님의 나라는 "주리는 자를 좋은 것으로 배불리셨으며 부자는 빈 손으로 보내셨도다"라며 노래하는 그런 나라다눅1:53. 부자들에게 "너희에게 임할 고생으로 말미암아 울고 통곡하라"약5:1며 말하고, 우리의 "금과 은"에 슬은 녹이 우리의 "살을 먹을 것"이라고 경고하는 세상이다약5:3.

그러니까 성경의 증거는 선명하다. 그런데도 우리는 눈도 껌뻑하지 않는다. 성경 10독, 혹은 100독 하며 난리를 치면서도, 내 마음에 들지 않을 땐 매몰차기 그지없다. 많은 경우 성경이란 '하나님의 말씀'이라고 떠받들며 그냥 읽기 위해 존재하지, 내가 그 말을 곧이곧대로 따르자고 있는 것은 아니다. 그래서 우리는 "너희가 말세에 재물을 쌓았도다"약5:3라는 야고보의 경고를 듣고서도 여전히 세상의 제물에 '하나님의 축복'이란 상표를 단다.

그렇다면 우리는 이미 말세를 지나온 것일까? 많은 돈을 두고 하나님의 축복이라고 설명하는 구절이 전체 신약 속에 어디 한 구절이라도 있는 것일까? 옛날 부르던 복음성가의 가사처럼, "왜 우리 눈은 이리 어두울까?"

이런 이중성이 비단 성도들의 전유물이랴? 종종 방송에서 대대적으로 보도하는 것처럼, 목회자들의 세속적 욕심은 종교개혁 시대를 방불케 한다. 아는 사람들은 다 알지만, 가짜 박사 명단의 많은 지면은 목사들의 이름으로 채워진다. '성공한' 목회라는 말이 입에 자주 오르내리지만, 여기서의 '성공'은 세속적 의미의 성공과 하나도 다르지 않다. 목회의 질과 무관하게, 교인의 수가 늘거나 건물의 규모가 커지지 않으면 여전히 '어렵게 목회하는' 사람으로 분류된다. 이런 목회자들에게 우리는 그 신실함에 대한 존경 대신 '안 풀리는 목회'에 대한 측은함을 표한다. 이런 우리에게 이 세대를 본받지 말라는 바울의 권고가 무슨 의미가 있을까?

> 너희는 **이 세대를 본받지 말고** 오직 마음을 새롭게 함으로 변화를 받아 하나님의 선하시고 기뻐하시고 온전하신 뜻이 무엇인지 분별하도록 하라롬12:2

성경의 가치와 나의 입장

그러기에 성경해석의 가장 큰 걸림돌은 우리의 '입장'이다. 내게는 내가 원하는 복이 있으며, 성경의 복이 그것과 다를 때는 조용히 이를 무시한다. 하지만 은혜는 돈으로 살 수 없고, 믿음은 서로의 입장을 조율하는 거래가 아니다. 그러기에 복음은 좋은 옷 나쁜 옷 다 벗으라 요구한다. 그러니까 하늘 계단의 첫 층계는 '자기 부정'이다. 나의 입장을 포기하고 마치 더 잃을 것이 없는 인생처럼 주를 만나는 것이다.

물론 잃을 게 많은 우리 '부자'들은 그 요구를 따를 수 없다. 그래서 끊임없이 거래를 시도한다. 괴로워하며 예수님을 떠났던 성경의 그 청년과 달리, 우리는 예수님을 아예 떠나지는 않는다. 그러면서 예수님을 잘 따르는 것처럼 스스로를 속인다. 말씀을 이해하기 위해 성령의 도우심이 필요한 것은 바로 이런 우리 모습 때문이다. 먼저 '들을 귀'가 있어야 들을 것이기 때문이다.

그래서 말씀은 그런 우리의 이중성을 폭로하는 해부용 메스로 묘사된다히4:12. 심판은 드러냄이다. 이 드러냄은 늘 고통스럽고 무섭지만, 말씀의 심판 앞에서 우리의 실상을 발견하고 고백하는 일은 하늘을 향한 여정에서 빠질 수 없는 의식이다. 낙타를 바늘귀로 집어넣는 주님의 방법은 비둔한 낙타도 넉넉히 들어갈 너그러운 바늘귀를 만드는 것이 아니라, 바늘귀라도 통과할 수 있을 만큼 낙타를 비우는 것이었다. 곧 모든 것을 다 버린 후 예수님을 따르라고 말씀하셨다. 다른 사람 아닌 '나 자신'을 적으로 쳐서 복종시킨다는 바울의 말이 우리의 고백이 된다면, 우리는 "하나님의 나라에서 멀지" 않다.

> 내가 내 몸을 쳐 복종하게 함은 내가 남에게 전파한 후에 자신이 도리어 버림을 당할까 두려워함이로다고전9:27

> 예수께서 그가 지혜 있게 대답함을 보시고 이르시되 네가 하나님의 나라에서 멀지 않도다 하시니 그 후에 감히 묻는 자가 없더라 막12:34

하나님의 꿈

어리석은 지혜로움

내가 거액을 빌려 미국 네바다의 황무지 땅을 샀다고 치자. 사람들은 정신이 나갔다고 나를 놀릴 것이다. 그런데 부동산 운용의 귀재 도널드 트럼프Donald Trump가 그 땅을 샀다고 치자. 고개를 갸우뚱하겠지만, 쉽게 그를 욕하지는 못할 것이다. 선뜻 납득이 되지는 않지만, 내 소박한 생각을 넘는 무언가 깊은 속셈이 있으리라 추측한다. 부동산의 귀재가 그렇게 멍청한 짓을 할 리가 없기 때문이다. 돈이 안 될 것처럼 보이는 곳에 투자하여 그것을 멋진 상품으로 바꾸어 놓고, 거기서 엄청난 수익을 창출해 내는 재주가 그의 남다름이 아닌가.

평강공주가 바보 온달에게 시집을 갔다. 그 자체로 하나의 뉴스거리가 될 법하지만, 그렇다고 역사책에 남을 만한 사건은 아닐 수 있다. 그런데 이야기는 거기서 끝나지 않았다. 눈물 없인 들을 수 없는 고통의 시간이 필요했겠지만, 결국 공주는 바보를 구국의 공신 온달 장군으로 바꾸어 놓았다. 이야기의 매력은 바로 여기에 있다. 공주는 온달에게 자신의 인생을 투자하였고, 바보라는 황무지로부터 장군이라는 멋진 가치를 만들어 냈다. 무슨 일이 있어도 온달과 결혼하겠다던 공주의 '미친 짓'은 실상 임금님이 상상할 수 없었던 심오한 '지혜'의 산물이었다.

우리는 헬렌 켈러라는 이름을 잘 안다. 그녀의 인간 승리 드라마 속에 함께 나오는 앤 설리번이라는 선생의 이름 역시 생소하지 않다. 이 두 사람의 이야기 역시 한 젊은 여선생이 희망 없는 한 장애아를 위해 인생을 바쳤다는 데서 끝나지 않는다. 앤은 어둠 속에 있는 헬렌에게 빛을 비추려고 애썼고, 결국 헬렌은 많은 사람에게 '빛의 천사'가 되었다. 헬렌 켈러 이야기에서 우리가 느끼는 희망은 바로 이런 변화에서 나온다.

하나님의 어리석은 지혜

우리가 말하는 구원의 복음은 이런 감동적인 이야기들과 맥을 같이 한다. 황무지 같은 우리의 삶에 하나님이 투자하는 이야기, 바보 온달로 살아가는 우리에게 평강공주가 시집오는 이야기, 무기력한 장애아로 살아야 했던 기적처럼, 혹은 은혜처럼 한 선생님이 찾아 오는 이야기다. 그리고 이 만남은 우리 삶을 감동적인 기적 이야기로 바꾸어 놓는다. 황무지 같은 내 삶이 싱그러운 초원이 되고, 내 밥값조차 못하는 삶이 나라를 구하는 장군의 삶으로 변하며, 아무것도 할 수 없는 장애아가 많은 사람을 감동시키는 희망의 존재로 바뀐다. 그래서 우리들의 이야기는 복된 이야기福音가 된다. 이사야의 말을 빌자면, "헐벗은 산에 강을 내며 골짜기 가운데에 샘이 나게 하며 광야가 못이 되게 하며 마른 땅이 샘 근원이 되게"사41:18 하는 벅찬 달라짐이다.

황무지에 돈을 버리듯, 바보에게 자기 인생을 낭비하듯, 그렇게 성경은 하나님의 내려오심에 관해 말한다. 우리가 아직 연약할 때, 우리가 아직 죄인일 때, 우리가 아직 하나님의 원수로 살아갈 때, 그리스도께서 우리를 위해 죽으셨다롬5:6, 8, 10. 하나님으로 살아갈 수 있었던 그 분이 하나님과 동등한 삶을 버리고, 자기의 삶을 비워 우리가 사는 바보 온달의 삶 속으로 들어오셨다. 그리고 죽음의 노예로 살아가는 우리를 위해히2:15 십자가의 죽음을 자처하셨다빌2:6~8. 한 번 발을 씻기 위해 값비싼 향유를 낭비하듯, 고귀한 신의 생명이 무가치한 우리들을 위해 희생되셨다. 성경은 이를 하나님의 사랑이라 부른다.

"하나님이 세상을 이처럼 사랑하사 독생자를 주셨으니…"요3:16.

은총과 대속의 손길

모든 기적 이야기가 그렇듯, 사랑 이야기엔 언제나 은총의 차원이 들어간다. 황무지가 스스로 초원이 되지 못하고, 온달이 스스로 장군으로 변할 수 없는 것처럼, 내 삶의 바깥에서*extra nos* 나의 삶을 찾아오는 은총이 필요하다. 그래서 평강공주가 찾아와 온달의 아내가 되고, 설리번 선생님이 찾아와 헬렌의 선생님이 된다. 이처럼 예수 그리스도 또한 "나를 위해 자기 몸을 버린다"갈2:20.

나 스스로 나를 구원할 수 없는 것이 사실이라면, 내 삶은 결국 은총 이상도 이하도 아니다. 우리의 삶이 극복되어야 할 얽매임의 삶이기에, 우리의 삶을 함께하는 이 나눔 속에는 불가불 대속代贖의 차원이 포함된다. 온달이 사는 바보 인생은 평강공주의 구걸 인생으로 확대되고, 앤이 겪는 어둠의 고통은 동시에 설리번 선생님의 고통으로 확대된다. 이처럼 그리스도는 나의 죄를 위해 십자가를 지고 갈보리 언덕을 오르고, 나의 죄를 위해 죽음의 나락으로 대신 떨어져 내린다.

초대교회는 그리스도의 십자가 죽음을 두고 '우리를 위한' 죽음이라고 불렀다. 우리를 '위한'이라는 헬라 말은 '우리 위해'라는 단순한 의미와 '우리 대신'이라는 보다 복잡한 의미 사이를 오간다. 이런 모호함이 우연일까? 내가 나 자신을 들어 올릴 수 없고, 하늘에서부터 내게로 내민 은총의 손길이 필요하다면, 나를 '대신함'이 없이 나를 '위하는' 길이 달리 있을까?

대속에서 참여로

하지만 대속이 구원의 전모는 아니다. 공주는 바보의 아내가 되어야 하고, 앤은 헬렌의 삶을 함께하지만, 이야기는 여기서 끝나지 않는다. 스스로 하늘로 오를 수 없어 은총의 손길이 하늘로부터 내려온다. 하지만, 이런 낮아짐의 몸짓은 그저 바보의 삶에 머물고 장애의 삶에 만족하겠다는 포기의 제스처가 아니다. 그리스도께서 우리 대신 고난을 겪으셨지만, 그가 감내하신 은총의 낮아짐은 우리를 함께 하늘로 올리기 위한 심오한 전략이었다. 하늘로부터 내려와 우리와 함께 땅을 딛고 선 그리스도는 이제 우리 손을 잡고 하늘로 향한 길을 가리킨다. 혹은, 우리 앞서 하늘길을 개척하신 그리스도는 이제 우리를 향해 새로 열린 길을 걸어 하늘로 오르라고 재촉한다히10:19~25.

하나님의 꿈은 우리의 죄인됨을 공유하는 것으로 끝나지 않는다. 죄인을 향한 그의 낮아지심은 우리를 아들로 변모시키기 위한 위대한 포석이었다. 하나님이 꿈꾸는 미래는 죄인의 냄새를 풍기는 우리 가슴에 '아들'이라는 이름표만 다는 것이 아니었다. 죄인 냄새를 풍기던 우리를 씻어 그 아들의 향기, 곧 그리스도의 향기를 풍기도록 만드는 일이었다. 하나님의 꿈은 우리가 죄인의 삶을 청산하고, 그 앞에 거룩하고 흠이 없는 자들, 곧 이름에 부끄럽지 않은 "하나님의 아들들"이 되는 것이었다엡1:4~5. 이 꿈을 달리 표현하면, 우리가 "하나님의 아들의 모습을 닮는" 것이다.

> 하나님이 미리 아신 자들을 또한 그 아들의 형상을 본받게 하기 위하여 미리 정하셨으니 이는 그로 많은 형제 중에서 맏아들이 되게 하려 하심이니라롬8:29

이것이 바로 창세 이전부터 하나님께서 미리 정해두신 꿈, 곧 하나님의 '예정'이었다.

은총의 괴로움

그래서 은총은 우리를 괴롭힌다. 공주의 은총은 바보를 장군이라 부르며 다가와서 그 이름에 걸맞은 새로운 온달을 그려 보인다. 그리고는 장군의 모습을 갖출 때까지 온달을 괴롭힌다. 하나님의 은총은 죄인이며 원수였던 우리를 '아들'이라 부르며 다가온다. 그리고 그 이름에 걸맞은 새로운 우리의 모습을 그려 보인다. 그리고는 그 아들의 모습을 갖출 때까지 우리를 '괴롭히기' 시작한다.

바보에겐 무식이 당연하지만, 장군에게 무식은 극복해야 할 문제다. 그래서 온달의 삶은 바빠지고, 많은 경우 더 피곤하다. 무식의 벽을 넘는 일이 그렇게 쉬운 일이던가? 헬렌의 교육도 마찬가지였다. 무기력한 장애아라는 이름을 거부하는 순간부터, 그녀의 삶은 더 분주하고 더 힘겹다. 장애의 벽은 가볍게 넘을 수 있는 것이 아니기 때문이다. 마찬가지로 영적 바보인 우리에게 장군 연습은 간단치 않으며, 죄인인 우리에게 아들 연습은 새로운 근육을 훈련하는 것처럼 고통스럽다.

그래서 우리는 은총에 저항한다. 되지도 않을 허황된 꿈으로 자기를 괴롭히는 공주를 향해 "나를 그냥 내버려 두라"며 고함치는 온달의 모습에서, 눈멀고 귀먹은 자기에게 글자를 깨우치려는 선생님을 때리고 그녀의 이를 부러뜨리는 헬렌의 모습에서, 우리는 바로 은총 앞에 선 나 자신의 모습을 발견한다. 우리의 죄인됨을 부인하고 우리를 하나님의 아들이라 믿으시는 하나님의 극성을 받아들이지 못하는 모습이다.

애벌레가 나비를 꿈꾸기 어렵듯, 나는 지금 내 모습에서 하나님의 아들 된 내 미래를 상상해 내지 못한다. 내 앞에 막힌 높은 벽 앞에서, 나는 차라리 죄인으로 머물고 싶다. 그래서 나는 은총의 개념을 바꾼다. 다시 올라감이 없이 내려오는 것에서 끝나고, 빈 무덤이 없이 십자가에서만 끝나는 '절반의 성공'을 전부라 믿고 싶어 한다. 이렇게 해서 은총은 하나의 픽션으로 변모한다. 나는 언제나 바보로 남지만 공주는 내가 장군이라 속아주는 것, 곧 나는 언제나 죄인과 원수로 살지만 그런 나를 아들처럼 대해주는 것이 은총의 전말이라 착각한다. 이처럼 은총의 모양새까지 비틀어 버릴 만큼 내 좌절의 골은 깊고 넓다.

죽음에서 끝나는 이야기는 비극이지 희극이 아니다. 바보의 아내로 끝나는 이야기는 감동스럽기는 하지만 감격스럽지는 않으며, 애절하기는 하지만 행복한 결말은 아니다. 바보는 바보로 남고 공주는 평생 그 시중을 들어줄 수 있다. 선생님이 글을 배워 헬렌 대신 모든 글을 읽어줄 수도 있다. 하지만 여기엔 우리를 흥분시킬 가슴 벅찬 이야기는 없다. 공주가 바보를 대신하면 할수록 바보는 더욱 바보의 삶에 고착되고, 앤이 헬렌을 대신하면 할수록 헬렌의 장애는 더 단단한 현실로 굳어져 간다. 애절한 사랑은 있지만 희망은 없는, 그래서 죽음을 향한 동반 여행만 있을 뿐이다. 달라짐의 괴로움은 면할 수 있겠지만, 이 고통 없음이 우리의 희망이 되기는 어렵다.

나는 지금 이 모습으로 머물면서 나 대신 그리스도를 나의 해답이라 믿고 싶어 한다. 하지만 내 삶을 건드리지 않는 그리스도의 성공 신화는 오히려 나의 실패를 더 뼈저리게 만드는 남의 이야기가 아닌가? 내가 죄의 종으로 머물러 있는 한롬6:16; 갈6:7~9, 그 삶의 결과가 죽음 아닌 무엇이기를 바랄 수는 없지 않은가? 영생에 이르는 길을 걷지도 않으면서 영생이라는 종착역을 꿈꿀 수는 없는 일 아닌가?

여호와의 열심

그래서 하나님의 사랑은 오래 참는다고전13:4. 사랑은 모든 허물을 덮어 줄 뿐 아니라, 우리를 향한 믿음을 한시도 포기하지 않는다. 우리가 도달해야 할 아들의 미래를 꿈꾸고 바라며, 그 꿈이 현실이 되기까지 모든 어려움을 기꺼이 견딘다고전13:7. 그리고 하나님은 우리를 향한 계획과 신뢰에 동참하도록 우리를 다그친다. 아들의 모습을 갖출 때까지 우리의 불신과 싸우며, 끈질긴 사랑으로 우리를 독려한다. 오래전 한 선지자는 이를 두고 "여호와의 열심"사9:7이라고 불렀다.

> 그 정사와 평강의 더함이 무궁하며 또 다윗의 왕좌와 그의 나라에 군림하여 그 나라를 굳게 세우고 지금 이후로 영원히 정의와 공의로 그것을 보존하실 것이라 **만군의 여호와의 열심이 이를 이루시리라**

나는 나를 살릴 수 없지만, 하나님은 예수님을 죽은 자 가운데서 살리셨다. 그리고 그 부활의 하나님으로 우리의 삶에 찾아오신다. 그 옛날 아브라함처럼, 우리는 우리의 '죽음'과 '하나님의 능력' 사이에서 결단한다. "죽은 자를 살리시며 없는 것을 있는 것으로 부르시는"롬4:17 하나님의 사랑과 열심에 우리의 삶을 맡기고, 그분의 이끄심을 따라 어렵지만 가슴 벅찬 '올라감'의 여정을 시작한다. 편안한 물러섬의 유혹을 뿌리치고서 죄인된 우리 자신과의 싸움을 시작한다.

> 내가 내 몸을 쳐 복종하게 함은 내가 남에게 전파한 후에 자신이 도리어 버림을 당할까 두려워함이로다고전9:27

너희가 죄와 싸우되 아직 피흘리기까지는 대항하지 아니하고히12:4

그렇게 해서 우리는 이 싸움을 통해 영문 밖으로 걸어가신 그리스도의 걸음을 따라 하늘로 가는 길을 밟는다.

12그러므로 예수도 자기 피로써 백성을 거룩하게 하려고 성문 밖에
서 고난을 받으셨느니라 13그런즉 우리도 그의 치욕을 짊어지고 영
문 밖으로 그에게 나아가자히13:12~13

성경해석의 가장 큰 걸림돌은 우리의 '입장'이다.
내게는 내가 원하는 복이 있으며,
성경의 복이 그것과 다를 때는 조용히 이를 무시한다.
하지만 은혜는 돈으로 살 수 없고,
믿음은 서로의 입장을 조율하는 거래가 아니다.
그러기에 복음은 좋은 옷 나쁜 옷 다 벗으라 요구한다.
그러니까 하늘 계단의 첫 층계는 '자기 부정'이다.
나의 입장을 포기하고 마치 더 잃을 것이 없는 인생처럼
주를 만나는 것이다.

RE_READ

Do you understand what you are reading?

Chapter 4

묵상, 세계를 일깨우다

은총에 관한 묵상

성탄에 관한 묵상

성찬, 차별 없는 은혜와 성도의 하나됨

부활의 충격과 깨달음의 뜨거움

부활의 주님, 우리를 살리시는 영

어쩌면 부활에 대한 우리의 무관심과 무지는 세상적으로 큰 '힘'을 과시하면서도 정작 복음의 '힘'은 과시하지 못하는 우리의 무기력과 모종의 관련이 있을지 모른다. 은총과 믿음의 이름으로 스스로를 위로하기 바빴던 교회는 복음 공동체다운 생명력을 발휘하지 못하고 있다. 세상의 힘은 쉽게 교회를 물들이지만, 복음의 힘이 세상을 바꾸는 모습은 확인하기 쉽지 않다. 소위 '성공한' 교회와 목회를 꿈꾸는 사람들에게는 귀찮은 소리겠지만, 참된 복음의 흔적에 목마른 이들은 뭔가 특단의 대책이 필요하다고 느낀다. 오늘 우리에게도 '부활의 충격'이 필요하다.

_『부활의 주님, 우리를 살리시는 영』 중에서

은총에 관한 묵상

우리는 쉽게 은총을 말하지만, 사실 은총만큼 삼키기 어려운 개념도 달리 없다. 누리는 은총은 더없이 감사하지만, 지켜보는 은총은 속이 쓰리다. 나를 향한 은총에는 눈물, 콧물 다 흘리지만, 남을 향한 은총엔 "이건 아니잖아! 이건 아니야!"라는 외침이 절로 나온다. 평화 대신 칼을 주러 왔다는 말씀이 그래서였을까? 은총만큼 사람을 분명히 갈라놓는 것도 없는 것 같다. 은총이 내리는 순간, 이를 받는 사람과 이를 지켜보는 사람 사이엔 메우기 어려운 골이 팬다. 은총은 늘 이렇게 상대적 박탈감을 동반해야 하는 것일까? 주고받는 은총은 즐겁기 짝이 없지만, 지켜보는 은총은 속만 쓰리다.

은총의 양면

누가복음 15장에는 유명한 비유가 세 개 나온다. 잃어버린 양을 찾는 이야기3~7절, 잃어버린 동전을 찾는 이야기8~10절, 그리고 잃은 아들을 찾는 이야기다11~32절. 세 비유의 공통된 주제는 '잃은 자를 찾은 기쁨'이다. 물론 하늘 아버지의 기쁨이다7, 10, 24절. 잃은 것을 찾았다고 법석을 떨며 "먹고 즐기자!"를 외치는 모습은 아버지의 이런 즐거움을 실감 있게 표현한다6, 9, 22~24절. 그러니까 이 비유들은 모두 은총의 기쁨에 관한 이야기다. 잃은 것을 그냥 두지 않고 찾아내는 '은총'과 찾을 때까지 부지런히 찾거나 돌아올 때까지 기다리는 '은총의 끈질김'에 관한 이야기, 그리고 이 돌아옴을 기뻐하는 하나님에 관한 이야기들이다.

처음 두 비유는 그림이 간단하다. 양을 잃었다가 다시 찾아서 기뻐하고, 동전을 잃었다가 다시 찾아서 기뻐한다. 여기엔 꼬일 대목이 없다. 회복을 고대하는 아버지소유주와 그 아버지의 은총을 받아 누리는 대상만이 등장한다. 잃은 것을 다시 찾고 모두가 "나와 함께 즐기자"6, 9절라며 외친다. 흐뭇하기 짝이 없다. 하지만 우리는 삶이 그렇게 간단하지 않다는 것을 안다. 잃었다가 다시 찾는 이야기가 우리 삶의 전부는 아니기 때문이다. 길을 잃은 양도 있지만, 언제나 주인 곁을 떠나지 않는 순한 양들은 더 많다. 한 개의 동전을 잃었지만, 아홉 개의 동전은 멀쩡하다. 여기서 은총의 이야기는 꼬이기 시작한다.

예수님의 비유는 잃은 한 마리 양을 찾기 위해 '정신이 나간' 목자의 모습을 그린다. 놀이공원에서 아이를 잃고 정신이 나간 젊은 엄마처럼, 목자의 눈에는 잃은 양의 모습 외에는 아무것도 눈에 들어오지 않는다. 그는 나머지 양들을 "광야에 남겨둔 채"개역개정은 "들에 두고"라고 번역함 잃은 양을 찾으러 길을 떠난다4절, 정확히 "들"이 아니라 날짐승이 출몰하는 "광야"다. "우리는 어쩌라고!" 하는 고함이 들리는 듯하다. 돌아오는 목자는 잃었던 양을 어깨에 메고 있다. 나머지 양들로서는 경험하기 어려운 장면이다. 물론 양들은 말이 없다. 하지만 우리는 이 양들의 침묵 속에서 큰 울림으로 퍼져가는 외침을 어렵지 않게 들을 수 있다. 목자와 잃은 양은 즐겁지만, 이를 바라보는 다른 양들은 상실감에 속이 쓰리다.

은총의 구경꾼

세 번째 비유는 이런 불공평함을 또 하나의 이야기로 풀어낸다25~32절. 형과 동생 이야기다. 은총을 주고 이를 받는 자의 이야기가 아니라, 은총을 받는 아들과 이를 옆에서 구경하는 다른 아들의 이야기다. 관계가 달라지면서 극의 분위기 역시 급변한다. 잃었던 아들을 향한 "측은함" 대신 뻔뻔한 동생을 향한 "분노"가 언급되고20, 28절, 아들의 귀향으로 인한 아버지의 기쁨 대신 동생의 귀향으로 인한 형의 박탈감이 그려진다.

형의 계산은 나무랄 데 없다. 자기는 한 번도 아버지의 명령을 어긴 적이 없다. 동생은 아버지의 가슴에 못질하고 아버지의 재산을 챙겨 집을 나갔다. 자기가 '뼈 빠지게' 아버지를 섬길 때, 동생은 아버지의 재산을 탕진하며 놀았다. 형은 동생이 창녀와 놀아났다는 결정적 정보도 숨기지 않는다. 그러니 같은 수준의 대접을 기대할 수 없는 상황이다. 그런데 사태는 더 심각해진다. 자기의 부지런한 수고에는 염소 새끼 한 마리의 보상도 없는데, '탕자'의 귀환을 위해 아버지는 살진 송아지를 잡는다29~30절. 집 밖에 서서 거품 물고 외치는 큰아들의 소리가 들린다. "이건 아니잖아! 이건 아니야!" 아버지의 은총이 만들어 놓은 또 하나의 생생한 현실이다.

두 탕자 이야기

사실 예수님의 그림은 얼핏 생각하는 것보다 훨씬 더 과격하다. 예수님의 이야기를 조심스레 듣노라면, 우리는 집을 지키는 아들과 집을 나간 탕자를 보는 것이 아님을 눈치챈다. 집 안에서 탕자가 된 아들과 집을 나가 탕자가 된 아들을 보고 있음을 깨닫는다.

큰아들은 격분한 음성으로 오랫동안 "아버지를 섬기면서 한 번도 명령을 어긴 적이 없다"고 항변한다29절. 의미심장하게도 이 '아들'은 아버지와의 관계를 두고 "종으로 섬겼다"라는 표현을 선택한다. 어쩌면 그는 아들의 자리에 있으면서도 아들됨을 누리지 못한,

그러니까 아들이면서도 종에 가까운 태도로 살았을지 모른다. “한 번도 명령을 어긴 적이 없다”는 계산 역시 부자 관계보다는 주종 관계에 더 어울린다. 아들의 모양은 있었지만, 아들됨의 알맹이는 사라진 껍질의 삶이다. 말하자면, 그는 집안에서 스스로 탕자가 되어 있다.

귀가하는 그의 모습이 둘째의 귀향과 비슷한 모양으로 그려진 것이 그런 의미를 암시하는 것일지도 모른다. “밭에 있다가” 일을 마치고 “집으로 오는” 큰아들의 모습이 “들로 보내어”져서 돼지를 치다가 “아버지에게 오는” 둘째 아들과 비슷해 보인다면15, 20, 25절, 비유를 잘못 읽은 것일까? 아버지와 항상 함께 있었음을 망각하고 종처럼 행동하는 아들이 아버지를 떠나 탕자가 되었던 아들과 무엇이 그리 다를까?

예수님의 비유는 결말을 알려주지 않는다. 큰아들이 잊었던 은총을 다시 기억하고 아버지 앞에 무릎을 꿇었는지, 아니면 끝내 은총의 ‘불공평함’에 마음을 닫은 것인지 알 도리가 없다. 이 비유는 불평 많은 바리새인들과 서기관들을 향한 공격이었다. 이를 생각하면 전망은 다분히 비관적이다1~3절. 실제 예수님의 이야기는 집안에서 잔치를 즐기는 둘째 아들과 집 밖에서 분노하는 큰아들의 모습을 그리는 것으로 끝난다. 집을 나갔던 탕자, 아들의 이름을 감당치 못할 사람은 다시 집안으로 영접받아 아들로 회복된다. 반면 집을 지키던 효자, 아들답게 행동한 것처럼 보였던 사람은 종의 태도를 드러내며 아버지의 집에 들어오기를 거부한다28절.

언제나 은총

문밖에 서서 돌아올 때까지 둘째 아들을 기다렸던 아버지는 또 한 번 문밖으로 나가 또 하나의 탕자와 질긴 대화를 나눈다.

> 그가 노하여 들어가고자 하지 아니하거늘 아버지가 나와서 권한대
> 눅15:28

둘째를 끌어안고 기뻐 울었던 아버지의 은총은 불평하는 맏아들을 다독이며 설득하는 은총이기도 하다. 아버지는 큰아들의 땀흘림을 무시하지 않는다. 오히려 아버지는 아들의 부지런한 달음질이 은총의 손바닥 위를 달린 것임을 상기시킨다. 아버지의 전략은 은총의 구경꾼을 다시금 은총의 수혜자로 돌려놓는 것이다. 은총의 쓰라림은 은총의 감격 말고는 달리 치유할 도리가 없는 탓이다. 은총을 배 아파하다 탕자가 되어 버린 이를 다시금 은총에 감격하는 아들로 바꾸어 놓는 일이다.

> 아버지가 이르되 얘 너는 항상 나와 함께 있으니 내 것이 다 네 것이로되눅15:31

"너는 항상 나와 함께 있었잖니", 이 한마디는 아들의 관심을 그의 숨찬 달음질에서 그가 선 은총의 손바닥으로 돌려놓는다. "내

것이 다 네 것이잖아"라는 말을 듣는 순간, 우리는 "아차!" 하며 잊었던 사실 하나를 기억해 낸다. "아버지가 각각 살림을 나누어 주었다"12절, 라는 그 사실 말이다. 둘째를 향한 은총을 보며 우리는 "이건 아니잖아!"를 외치지만, 아버지를 향한 우리의 태도 또한 얼마나 왜곡된 것인가? 오히려 "이건 아니야!"를 외쳐야 할 사람은 그토록 끊임없는 은총을 베풀고 계시는 아버지다. 하지만 여기서도 아버지는 인내로 기다리며 아들을 설득한다. 둘째를 향한 측은한 은총만큼이나 가슴 뭉클한 은총이 아닌가!

포도원 품꾼들의 이야기

누가복음에 '탕자 비유'가 있다면, 마태복음에는 '포도원 품꾼의 비유'마20:1~16가 있다. 말하자면, 이 비유에는 수준이 다른 여러 명의 '형'과 마감 한 시간 남기고 일하러 들어간 한 무리의 '동생'이 등장한다. 여기서도 동생들은 주인의 호의가 고마운 은총의 수혜자로, 일찍 온 형들은 분노에 찬 은총의 구경꾼으로 등장한다. 형님들의 불평은 여기서도 공감 백배다. 한 시간만 일한 사람들과 "종일 수고하며 더위를 견딘"12절 우리와 같이 취급한다는 것은 있을 수 없는 일이 아닌가? 그들 역시 한 데나리온을 받았지만, 그들의 반응은 감사가 아니라 원망이었다10~11절.

재미있게도, 이 비유에는 시간대를 달리하여 일을 시작한 여러

‘등급’의 사람들이 등장한다. 이야기 속에서는 “오후 다섯 시에 온 사람들”과 “먼저 온 사람들”만 직접 대조되지만, 굳이 여러 그룹을 따로 언급한 것이 무의미하지는 않을 것이다.

먼저 온 사람들의 불평이 일리가 있어 이들에게 두 데나리온을 주었다 하자. 그러면 모두가 감사할 것인가? ‘오후 다섯 시’ 그룹이 시야에서 사라지면 오후 세 시가 ‘동생’이 될 것이고, 열두 시와 아홉 시, 그리고 이른 아침 그룹들은 여전히 ‘형님’으로 남을 것이다. 그리고 이들 ‘형님들’은 오후 세 시짜리 동생들과 자기들이 똑같이 두 달란트 받는 것을 원망할 것이다. 이런 원리라면 ‘이른 아침파’들은 가장 많은 돈이 자기 손에 들어오기 전까지 결코 만족하지 않을 것이다. 하지만 이런 식의 포만감이 은총에서 느끼는 감사와 같을 리 없다.

남이 받은 은혜

누가복음의 큰아들이 아버지의 은총을 잊고 키 재기를 했다면, 마태복음의 “먼저 온 자들” 역시 은총을 잊고 계산기를 두드렸다. 하루의 벌이를 예측할 수 없는 상황에서 아침 일찍 일거리를 얻었을 때, 그들은 그 은총이 감사했을 것이다. 사실 당시 사회에서 하루 한 데나리온이면 결코 박한 대우가 아니다. 당연히 기꺼운 마음으로 일을 했을 것이다. 적어도 ‘동생들’이 들어오기 전까지는 말이다.

다른 시간에 들어온 사람들 역시 사정이 다르지 않다. 다섯 시에 들어온 사람이라고 먼저 온 사람들과 사정이 달랐을 리 없다. 다행히 일찍이 일감을 얻은 다른 이들과는 달리, 하루 종일 일감을 못 구해 포기할 무렵 한 시간 정도라도 일을 얻어 다만 몇 푼이라도 벌 수 있게 된 그런 사람들이다. 은총의 방식이 다르기는 했지만, 모두가 은총의 밭에서 일했다는 사실은 달라지지 않는다. 하지만 은총의 밭에서도 우리는 서로를 비교한다. 은총의 수혜자가 은총의 구경꾼 입장에 서고, 감사의 노래는 원망의 씩씩거림으로 바뀐다. 이처럼 남이 받는 은총은 나의 은총에 치명적인 상처를 입힌다.

은혜의 뒤집힘

아버지와 아들 대신 고용주와 품꾼의 관계 탓일까, 마태복음의 주인은 누가복음의 아버지보다 한결 단호하다. "내가 네게 잘못한 것이 없다"13절는 주인의 말은 우리가 인정하기 거부하는 중요한 진리를 깨우쳐 준다. "내 것이니까 내 마음대로 한다"15절는 말 역시 마찬가지다. "내가 다른 사람들에게 선하게 대한다고 너에게 악한 사람이 되는 것은 아니지 않느냐"라는 주인의 물음은 수혜자이기를 그치고 구경꾼으로 전락한 우리의 가난함을 여실히 폭로한다15절. 이야기의 결말은 섬뜩한 느낌마저 준다.

이와 같이 나중 된 자로서 먼저 되고 먼저 된 자로서 나중 되리라

마20:16

누가복음 식으로 하자면, 탕자가 아들이 되고, 큰아들은 오히려 탕자가 된다. 이처럼 무서운 경고로 끝을 맺건, 아버지의 다감한 다독거림으로 끝을 맺건 사태의 본질은 동일하다.

이처럼 은혜는 어렵다. 내가 받은 은혜는 물에 새겨져 벌써 흘러가고, 남이 받는 은혜는 돌에 새겨져 잠 못 드는 밤을 선사한다. 아버지께서 항상 나와 함께 계셨음을 잊고, 아버지의 재산이 실은 다 나의 것이었음도 잊으며, 주인과 나와 맺었던 그 고마운 계약도 곧잘 잊는다. 그래서 우리 역시 때론 마태복음의 경고를, 때론 누가복음의 다독거림을 듣는다. 은혜의 구경꾼 아닌 은혜의 수혜자 자리를 잃지 않도록 말이다.

우린 언제쯤이면 남의 은혜와 비교하다가 나의 은혜조차 잊어버리는 실수로부터 자유로울까?

성탄에 관한 묵상

성탄의 의미

교회가 부활의 의미를 잊고 있다고 일전에 지적한 적이 있다. 그런데 따지고 보면 이런 건망증은 성탄이라고 다를 것이 없다. 다소 억지스런 부활의 어색함과 달리, 성탄의 색조는 언제나 흥분과 설렘이다. 적어도 표면적으로 보자면, 그리스도의 성육 사건은 그 생애의 어떤 사건 못지않은 열광적 관심을 받는 것처럼 보인다. 하지만 호들갑은 제대로 된 대접과 다르다. 분위기를 내며 법석을 떨면서도, 정작 성탄의 의미를 놓칠 수 있는 까닭이다.

성탄절이면 우리는 예수님의 탄생을 기뻐한다. 하지만 그의 탄생이 10년을 기다린 내 딸의 탄생보다 더 놀라워야 할 까닭이 있을까? 사람의 삶이 다 거기서 거기인 마당에, 누군가 또 한 사람이 그런 삶을 공유했다고 해서 그것이 내게 '복음'일 이유는 없지 않은가? 여기서 우리는 대속의 교리를 들어 성육의 논리를 이해하려 한다. 사람의 죄는 사람만이 속할 수 있고, 그래서 하나님은 사람이 되셔야만 했다는 것이다.

하지만 이런 논리는 처음부터 부자연스럽다. 사람만이 사람의 죄를 속한다면 구약의 동물 제사는 애초부터 무의미하다. 짐승의 피가 뿌려져 사람의 육체가 "정결하게", 그리고 "거룩하게"히9:13 된다는 말 역시 억설에 불과한 것이 된다. 설사 대속 교리가 성육신을 요구한다 해도, 이것이 예수님의 '탄생'을 설명하지는 않는다. 어차피 십자가의 대속이 필요한 전부라면, 불쑥 나타나 야곱과 싸웠던 하나님처럼 곧바로 십자가의 무대로 오를 수도 있지 않았을까? 사실 '아기 예수'의 탄생 속에는 대속만으로 덮을 수 없는 구원의 또 다른 면모가 담긴 것은 아닐까?

대속, 하지만 내 삶은?

십자가의 죽음은 대속의 죽음이다. 자신의 고백처럼, 그는 자기 목숨을 많은 사람들을 위한 '대속물'로 주기 위해 이 땅에 오셨다. 그래서 "우리를 위한" 그의 죽음은 또한 "우리를 대신한" 죽음으로 번역될 수 있다. 스스로 죄의 짐을 해결할 수 없다면, 또 스스로 죄의 고리를 풀 수 없다면, 누군가 우리 대신 그 짐을 지고 그 고리를 풀어야 한다. 그리스도는 바로 그 해결사다. 바로 이런 의미에서 구원은 나를 대신하는 은혜일 수밖에 없다.

하지만 모든 것을 '대신'해 주는 것이 은혜는 아니다. '대속'이라는 우산 하나로 은혜의 소나기를 가리기는 어렵다. '대속'에 대한 신뢰는 쉽게 은혜에 대한 경멸로 변질된다. 예수님께서 우리 죄를 '대신' 지셨기에, 우린 이제 '오직 은혜'와 '오직 믿음'으로 구원을 누린다고 말한다. 우리가 할 일이라곤 십자가의 굿을 보며 구원의 떡을 먹는 것뿐이다. 다행히도 이제 내 삶은 구원에 아무 여파를 미치지 않는다. 나는 이것을 '은혜의 승리'라 부른다.

하지만 우리의 삶 자체는 이런 은혜의 논리에 끊임없이 반기를 든다. 구원이 아무리 '거저'라고 해도, 또 무기력한 삶이 나의 구원을 건드리지 못한다고 해도, 나는 내 삶이 늘 고민스럽다. '오직 은혜'라면 자동적이어야 할 구원의 확신조차 미꾸라지처럼 쉽게 내 삶의 틈새를 빠져나간다. 이것이 믿음의 결핍일까? 나의 성공과 실패가 모두 무의미해지는 은혜의 정상에 아직도 못 오른 탓일까?

이런 고민스런 물음은 꼬리에 꼬리를 문다. 내 삶에의 집착을 버리고 은혜만 의지하며 기뻐해야 하는데, 아직도 나를 버리지 못해 전전긍긍하는 불신앙의 발버둥일까? 한없이 이기적이면서도 할렐루야를 연발하는 아무개 집사처럼, 그런 철판 같은 속편함이 제대로 된 믿음이라는 말일까? 하지만 구원이 지금 내 삶과 무관하다는 주장은 도대체 어디서 나온 것일까? 나로 하여금 오늘의 시간을 살게 만든 하나님의 구원이 정작 오늘 나의 삶과는 무관한 무엇이라면, 나는 그 소식을 복된 소식으로 느낄 수 있을까? 높이 솟은 나

무일수록 땅속 깊이 뿌리를 내려 버티는 것처럼, 영원으로 향하는 소망 역시 오늘 나의 삶 깊이 그 뿌리를 내리고 있어야 할 것이 아닌가? 내 삶에 아무런 공명이 없어도 천상의 음악이 여전히 울리고 있다는 이야기를 우리는 과연 믿을 수 있을까? 먹구름 뒤에도 태양은 빛날지 모르지만, 구름 밖으로 나오지 않는 태양만으로 빛을 얻을 수 있을까? 내 삶을 대신하기만 하는 구원이 과연 내 삶을 구원할 수 있을까?

구원을 향한 참여와 성숙

어른이고 싶은 아이에게 '대신'은 은혜가 아닌 저주다. 아빠의 '대신'이 더 멋진 결과를 줄 수 있겠지만, 아이가 바라는 것은 깔끔한 '대신'이 아닌 실수투성이의 '직접'이다. 물론 "아빠!"를 외치며 구원 요청을 해야 할 상황도 많다. 아이는 그런 도움이 전혀 부끄럽지 않다. 그럼에도 불구하고 아이는 '직접' 해 보고 싶다. 그렇게 아이는 어른을 꿈꾸고, 그렇게 어른 흉내 내면서 실제로 어른이 되어 간다.

'대신'이라는 콩나물시루에 담겨 은혜의 조롱박 물을 마실 수도 있다. 하지만 아이는 '직접'이라는 논두렁에 심겨 거친 비로 내리는 은혜를 맛보고 싶다. 업어달라고 떼를 쓸 때도 있다. 하지만 졸린 눈을 비비면서도 혼자 걷겠다고 고집부릴 때도 있는 법이다. 수월

한 세발자전거보단 힘겨운 두발자전거를 고집할 때도 있다. 이 모든 것은 은혜를 거부하는 불신앙의 발버둥이 아니라, 성숙을 위한 본능적 몸짓이다.

구원은 수동적으로 받기도 하지만, 적극적으로 "일구어 가기도"work out 한다빌2:12. 우리에게 주어지는 것이면서 또한 달려가 쟁취해야 할 목적지이기도 하다고전9:24.

> 그러므로 나의 사랑하는 자들아 너희가 나 있을 때뿐 아니라 더욱 지금 나 없을 때에도 항상 복종하여 두렵고 떨림으로 너희 구원을 이루라빌2:12

> 운동장에서 달음질하는 자들이 다 달릴지라도 오직 상을 받는 사람은 한 사람인 줄을 너희가 알지 못하느냐 너희도 상을 받도록 이와 같이 달음질하라고전9:24

따라서 구원의 열쇠인 그리스도 속에는 대속과 누림이라는 수동적 차원뿐 아니라, 참여와 일굼이라는 능동적 차원도 존재한다. 바로 이 대목에서 하늘의 구원 이야기는 지상의 삶 이야기와 겹친다. 성탄의 거룩함은 바로 이 하늘과 땅의 만남을 포착한다. 하늘 영광에 빛나던 하나님의 아들이 이 땅의 고난을 함께 하는 사람의 아들로, 하늘의 사랑이 지상의 고난으로 나타난 거룩한 "함께하심"임마누엘의 사건이다.

> 그러므로 주께서 친히 징조를 너희에게 주실 것이라 보라 처녀가 잉태하여 아들을 낳을 것이요 그의 이름을 **임마누엘**이라 하리라 사7:14

> 보라 처녀가 잉태하여 아들을 낳을 것이요 그의 이름은 **임마누엘**이라 하리라 하셨으니 이를 번역한즉 **하나님이 우리와 함께 계시다** 함이라마1:23

성육을 통한 구원

히브리서는 그리스도께서 "모든 면에 있어서 형제들과 같이 되셨다"라고 말한다히2:17. 이들은 모두 "혈과 육"에 속한 존재로서히2:14, "한평생 죽음의 공포에 매여 종 노릇하는" 삶을 살아간다히2:15. 예수님의 오심은 이 죽음의 공포에서 우리를 해방하기 위해서다히2:15. 물론 이 해방은 죽음의 세력을 쥐고 있는 마귀의 처치를 전제한다. 결국 그리스도는 죽음의 세력을 쥔 마귀를 처단하기 위해 "혈육에 속한 자"가 되셨다. 말하자면, 죽음의 공포를 해결하려고 스스로 죽음의 공포 아래 놓였다는 것이다히2:14.

내가 나를 해방할 수 없다는 점에서, 나의 구원은 대속적이다. 하지만 그리스도의 해방은 하늘에서 날아와 나를 낚아가는 슈퍼맨의 구출과는 다르다. 그는 내가 선 자리로 오셨고, 내 자리에서 죽음의 공포와 투쟁하였다. 물론 십자가는 이 투쟁의 절정이지만, 탄생 이후 그의 삶 전부는 이런 대결의 과정이었다. 그는 "모든 일에 우리와 똑같이 시험을 받으신" 자였다히4:15. 내가 시험에서 자유롭지 않듯, 그 역시 "시험을 받아 고난을 당했고"히2:18, 그 또한 "육체에 계실 때" "자기를 죽음에서 능히 구원하실" 하나님께 "심한 통곡과 눈물로" 울부짖어야 했다히5:7. 나와 하나도 다르지 않은, 나의 "형"이었다히2:11, 17.

하지만 그는 "죄가 없었다". 히브리서 저자는 이렇게 기록했다.

> 모든 일에 우리와 똑같이 시험을 받으신 이로되 죄는 없으시니라
>
> 히4:15

우리는 이 말을 해석하는 데 있어 보다 신중해야 한다. 이 진술의 일차적 의미는 그리스도의 존재론적 순결이 아니라, 그의 철저한 순종이다. 원래 죄가 없는 분이어서 시험을 다 이기고 순종할 수 있었다는 것이 아니다. 우리와 똑같이 시험을 받았지만 철저히 순종하셨고, 그러기에 그에겐 "죄가 없다"는 것이다. 그는 시험을 받아 실패했던 광야의 이스라엘이나 가나안의 이스라엘과는 달리, 시험을 받아 그 시험을 이겨내셨다. 그는 "아들이시면서도 받으신 고난으로 순종함을" 배웠고, 이를 통해 "온전하게 되셨다"히5:8~9.

말하자면, 그는 나처럼 한계 속의 인생을 살면서도 하나님께 온전히 순종하실 수 있었다. 히브리서 저자는 바로 여기서 구원의 가능성을 읽어낸다. 이런 맥락에서 다시 히브리서 5장 8~9절 말씀을

읽어보자.

> [8]그가 아들이시면서도 받으신 고난으로 순종함을 배워서 [9]온전하
> 게 되셨은즉 자기에게 순종하는 모든 자에게 영원한 구원의 근원
> 이 되시고

예수님께서 우리의 구원자가 되시는 데는 고난을 통한 순종의 배움이 필요했고, 이를 통해 그는 구원자로서의 온전한 자격을 획득했다. 신적 온전함을 포기한 채, 인간의 고난을 겪으면서 온전함에 이르러야 했다히2:10. 이것이 구원의 방식이었다.

내 삶의 구원

여기서 예수님의 구원은 슈퍼맨의 구출과 인간의 탈출을 절묘하게 결합한다. 스스로 탈출할 수 없는 상황을 타개했다는 점에서, 그의 구원은 슈퍼맨의 구출처럼 대리적이다. 하지만 우리의 슈퍼맨은 푸른 쫄바지와 빨간 망토로 하늘을 나는 대신, 안경 쓴 신문사 기자로 악당들과 대결을 벌인다. 그리고 그들을 눌러 이긴다. 날개를 접고서 평범한 소년으로 후크 선장과 마지막 결투를 벌이는 피터 팬과 같이, 인간 예수님의 투쟁과 순종 속에서 인간의 삶은 구원의 가능성을 배태한다. 그의 승리는 슈퍼맨이 아니라 나와

같은 인간의 승리다. 그러기에 그의 삶은 내 삶의 구원을 위한 가능성이요, 통로로 작용한다.

> 자기에게 순종하는 모든 자에게 영원한 구원의 근원이 되시고히5:9

피터 팬의 활약을 따라 포로였던 네버랜드의 꼬마들이 해적들과 맞서 승리하듯, 우리 역시 '형님'이자 '오빠'이신 예수님의 지휘 아래 우리를 누르던 죽음과 맞서 승리한다. 바로 여기에 복음이 있다. 그가 먼저 죽음의 공포를 극복하셨기 때문에 나 역시 죽음의 공포와 싸워 이긴다. 그의 길은 나와 같은 인간이 걸어간 길이기에 나 역시 그 길을 갈 수 있다. 예수님께서는 바로 이런 승리의 길을 닦아 주셨다.

구원자 그리스도는 하나님이시며 또한 사람이다. 그의 승리는 하나님의 승리이자 또한 나의 승리이기도 하다. 나와 같은 사람의 승리, 바로 나의 승리 속에서 우리는 구원의 희망을 감지한다. 여기서 구원은 "대신"의 단계를 넘어 "함께"의 자리로 나아간다. 그래서 그리스도는 우리의 "대제사장"이다. 나와 같은 인간이면서 나의 죄를 속하시는 분, 스스로 시험을 받으셨기에 시험받는 나를 이해하고 도우시는 분이다히2:17; 4:14~15.

그리스도의 고난은 나 역시 고난 속에 있다는 사실에서 그 의미를 얻는다. 그의 고통이 의미 있는 것은 바로 내가 죽음의 고통 아래 있기 때문이며, 그의 시험이 흥미로운 소식인 것은 나 역시 동일한 시험에 직면해 있기 때문이다. 그래서 그의 길은 "대신" 가신 길이 아니라 "앞서" 가신 길이 된다히6:20. 그래서 히브리서는 이 예수님을 두고 내가 가야 할 길을 만들어 내고, 그 길의 안내자가 되시는 분으로 소개한다. 그렇게 해서 내 구원의 "개척자"이자 "선구자"라는 칭호를 단다.

> 믿음의 **선구자**요 또 온전하게 하시는 이인 예수를 바라보자히12:2, 개역개정 수정

믿음의 길을 먼저 가며 우리를 부르시는 분, 순종으로 온전케 된 사람으로 우리 사람들을 온전케 하시는 분, 그래서 그는 우리 "믿음의 개척자시며 온전케 하시는 분"이다히2:10, 12:2, 이 구절들에서 "주"로 번역된 단어가 사실은 "개척자, 선구자"라는 의미의 단어다.

성탄, 예수님과 함께 걷는 구원의 길

훈련소 시절 동료 하나가 가스실의 고통을 참지 못한 나머지 다섯 명의 조교가 막고 있던 문을 밀치고 달아났었다. 뜻밖에도 중대장은 그 친구를 벌주지 않았다. 공포에 떠는 그 친구의 어깨에 손을 얹고서 오랜 대화를 나눈 뒤, 놀랍게도 중대장은 그 친구의 손을 잡고 방독면도 없이 '함께' 가스실로 걸어 들어갔다. 중대장은

그 친구의 고통을 자기 고통으로 삼았고, 그 친구는 중대장의 승리를 자기 승리로 만들었다. 중대장이 '대신' 가스실로 가 주었다면, 그것이 그에게 구원이었을까?

아기 예수님께서 우리의 손을 잡고 함께 구원의 여정을 떠나는 성탄의 밤은 거룩하다. 그가 내가 되심으로써 나를 자기처럼 만드시는 분이다. 먼저 영문 밖에서 죽음의 고통을 감내하심으로써 우리가 뒤따를 수 있도록 해 주시는 "자애로운 대제사장"히13:12~13이시며, 먼저 영원한 제사로 성소를 향한 길을 내심으로써 성소를 향한 우리 걸음에 담력을 주신 "믿음의 선구자"히9:12; 10:19~20시다.

그런 까닭에 우리는 이 거룩한 성탄의 밤에, 아니 성탄의 거룩함을 간직한 우리의 하루하루에 은총과 희망을 노래한다.

성찬,
차별 없는 은혜와 성도의 하나됨

성경을 올바르게 해석하는 일에 문맥을 파악하는 것은 지극히 중요하다. 이제 문맥 파악이 얼마나 중요한가를 생각하면서 성찬에 관한 바울의 가르침을 살펴보도록 하자.

성찬 문제를 다루고 있는 고린도전서 11장 17~33절은 문맥, 혹은 정황 파악의 중요성을 가장 잘 보여주는 구절 중 하나다.[61] 성찬과 관련한 바울의 권면은 한마디로 "자신을 살피라"는 것이다.

> **사람이 자기를 살피고** 그 후에야 이 떡을 먹고 이 잔을 마실지니
>
> 고전11:28

그래서 우리는 성찬 때마다 목사님들로부터 먼저 자신을 돌아보라는 권고를 받는다. 더 나아가, 이는 "사람이 자기를 살피고 그 후에야" 성찬에 참여하라는 말씀과 연결되어 성찬에 참여하기 전

해결해야 할 일종의 선결 조건으로 제시되는 경우도 많다. 그러니까 자신을 살핀 결과가 만족스럽지 못할 경우 성찬에 참여하지 말아야 한다는 것이다. 사실 "마음에 거리낌이 있는 사람들은 성찬에 참여해서는 안 된다"라는 권고를 들으며, '민감한' 양심을 가진 많은 성도는 아픈 마음으로 성찬 참여를 포기하기도 한다. 성찬을 더럽혀서는 안 된다는 고상한 의도로 말이다.

그런데 이런 관행에 무언가 석연찮은 것이 있다. 그렇지 않은가? 성찬이 "주의 죽으심"을 기억하며 그 은혜를 새롭게 하는 계기라는 바울의 해석이 사실이라면26절, 성찬을 거부하는 행위는 바로 십자가의 속죄 자체를 거부하는 몸짓이 아닌가? 굳이 민감한 사람이 아니더라도 자신을 철저히 돌아보고서도 '마음에 거리끼는' 일이 생각나지 않을 사람은 그리 많지 않다. 그래서 많은 경우 이 권고는 '아직 해결하거나 회개하지 못한 죄가 생각날 경우'로 해석되곤 한다.

하지만 미처 회개하지 못한, 그래서 지금 회개해야 할 죄가 생각난다면, 이것이 왜 성찬을 금지하는 이유가 되어야 할까? 성찬을 받으면서 만약 나에게 회개하지 못한 죄가 떠올랐다면, 이는 성찬 포기라는 '신사다움'이 아니라 그러기에 더욱 성찬을 사모하는 간절함으로 이어지는 것이 정상 아닌가? 해결되지 못한 '죄' 때문에 주님의 '속죄'를 받아들일 수 없다면, 이는 십자가의 은혜를 누리기 위해 우리 편에서의 사전 준비가 필요하다는 공로주의적 발상이 아닌가? 그리고 이는 무조건적인 하나님의 은혜라는 복음의 핵심을 부인하는 태도가 아닌가?[62] 이는 마치 공중목욕탕 앞에 "몸이 깨끗지 않은 사람은 우리 목욕탕을 이용할 수 없다"는 경고문을 붙이는 것처럼 우스꽝스러운 일이 아닌가? 은총의 복음에 목숨을 걸었던 바울이 과연 이런 식의 가르침을 베풀었을까? 혹 우리가 바울의 가르침을 전혀 엉뚱하게 해석하고 있는 것은 아닐까? "사람이 자기를 살피고 그 후에야 성찬에 참여하라"는 이 말은 도대체 무슨 뜻일까?

성찬의 전제조건?

다른 원인을 찾을 수도 있겠지만, 성경해석의 관점에서 본다면 자신을 살피는 것이 성찬의 전제조건이라는 생각은 우선 잘못된 번역에 기인하는 바 크다. 개역개정은 사람이 자신을 살피고 "그 후에야" 성찬에 참여하라고 말한다28절. 공동번역은 "자신을 살피고 나서"라고 비슷한 의미로 옮겼다. 그런데 이런 식의 번역은 바울의 의도와 무관한 불행한 오역이다. 이 실수는 다른 번역들에서도 공히 나타나는 것으로, 영어 번역의 경우도 사정은 다르지 않다. 대부분의 주석들가령 Gordon Fee가 쓴 NICNT 시리즈의 고린도전서 주석 역시 잘못을 그대로 답습한다. 그러니까 시간적 선후관계가 전혀 없는 단어에 그런 의미를 집어넣어 해석한 것이다.

"그 후에야"는 헬라어 "οὕτως"후토스라는 접속사를 번역한 것이다.

이는 바울서신에서만 해도 70회 이상 등장하는 매우 흔한 단어다. 이 단어는 '이와 같이', 혹은 '이처럼'이라는 뜻인데, 어떤 두 가지 대상의 유사성을 포착하여 논증을 끌어가는 기능을 갖는다.

예를 들면 다음과 같다. 하나님 아버지께서 죽은 자를 일으키고 살리신다. '이와 같이' 아들 또한 그가 원하는 자들을 살리신다요5:11. 곧 그리스도의 사역은 아버지의 사역과 본질적으로 동일하다. 또 예를 들어보자. 모세가 광야에서 뱀을 들었다. '이와 같이' 인자 또한 들려야 할 것이다요3:14. 여기서 광야에서 뱀의 들림과 인자의 십자가 들림 사이에는 모형론적 동일성이 존재한다. 또한 그리스도께서 죄에 대해 죽고 하나님을 향해 사신다. '이와 같이' 우리 또한 우리 자신을 죄에 대해 죽은 자요, 하나님을 향해서는 산 자로 여겨야 한다롬6:11. 곧 그리스도의 죽음과 부활은 우리의 죽음과 부활을 위한 근거가 된다.

이처럼, '이와 같이'는 어떤 두 대상 사이의 본질적 유사성, 혹은 연관성을 부각시킨다. 여기서 둘 사이의 시간적 선후관계는 전혀 암시되지 않는다. 물론 나중 일을 이전 일에 빗대어 말하는 것이 일반적이니까, 여기서 시간의 차이는 있다. 하지만 '이와 같이'라는 말의 기능은 오히려 이 시간의 차이를 무시하고, 이 둘 사이에 존재하는 본질적 동일성을 포착하는 것에 있다.

그런 까닭에 "사람이 자기를 살피고 그 후에야 이 떡을 먹고 이 잔을 마실지니"라는 바울의 말을 문자적으로 번역하면 이렇다. "각자 자신을 살피게 하라. 그리고 이렇게 성찬을 먹게 하라." 그리고 이보다 부드럽게 풀자면 이렇다.

> 각자 자신을 살펴야 합니다. 그리고 우리는 이런 식으로, 그러니까 자신을 살피면서 이 떡을 먹고 이 잔을 마셔야 합니다.

따라서 사람이 자신을 살피고 "이와 같이" 성찬에 임해야 한다는 것은 자신을 살피고 문제없는 것으로 확인된 "후에야" 성찬을 먹으라는 것이 아니다. 성찬에 임하되 "이와 같이", 곧 "자신을 살피는 태도로" 그러라는 것이다. 그러니까 바울의 권고는 성찬 참여를 위한 전제조건에 관한 것이 아니라, 성찬에 참여할 때의 올바른 태도에 관한 것이다. 자격이 안 되면 먹지 말라는 것이 아니라, 먹을 때 자신을 살펴보라는 것이다.[63]

사실 바울은 죄로 인한 개인적 거리낌이든, 혹은 세례 여부든 성찬 참여의 전제조건에 관해서는 일체 언급한 적이 없다. 바울서신에서 성찬의 금지는 출교와 사실상 동일한 개념이다. 공동체의 일원이면서 공동식사에서 배제되는 경우는 없다는 것이다. 당시에는 세례받지 않은 채 공동체의 일원이 되는 경우는 별로 없었다. 확실히 말하기 어렵지만, 성찬 자체가 불신자에게도 개방된 예배의 한 부분이었음을 고려하면, 당시 성찬 역시 어린이들은 물론 불신자들에게도 개방된 모임이었을 가능성이 더 높다cf. 고전14:22~23; 골3:20; 엡6:1~3.[64]

사실 오늘날 대부분의 교회에서 초신자가 세례받는 데 족히 일

년은 걸린다. 그래도 많은 경우 세례를 받기 전까지는 성찬을 허용하지 않는다. 그렇다면, 그동안엔 주님의 대속적 은혜를 포기하라는 말인가? 아니면, 성찬 의식은 어차피 별 의미가 없으니 그동안 안 먹어도 아무 상관 없다는 메시지인가? 이렇게 되면, 결과적으로 '아무 차별 없는' 은혜를 매개하는 성찬 의식이 오히려 여러 가지로 사람을 차별하는 수단이 되는 것은 아닐까?

영국 유학 시절, 필자가 다니던 한 한인교회에서 어렵게 교회에 나온 한 선배가 "세례받기 전까지는 성찬에 참여하지 말라"는 목사님의 권고에 깊은 상처를 받은 적이 있었다. 애써 초대해 놓고 공개적으로 무안을 준 상황이라 여긴 미안한 일이 아니었다. 이것이 신학적으로 올바르다면 할 수 없지만, 과연 그럴까?

바울이 말하는 '자기 성찰'

이처럼 바울이 말하는 '자기 성찰'은 성찬 참여의 선결 조건이 아니라 성찬에 참여하면서 갖추어야 할 태도를 가리킨다. 그렇다면 성찬을 먹고 마시며 "자신을 살피라"는 것은 구체적으로 어떻게 하라는 권고일까?

우리는 대개 이 말을 도덕적 내면 성찰의 의미로 이해한다. 그래서 많은 목사님들은 성찬에 앞서 죄나 다른 어떤 거리낌이 없는지 자신을 돌아보라고 권고한다. 물론 시간을 들여 속을 뒤지노라면 늘 이런저런 거리낌이 있게 마련이다. 그리고 이는 우리가 성찬에 참여할 준비가 안 되었다는 말이 된다. 하지만, 앞에서 제기한 질문처럼, 이런 해석은 복음의 본질과 잘 맞지 않는다. 본래 양심이 민감한 사람은 늘 생각나는 잘못이 많아 자주 성찬에 자신이 없다. 반면, 얼굴이 철판인 사람은 별로 생각나는 게 없으니 속 편하게 성찬을 즐긴다. 이 무슨 우스꽝스러운 상황인가? 어쨌든 무조건적 속죄의 은총 앞에 어떤 조건을 붙인다는 것은 어떤 근거에서도 정당화하기 어렵다.

언어라는 것이 본래 그런 것처럼, "자신을 살핀다"라는 말 역시 사용되는 상황에 따라 구체적인 의미가 달라진다. 앞에서 예를 들었던 것처럼, 껌을 두고 "이번엔 씹지 마"라고 하는 것과 문자 메시지를 두고 "이번엔 씹지 마"라고 하는 말은 그 의미가 전혀 다르다. 물론 여기서 결정적인 것은 상황이다. 그래서 지금 바울이 이 말을 하고 있는 실제 상황을 염두에 두고 해석해야 한다. 그렇다면 바울이 이 권고를 내리는 상황은 어떤 것일까?

"자신을 살핀다"라는 말이 고린도전서 11장에서는 28절에 처음 나오기는 하지만, 사실 같은 문맥 속에 이와 유사한 표현들이 두 가지 더 나타난다. 이 표현을 복수형으로 바꾸어 "우리가 우리를 살폈으면"31절이라고 말하기도 하고, 동사의 목적어를 달리하여 "주의 몸을 분별하지 못하고"29절라고 말하기도 한다. 우리가 먹는 것이 주의 몸이므로 나 자신, 혹은 우리 자신을 살피지 못한 상태에서 이를 먹는 것은 사실상 우리가 먹는 것이 "주의 몸"이라는 사실을 망각한 행위가 된다. 여기서 28절과 31절은 "나 자신"과 "우리 자신"이 서로 통하고, 29절과 31절은 "분별한다"라는 동사로 서로 연결된다. 말하자면, 이 세 가지 표현은 모두 동일한 요구를 가리킨다.

당연한 말이 되겠지만, 바울이 성찬과 관련하여 자신을 살피고, 주의 몸을 분별하고, 혹은 우리 자신을 살피는 태도를 언급한 것은 현재 고린도 성도들의 성찬이 심각한 문제를 드러내고 있기 때문이다17, 22절. 그러니까 고린도 성도들은 현재 자신과 주의 몸을 제대로 살피지 않으면서 성찬을 거행하고 있다.

이 문제의 본질을 파악하기는 어렵지 않다. 편지 서두에서부터 분명해지듯, 현재 교회에는 여러 파당이 있다고전1:10. 그리고 이런 분열은 성찬의 진행에도 치명적 영향을 미치고 있다고전11:18~19. 음식이 준비되고 모두 모여 함께 거행해야 할 성찬이 파당적 태도로 왜곡되는 상황이다. 곧 어떤 이들은 "자기의 만찬"을 먼저 먹고 마셨으며, 그러다 보니 뒤늦게 온 가난한 이들은 남은 음식이 없어 부끄러움을 당하는 상황이 연출된다고전11:21~22. 여기에 격노한 바울은 하나님의 교회를 업신여기는22절 이런 식의 모임은 "주의 만찬"20절이 아니라고 호통을 친다. 개역개정의 어색한 번역과 달리, 본래 바울의 말은 이렇다.

> 그렇지만 여러분이 분열되어 있으니, 여러분이 한 자리에 모여서 먹어도, 그것은 주님의 만찬을 먹는 것이 아닙니다. 고전11:20, 새번역

이런 식의 모임은 모일수록 "이익"이 아니라 도리어 "손해"가 난다17절, 여기서 바울은 상업용어를 동원하고 있다. 제멋대로 거행되는 성찬은 은혜가 아니라 도리어 "심판"을 자초하는 행위가 되기 때문이다29절, 개역개정에는 "죄"로 번역되었지만 "심판"이라는 말이다. 바울이 애초에 "합당치 않은" 성찬에 관해 말하게 된 것이 바로 이런 파행적 행태 때문이다27절. 바울은 고린도 교회 내에 죽은 자와 병든 자가 많다는 사실도 이런 행태에 대한 하나님의 처벌로 파악한다30절. 그러면서 만일 "우리가 우리 자신을 살폈더라면 심판개역개정은 "판단"이라고 함을 받지 않았을 것"이라고 안타까워한다31절. 물론 이런 심판은 종말론적 심판을 피하게 하시려는 하나님의 징계일 것이지만, 이들의 파당적 태도가 심각한 잘못인 것은 명백한 사실이다.

따라서 자신을 살피라는 바울의 권고는 성찬에서 드러나는 바로 이런 파당적이고 분파적인 행태를 겨냥한다. 고린도 성도들을 향한 충고로서 "자신을 살피라"는 것은 자신의 삶을 내적, 도덕적으로 검증하라는 것이 아니다. 이것은 성찬에 임하는 자신의 태도가 파당적 태도의 표현이 아닌지, 그래서 가난한 자를 부끄럽게 하고 결과적으로 교회를 업신여기고 있는 것은 아닌지 살펴보라는 의미다. 그러니까 개인적, 도덕적 의미가 아니라 공동체적 의미에서 자신을 살피라는 것이다.

한마디로, 파당적 태도를 보이며 성찬을 더럽히지 말고 모두 다 함께 성찬을 먹고 마시라는 것이다. 그러니까 지금처럼 일부가 먼저 먹고 마시거나 하지 말고, 다른 이들, 특히 가난한 이들이 함께 참여할 수 있도록 기다려 주라는 권고다. 바울의 구체적인 해법을 직접 인용하면 이렇다.

> 그런즉 내 형제들아 너희가 먹으러 모일 때에 서로 기다리라
>
> 고전11:33

성찬의 공동체적 의미

물론, 성찬에 앞서 내적으로 자신을 성찰하는 일이 나쁠 이유는 없다비록 바울이 그에 관해 말한 바는 없지만. 속죄의 은총 앞에서 우리의 죄인됨을 절감하는 것은 당연하다. 하지만 우리의 죄인됨은 더 간절한 성찬 참여의 이유는 될지언정 그 방해거리가 될 수는 없다. "주의 죽으심을 오실 때까지 전하는" 의식인 성찬은 기독교의 은총의 복음을 가장 절묘하게 형상화한다. 따라서 실제 신약의 증거에 의하면, 초대교회가 성찬을 통해 예수님의 죽음을 기념하면서 보였던 태도는 슬픔과 눈물이라기보다는 기쁨과 감사였다.[65] 우리의 죄로 인한 슬픔보다는 이 죄를 해결하신 그리스도의 은총에 대한 기쁨이 더 지배적이었다는 것이다.

이에 비하면, 오늘의 성찬은 너무 무겁고 너무 축축하다. 우리의 성찬이 부활하여 이제 다시 오실 분의 극복된 죽음을 기념하는 것이 아니라, 오히려 죽고 그걸로 끝나버린 분의 죽음을 추모하는 분

위기에 가깝다면, 이는 무언가 잘못된 것이라 말해야 하지 않을까?

바울의 가르침을 읽으면서 우리가 기억해야 할 것은 바울이 고린도 성도들에게 권고한 공동체적 의미의 '자기 성찰'을 실천하는 일이다. 어떤 방식을 취하건, 성찬은 우리가 다 "한 몸"에 참여하기에 모두가 '하나'라는 깊은 진리를 새롭게 하는 계기가 되어야 한다 고전10:17; 12:12~13. 고린도 성도들은 이 진리를 망각하고 분열적 행태를 일삼았고, 바울은 그들이 "주의 만찬"이 아닌 "자기 심판"을 먹는다고 경고하였다.

적극적으로 분열을 일삼지는 않겠지만, 우리의 성찬 역시 내 개인의 은혜에 집착하느라 성찬 본연의 공동체적 의미를 상실한 것이 아닌가 물을 수 있다. 그리고 고린도의 성도들과 마찬가지로, 우리 역시 여러 가지 조건을 따라 서로의 등급을 매기는 일에 분주할지도 모른다. 이런 분열적 행태, 곧 하나 되게 하는 복음을 거스르는 태도를 향한 바울의 훈계는 "그런 식으로는 성찬을 먹고 마실 수 없다"라는 것이다. 물론 서로를 배려하라는 바울의 공동체적 가르침을 내 속을 들여다보라는 개인적 교훈으로 바꾸어 버린 우리의 잘못은 우리가 자기중심적 존재라는 죄의 본질과 무관치 않을 것이다.

부활의 충격과 깨달음의 뜨거움

부활하신 주님과의 마주침

누가복음 24장의 부활 이야기에는 독특한 에피소드가 하나 나온다. 엠마오 마을로 가던 두 제자가 부활하신 주님을 만나는 이야기다눅24:13~35. 말하자면, 일종의 '부활 현현' 사건이다. 나는 오랫동안 이 이야기에 대해 의아한 마음을 품고 있었다. 질문은 간단하다.

"어떻게 제자들이 부활하신 주님을 못 알아볼 수 있을까?"

물론 누가는 그들의 눈이 가려졌다고 설명해 준다16절. 하지만 이는 그들이 주님을 알아보지 못한 상황에 관한 기술일 뿐, 나의 의구심을 해명해 주는 설명은 아니었다. 오랫동안 함께 지냈던 예수님의 얼굴을 몰랐을 리가 없는데, 또 상처 자국까지도 그대로 남을 만큼 같은 모양으로 부활하셨는데, 이상하게도 그들은 부활하신 주님을 인식하지 못한다. 도대체 어찌 된 일일까?

엠마오를 향해 가던 두 제자의 대화에 예수님께서 끼어드는 것으로 이야기는 시작된다. 그들의 대화는 당연히 "이 모든 된 일", 곧 최근 예루살렘에서 일어난 예수님의 십자가 처형 사건으로 집중된다14절. 그들은 "서로 이야기하며 문의"하였다15절. 문의했다는 말은 서로 논쟁했다는 의미로도 해석될 수 있다. 물론 서로 싸울 일이야 없었겠지만, 그들의 대화가 그만큼 격한 감정을 담은 것임을 시사한다. 처형된 예수님의 제자들로서 믿고 따르던 선지자의 죽음 앞에 절망한 상태19, 21절에서, 그 죽음을 두고 차분한 대화를 나누기는 어려웠을 것이다.

죽음과 절망

예수님께서는 그들이 무슨 이야기를 하고 있는지 물으셨다. 그들의 대화에 개입하기 위한 수사적 움직임이다. 뜻밖의 질문을 받은 이들은 슬픈 표정, 혹은 다소 화가 난 표정으로 멈추어 선다. 행선을 보니 분명 예루살렘에 있던 사람인데, 어떻게 예수님의 처형 사건을 모를 수 있느냐는 답답함이 묻어난다18절. 자신의 죽음을 모를 리 있을까 마는, 예수님께서는 그 사실을 모르는 척하며 계속 묻기만 하신다. 그들의 답변이 궁금하셨으리라.

"당신들이 걸으면서 서로 주고 받는 이 말들은 무슨 이야기입니까?"눅24:17, 새번역

"무슨 일입니까?"눅24:19, 새번역

예전에 가이사랴 빌립보에서 제자들을 향해 "너희는 나를 누구라 하느냐?"눅9:20라고 물으셨던 그 물음과도 흡사하다. 물론 십자가 이전과 이후라는 상황의 차이는 이 물음 자체에도 중대한 변화를 가져온다.

제자들은 나사렛 예수님께서 "하나님과 모든 백성 앞에서 말과 일에 능하신 선지자였다"라고 말한다19절. 여기서 그들의 진술은 지나간 과거에 대한 회고다. "당신은 하나님의 그리스도/메시아시다"라는 감격적 고백눅9:20은 "그는 능력 있는 선지자였다"라는 추억거리로 변한다. 대제사장과 관원들이 예수님을 십자가에 못 박았다는 엄연한 현실 앞에서 이러한 변화는 불가피하다20절. 하지만 기대와 현실의 낙차는 이것으로 다 설명되지 않는다. 그들에게 있어 예수님께서는 메시아였고, 따라서 제자들은 그가 "이스라엘을 속량할 자"가 될 것으로 기대했다21절. "바랐었다"개역개정은 "바랐노라"라고 함는 표현에서 묻어나듯, 이 과거형 진술은 예전의 생생한 기대감을 현재의 적나라한 현실과 대조하면서 좌절된 희망의 쓰라림을 고스란히 담아낸다.

물론 이것이 현실의 전부는 아니다. 무엇보다 무덤에서 부활을

깨달았던 여인들의 증언이 있다. 이들은 무덤에 갔지만 예수님의 시체를 발견하지 못했고, 천사들을 통해 예수님의 부활을 알게 되었다22~23절. 몇몇 제자들이 무덤으로 가 상황을 확인하고 “과연 여자들의 말한 바와 같음을”24절 보았다. 하지만 결정적인 증거를 찾지는 못했다. 부활하신 예수님께서는 볼 수 없었다24절. 빈 무덤과 여인들의 증언만으로 죽은 사람의 부활을 믿을 수는 없는 일 아닌가? 당시 여자들의 말이 헐값이었다 해도, 그것이 남자들의 증언인들 무엇이 달라졌겠는가?

성경을 열어주시는 부활의 주님

이 대목에서 예수님께서는 공세적 입장으로 돌변한다. 부활하신 주님의 질책은 제자들이 빈 무덤이라는 증거를 무시하는 것이나 여인들의 증거를 믿지 않는 것을 향하지 않는다. 흥미롭게도, 주님의 꾸짖음은 오히려 성경구약에 대한 그들의 불신을 겨냥한다.

제자들은 “선지자들이 말한 모든 것을 마음에 더디 믿는 자들”25절이었다. 구체적으로 확인하기는 다소 어렵지만, 누가는 예수님의 십자가 죽음이 성경에 분명히 예언된 사건임을 당연시한다눅18:31; 24:44. 엄밀히 말해, 제자들의 ‘미련함’은 메시아의 부활에 관한 구약의 예언을 읽지 못했다는 것이 아니라, 그것을 읽었으면서도 “더디 믿었다”는 것이었다눅18:34.

선지자들의 말씀을 제대로 믿었다면, 그들은 그리스도, 곧 메시아가 "이런 고난을 받고 자기의 영광에 들어가야 할 것"26절을 알았을 것이다. 그렇다면 그의 십자가 고난뿐 아니라 부활의 영광조차도 지극히 당연한 상황의 발전으로 받아들였을 것이다. 하지만 그들의 '이해력'은 실제 사태를 따라가지 못했다. 성경 말씀을 제대로 믿지 못한 어리석음 때문이다.

나머지 여정은 부활하신 주께서 제자들에게 성경을 풀어주시는 것으로 채워진다.

> 이에 모세와 모든 선지자의 글로 시작하여 모든 성경에 쓴 바 자기에 관한 것을 자세히 설명하시니라눅24:27

어쩌면 제자들은 이런 내용을 이미 알고 있었어야 했다. 십자가 이전, 예수님께서는 그의 임박한 죽음과 부활을 거듭거듭 예고하시며 제자들을 준비시키셨다. 하지만 그들에게는 "고난을 당하고 다시 살아나는 메시아"라는 이상한 그림을 소화할 역량이 없었다. 아직 이 말씀은 "그들이 깨닫지 못하도록 숨겨져 있었다"눅9:45, 18:34.

놀라운 것은, 말씀이 숨겨진 상황은 부활의 기적으로도 달라지지 않았다는 사실이다. 그들의 눈은 여전히 가려진 채로 있었다. 따라서 그들의 눈은 부활하신 주님을 알아볼 수 없었다. 결국 주님과 제자들 사이의 부활절 만남은 그들의 가려진 눈을 열어주는 한바탕 진한 성경 공부로 이어졌다cf. 고후3:13~16.

부활하신 주님과 제자들의 성경 공부는 그들이 함께 나누었던 마지막 식사의 재현으로 이어진다. 손님으로 초대된 예수님께서 주인 자리에 앉고, 여기서 주님은 최후의 만찬 때 그의 행동을 그대로 재현한다누가복음 24장 30절과 22장 9절을 비교해 보라. 행동의 유사함 때문이었을까, 이에 제자들의 "눈이 밝아져" 결국엔 "그를 알아본다"31절.

여기서 이야기는 또 한 번 뜻밖의 방향으로 전개된다. 부활하신 주님을 부둥켜안고 감격의 눈물을 흘리는 이야기가 나올 것 같은데, 다시 예수님께서는 그들의 시야에서 사라진다31절. 부활하신 주님은 성경 말씀을 풀어주시는 자로 등장해서, 그 역할이 끝나자 자기의 정체를 드러내신 후 다시 사라진다. 이렇게 이야기의 초점이 부활하신 예수님을 넘어 '성경 강해자 예수'에 맞춰진다. 이 사실은 부활하신 주님을 알아본 뒤 두 제자가 나누는 대화에서 분명히 확인된다. 방금까지 같이 있던 사람이 과연 부활하신 주님이셨다고 법석을 부리는 대신, 성경 공부의 뜨거움에 먼저 생각이 간다.

> 그들이 서로 말하되 길에서 우리에게 말씀하시고 우리에게 성경을 풀어 주실 때에 우리 속에서 마음이 뜨겁지 아니하더냐 하고눅24:32

두 제자에게 하셨던 부활절 성경 공부는 예루살렘에서도 다시금 반복된다. 모든 제자가 함께 모인 자리에서 부활하신 주님은 "그들의 마음을 열어 성경을 깨닫게"45절 하셨다. 물론 이는 그가 예전에 말씀하신 사실, "곧 모세의 율법과 선지자의 글과 시편에 나를 가리켜 기록된 모든 것이 이루어져야 하리라"44절 하고 누누이 예고하셨던 말씀의 실제적 의미를 설명하신 것이다. 곧 십자가와 부활이다. "그리스도가 고난을 받고 제삼일에 죽은 자 가운데서 살아날 것"46절, 그리고 이제 "그의 이름으로 죄 사함을 받게 하는 회개가 예루살렘에서 시작하여 모든 족속에게 전파될 것"47절이라는 사실이다.

예수님께서는 이 모든 일들이 "성경에 기록되었다"라는 사실을 강조한다44절. 그리고 제자들은 바로 "이 모든 일"의 증인이다48절. 성경에 미리 약속된 이야기, 곧 십자가와 부활로 요약되는 그리스도 사건의 증인들이다.

부활, 그리고 말씀

누가복음 이야기를 따라가자면, 부활의 충격보다 말씀에 대한 깨달음이 앞선다. 부활의 깨달음은 말씀에 대한 깨달음을 전제한다. 따라서 참된 부활 체험은 말씀에 대한 깊은 이해를 필요로 한다. 말씀에 대한 깨달음이 없는 상황에서는 부활처럼 혁명적인 사건조차도 '숨겨진' 사건이 되고, 아무런 의미가 없는 사건으로 남는다.

누가복음이 전해주는 또 하나 재미있는 이야기인 부자와 나사로의 비유에서도 이 사실이 분명히 드러난다. 이 부자는 자신의 불신을 후회하며 나사로의 부활을 통해 가족들을 믿게 하고 싶었다. 나사로를 품에 안은 아브라함은 그의 '청탁'을 거부하며 이렇게 선언한다.

> 그들에게 모세와 선지자들이 있으니 그들에게 들을지니라눅16:29

가족들을 일깨우기 위해 부활의 충격이 필요하다고 강변하는 부자를 향해 아브라함은 이렇게 잘라 말한다.

> 모세와 선지자들에게 듣지 아니하면 비록 죽은 자 가운데서 살아 나는 자가 있을지라도 권함을 받지 아니하리라눅16:31

성경을 깨닫고 믿지 않은 상황이라면 부활이라는 기적조차도 그 상황을 바꾸지 못한다. 엠마오 이야기에서 확인하는 것처럼, 주님의 부활조차 예외가 될 수 없다. 말씀을 깨닫는 뜨거움이 없다면, 부활의 충격도 무의미할 수 있다.

누가의 부활절 이야기가 부활의 중요성을 깎으려는 것은 물론 아니다. 역으로, 누가의 관심은 말씀을 깨닫는 일의 중요함을 강조하는 것에 있다. 부활은 우리의 인식을 뒤집는 혁명적 사건임에 분명하다. 하지만 성경을 믿지 않는다면, 이런 외부적 충격도 사태의 근본을 바꾸지는 못한다. 나사로가 부활한다고 우리의 근본적 불신을 해소하지 못할 것이며, 주님이 부활하여 나타나신다 해도 우리는 그를 알아채지 못할 것이다. 우리에겐 말씀에 대한 깨달음이, 그 말씀이 우리에게 불 지피는 '뜨거움'이 필요하다. 우리의 마음을 뜨겁게 하는 깨달음이 우리의 눈을 열어주고, 이렇게 열린 눈으로 우리는 부활을 발견한다.

내적 변화와 체험의 인식

이 이야기를 좀 더 늘여볼 수 있을까? 우리는 종종 외적 충격으로 우리의 내적 상황을 해결하려 한다. 큰 체험을 통해 나의 미지근함을 날려 버리고도 싶고, 무언가 큰 사건이라도 터져서 내 일상의 건조함을 흔들고도 싶다. 하지만 삶의 문제가 이런 식으로 해결되는 경우는 드물다. 감격이든 절망이든, 삶의 큰 충격은 시간과 함께 무디어지며, 우리는 다시 일상의 모습으로 '회복'된다. 충격의 크기와 회복의 시간은 비례하겠지만, 우리의 삶에서 영원한 충격을 기대하는 것은 애초부터 무리다. 다소 억지스러운 비유지만, 거품을 잔뜩 걷어낸다고 해서 우리의 물이 맑아지는 것은 아니다.

말씀의 중요성에 대한 누가복음의 고집은 거품을 날려 버릴 폭풍보다는 우리의 속을 정화시킬 '뜨거움'이 필요하다는 상식의 표현일 수 있다. 물론 물을 바꾸기는 쉽지 않다. 더러움에 익숙하고 그것이 편한 우리에게 깨끗한 물로 변화하는 일이란 감격만큼이나 고통스러운 과정일 것이기 때문이다. 그래서 우리는 더러운 거품을 단박에 날려 버릴 손쉬운 해법을 고대한다. 하지만, 그런 손쉬운 해법이란 애초부터 잘못된 기대가 만들어 낸 헛된 희망에 가깝지 않은가?

결국 부자의 가족들은 성경을 읽어야 했고, 그 메시지를 들으며 자신들의 허망한 삶을 깨달아야 했다. 제자들 역시 먼저 성경으로 눈을 돌려야 했고, 구원의 주를 만나기 이전 거기 적힌 고난과 영광의 이야기를 먼저 이해해야만 했다. 이 깨달음과 함께 제자들은 부활의 엄청난 충격에 직면하였고, 이 부활의 충격이 교회를 탄생시킨 원동력이 되었다.

부활의 주님은 최후 만찬의 재연을 통해 제자들에게 드러나셨다. 부활 체험이 주권적 드러냄의 문제임을 시사하는 대목이다. 우리는 부활 체험을 만들어 낼 수 없다. 부활하신 주님은 우리에게 그냥 나타나시며, 자신의 은총으로 우리에게 자신을 드러내신다. 이 체험을 조작하려는 시도는 무의미하며, 내가 만든 엉터리를 진짜로 착각할 수 있다는 점에서 위험하다.

주님께서 제시하신 부활 체험의 바탕은 말씀에 대한 깨달음이다. 말씀을 발견하는 뜨거움이 부활의 충격으로 이어졌던 옛적의 이야기는 오늘 우리에게도 사실이 아닐까? 부활 자체를 만들어 내려는 신성모독적 겉치레가 난무하는 시대에, 말씀이 주는 내적 뜨거움을 사모하는 것이 참된 기다림의 모습이 아닐까? 오늘도 부활의 주님은 우리와 함께 걷고 계시는데, 우리의 마음이 닫혀 있어 아무것도 깨닫지 못하고 아무것도 누리지 못하는 것은 아닐까? 내 마음의 닫힘을 치유하고서야 참된 체험의 충격을 느낄 수 있다는 상식을 새삼 곱씹어 본다.

부활의 주님, 우리를 살리시는 영

예수님께서 십자가에서 돌아가신 다음 날 한 친구가 아리마대 요셉을 다그친다.

"자네 미쳤나? 그렇게 비싼 돈 들여 새로 단장한 무덤을 남에게 내주다니."

"아니, 주말만 잠깐 쓰겠다기에…."

웃자고 하는 이야기지만, 이 익살스런 대화는 복음이 왜 '기쁜' 소식일 수밖에 없는지 잘 드러낸다. 죽음의 비극은 잠시며, 이는 곧 벅찬 승리를 위한 준비임을 보여주기 때문이다.

잊힌 부활

한국교회에서 부활은 거의 왕따에 가깝다. 십자가 찬송은 연중무휴 눈물 나도록 은혜롭지만, 부활에 관한 찬송은 한 주만 지나도 마냥 썰렁하다. 십자가는 언제나 우리 품에 있지만, 부활은 일 년에 한 번 어색한 손님처럼 잠시 왔다 금방 사라진다. 십자가의 의미는 마음에 절실히 와닿아도, 부활은 어디 쓰는 물건인지 몰라 당황스럽다. 예수님께서 '진짜로' 부활하셨다는 역사 강의가 끝나면, 달리 덧붙일 말이 별로 없다.

죽음은 잠시였고 부활이 현실이었다. 그런데 오늘 우리에겐 십자가만 현실이고, 부활은 반짝 기념일로 전락하고 말았다. 빈 무덤 앞에서보다는 갈보리 언덕 위가 더 편한 우리의 영성은 진정 건강한가?

부활에 대한 우리의 무지는 칭의를 말해보면 금방 드러난다. 많은 이들은 칭의가 부활과 관계있다는 말에 깜짝 놀란다. "십자가의 속죄가 칭의의 근거가 아니냐?"라며 반문한다. 물론 맞는 말이다롬3:24~25. 하지만 칭의는 '대속'보다 크고, 따라서 십자가 이상의 무엇을 요구한다. 바로 부활이다. 많은 사람이 모른 척하고 넘어가지만, 바울은 이렇게 선언했다.

> 예수는 우리가 범죄한 것 때문에 내줌이 되고 또한 우리를 의롭다 하시기 위하여 살아나셨느니라롬4:25

바울의 이 선언은 결코 빈말이 아니다. 바울은 부활 없이는 칭의를 말할 수 없었다. 그런데 우리는 부활 없이도 잘만 산다. 그렇다면 우리가 얻었다는 '십자가의 칭의'는 바울이 선포한 '십자가와 부활의 칭의'와 같은 것일까?

부활의 중심성

복음서의 부활 기사나 사도행전의 이야기가 잘 말해 주는 것처럼, 교회의 실제적 시초는 부활이었다.[66] 십자가라는 불발탄에 실망한 제자들의 가슴에 불을 지핀 것은 바로 부활하신 주님이었다. 십자가는 불행한 비극이었지만, 사람들은 이런 실망에 익숙했다. 예수님이 "이스라엘을 구속할 자가 아닐까" 하고 바란 적도 있었다. 하지만, 예수님의 십자가 처형은 이런 희망을 가볍게 지워 주었다.

그러나 이런 실망은 이야기의 끝이 아니라 시작이었다. 실망과 슬픔에 눌린 제자들에게 부활하신 주님이 나타나셨다. 물론 '죽은 자 가운데서 살아남'은 그들의 실질적 세계관 속에는 없는 개념이었다. 그러니 그들이 부활하신 주님을 못 알아본 것도 당연했다. 하지만 부활하신 주님은 제자들을 만났고, 그들은 '죽은 자의 부활'이라는 이 충격을 통해 세상의 뒤바뀜을 체험하였다. 이것이 그 모든 것의 시작이었다.

사태의 핵심은 십자가가 아니라 부활이었다. 적어도 처음엔 그랬다. 처음 복음이 선포되었던 예루살렘에서 십자가는 설득해야 할 메시지가 아니라 누구나 다 아는 사실이었다. 정작 이해할 수 없는 것은 부활이었다. 말도 안 되는 일이 현실로 나타났고, 부활이라는 초월적 체험 앞에서 제자들은 더 이상 예전과 같을 수 없었다. 하나님은 "예수를 죽은 자 가운데서 살리신" 분으로 새롭게 이해되었고행2:24; 3:15; 롬8:10~11 등, 하나님을 향한 신앙은 "죽은 자 가운데서 살아나신" 예수님 없이는 설명될 수 없었다. 예수님 역시 메시아일 뻔하다가 실패한 선지자가 아니라, 하나님에 의해 인정된 메시아이자 하나님의 아들로 새롭게 인식되었다. 한마디로, 기독교라는 놀라운 현상은 이 부활 체험의 '역사적 파장' 이상도 이하도 아니었다.

서구 철학의 전全 역사가 플라톤에 관한 주석이라면, 기독교의 전 역사는 바로 이 부활 사건에 관한 '역사의 주석'이다. 부활 없이는 아무것도 설명될 수 없기 때문이다. 오순절 성령조차도 예수님의 부활과 나누어 설명할 수 없다. 이는 바로 부활하신 그리스도께서 아버지께 받아서 제자들에게 부어주신 것이기 때문이다.

> 32이 예수를 하나님이 살리신지라 우리가 다 이 일에 증인이로다
> 33하나님이 오른손으로 예수를 높이시매 그가 약속하신 성령을 아
> 버지께 받아서 너희가 보고 듣는 이것을 부어 주셨느니라행2:32~33

십자가와 부활의 능력

물론 십자가는 복음의 핵심이다. 바울은 복음을 "예수 그리스도와 그가 십자가에 못 박히신 것"고전2:2으로 요약한다. 유대인들은 표적을 구하고, 헬라인들은 지혜를 찾았다. 하지만 바울은 오로지 "십자가에 못 박히신 그리스도"만을 전파했다고전1:23.

여기서 우리는 속단하지 말아야 한다. 바울이 "십자가에 못 박히신 그리스도"를 말했을 때, 그는 성령으로 성도들의 공동체에 임재하시는 부활의 주님을 전제하고 있었다. 그가 말하는 십자가에 달리신 그리스도는 곧 바울 속에 내주하면서 그의 삶을 인도하는 부활의 주님이었다갈2:20. 사실 그는 부활의 주님을 먼저 만났고, 이 부활의 빛 아래서 십자가 사건을 다시 생각하게 되었다. 지금 우리의 교회에 성령으로 임재하신 부활의 주님, 곧 그분은 십자가에 달리셨던 바로 그분이었다.

기독교 복음 속에서 십자가는 그 자체만으로 구원적 의미를 갖는 사건이 아니다. 그것은 부활과 승천, 더 나아가 재림이라는 일련의 흐름 속에서 이해되었을 때 본연의 의미가 살아난다. 그러기에 십자가는, 빌립보서 2장의 '그리스도 송가'에서처럼, 종종 부활과 승천이라는 당연한 사실을 더 깊이 설명하기 위한 토대로 등장하기도 한다빌2:5~11. 그리스도께서 부활하고 승천하셔서 하나님의 우편에 계신다는 사실은 당연한 고백의 일부다. 쉽게 잊히지만, "주 예수"라는 고백 속에는 부활하신 예수님에 대한 고백이 담겨 있다.

그래서 성도들은 지금도 하늘로부터 이 구원자, 곧 예수 그리스도가 오시기를 기다린다빌3:20.

하지만 이 부활과 승천은 소위 승리주의적 사고의 표현과는 거리가 멀다. 예수님의 생애에 있어서 부활과 승천은 실상 하나님의 본질을 가지신 분이 모든 것을 포기하고 인간이 되신 사건, 곧 십자가의 죽음에서 절정에 이르는 신적 자기 비움케노시스을 전제한다. 바울의 논리 속에서 예수님의 부활은 바로 이 겸손한 자기 비움의 직접적인 결과다. "이러므로 하나님이 그를 지극히 높여 …"빌2:9. 이처럼 십자가는 부활과 승천의 본질을 밝혀준다. 뒤집어 말하면, 이처럼 십자가가 '불발탄'이 아니라 의미 있는 사건으로 해석된 것은 십자가가 부활로 이어졌던 원초적 체험에 근거한다.

고린도전서와 갈라디아서에서 유독 십자가가 부각되는 것은 세상 지혜에 민감한 고린도인들, 또 율법에 현혹된 갈라디아인들의 행태와 관련된다. 예수님께 대한 신앙은, 세상 지혜이건 유대 율법이건, "육체"에 속한 것들과의 단호한 결별을 요구한다. 그래서 복음은 세상 지혜를 폐하는 하나님의 "어리석음"으로, 또 율법에서 우리를 해방하는 "죽음"으로 묘사된다.

바울은 이런 단호한 결별을 강조하는 한 방법으로 십자가라는 과격한 이미지를 내세운다. 하지만 그 십자가는 언제나 지금 부활하신 그리스도의 십자가였다고전15:12~20. 그리고 이분은 지금 그를 믿는 자를 "살리시는 영"으로 교회 공동체를 다스리신다고전15:45. 아무리 십자가를 강조하더라도, 하나님이 그리스도를 살리셨다는 고백은 교회를 교회 되게 하는 가장 근본적인 고백에 속한다고전1:7; 갈1:1.

부활의 하나님을 향한 믿음

다소 역설적이지만, 바울의 십자가 '편집증'은 실상 부활에 대한 그의 관심을 드러내는 가장 두드러진 현상에 속한다. 물론 십자가는 우리를 위한 죽음, 곧 우리의 죄를 속하기 위한 죽음으로 이해된다롬3:25; 갈1:4. 하지만 이 죽음은 과거의 죄에 대한 대속이라는 소극적 의미를 넘어 '새로운 삶의 기초'라는 보다 적극적인 의미까지 품고 있다. 바울의 증언을 액면 그대로 받아들인다면, 그가 선포한 십자가 복음의 배후에는 이 십자가 복음이 '성령과 능력'의 원천이라는 깨달음고전2:1~5이 놓여 있다. 곧 이 십자가 복음에 성령의 능력이 역사한다는 깨달음이다롬1:16; 갈3:1~5, 14. 물론 이 성령은, 예수님을 죽음에서 살리는 하나님의 능력이다롬1:4; 엡1:20. "없는 것을 있는 것으로 부르시는" 창조의 하나님, 곧 아브라함의 죽은 몸을 살려 "죽은 자를 살리시는" 분으로 나타나신롬4:17 하나님은 이제 예수님의 부활을 통해 다시금 자신의 면모를 확증하셨다. 그리고 이 부활의 역사는 죄로 죽은 자들을 살려내는 성령의 움직임을 통해 확인되고 구체화된다롬6:4; 7:6; 8:1~4. 바울은 이 능력에서 복음의 본질을 보았고, 그래서 복음을 "하나님의 능력"이라는 한마디로 요약한다.

내가 복음을 부끄러워하지 아니하노니 이 복음은 모든 믿는 자에게 구원을 주시는 **하나님의 능력**이 됨이라 먼저는 유대인에게요 그리고 헬라인에게로다롬1:16

십자가의 도가 멸망하는 자들에게는 미련한 것이요 구원을 받는 우리에게는 **하나님의 능력**이라고전1:18

이 능력power은 "말"word에 불과한 세상의 지혜고린도전서와 "의문"letter에 불과한 유대의 율법갈라디아서와 로마서으로부터 기독교 복음을 구별한다. 어리석어 보이지만 진리인 것은, 세상의 지혜나 유대의 율법의문이라는 '빛 좋은 개살구'들과 달리, 십자가의 복음만이 하나님의 능력을 드러낼 수 있기 때문이다.

당연한 일이지만, 의롭게 하는 믿음은 바로 이 부활의 하나님을 향한 믿음이다. 믿음의 조상 아브라함은 "죽은 자를 살리시며 없는 것을 있는 것으로 부르시는" 하나님을 믿었고, 하나님은 바로 그 믿음을 그에게 의로 여겨 주셨다롬4:17, 22. 그는 하나님에게서 죽음에서 생명을 만드는 창조주의 능력을 보고, 그의 약속을 신뢰하여 의롭다 하심을 받았다.

그런데 이것은 바로 우리의 이야기이기도 하다롬4:23~24. 이 "우리"란 다름 아닌 "예수 우리 주를 죽은 자 가운데서 살리신 이를 믿는" 우리, 그래서 이 부활 신앙으로 "의로 여기심을 받을" 우리다롬4:24. 우리는 "마음으로 믿어 의에 이르고 입으로 시인하여 구원에 이른다"롬10:10고 고백한다. 그런데 여기서 믿고 고백하는 내용은 바로 "하나님께서 우리 주 예수 그리스도를 죽은 자 가운데서 살리셨다"라는 부활 신앙 이상도 이하도 아니다.

> 네가 만일 네 입으로 예수를 주로 시인하며 또 하나님께서 그를 죽은 자 가운데서 살리신 것을 네 마음에 믿으면 구원을 받으리라
>
> 롬10:9

믿음은 우리를 구원하지만, 이는 우리가 헛되이 믿지 않았다는 것을 전제한다. 여기서 바울이 말하는 헛되지 않은 신앙이란, 곧 그리스도의 부활을 굳게 믿고, 그 믿음에 따라 살아가는 부활 신앙이다고전15:1~11, 14, 17.[67]

회복해야 할 부활 신앙

성찬에 관한 글에서 잠깐 언급한 것처럼, 우리는 눈물로 성찬을 먹지만 초대교회는 기쁨으로 성찬을 나누었다행2:42, 46. 그들에게도 성찬은 주의 죽음을 기념하는 것이었지만, 이는 부활하고 승천하신 주님의 재림을 바라보는 즐거운 기다림의 문맥에서였다롬5:1~2, 고전11:26. 부활하신 주님과 더불어 바라보는 십자가는 나를 대신한 '고통'에 대한 심리적 심취가 아니라, 죄에 대해 죽게 함으로써 새 삶을 가능케 하는 하나님의 능력을 선포한다고후5:14~15.

그래서 십자가의 피는 우리의 죄뿐 아니라, 우리의 양심, 혹은 우리 자신을 씻는 것으로도 이해된다. 십자가의 피는 "죽은 행실"로부터 우리의 양심을 깨끗하게 하여히9:14 "참 마음과 온전한 믿음으로" 하나님을 섬기게 만든다히10:22. 또한 우리를 씻어 "티나 주름 잡힌 것"이 없는 그리스도의 신부로, 혹은 "거룩하고 흠이 없게" 하여 하나님의 제물로 설 수 있도록 만든다엡5:26~27.

기억하자. 우리가 십자가를 소중히 여기는 것은 내가 죄인이라도 상관없다고 말하기 때문이 아니다. 우리를 죄에서 벗어나게 하고 새로운 삶을 가능케 하기 때문이다.

부활을 잊은 교회?

어쩌면 부활에 대한 우리의 무관심과 무지는, 세상적으로 큰 '힘'을 과시하면서도 정작 복음의 '힘'은 과시하지 못하는 우리의 무기력과 모종의 관련이 있을지 모른다. 은총과 믿음의 이름으로 자신을 스스로 위로하기 바빴던 교회는 복음 공동체다운 생명력을 발휘하지 못하고 있다. 세상의 힘은 쉽게 교회를 물들이지만, 복음의 힘이 세상을 바꾸는 모습은 확인하기 쉽지 않다. 소위 '성공한' 교회와 목회를 꿈꾸는 사람들에게는 귀찮은 소리겠지만, 참된 복음의 흔적에 목마른 이들에게는 뭔가 특단의 대책이 필요한 것처럼 보인다.

오늘 우리에게도 '부활의 충격'이 필요하다. 새로운 삶으로 이어지지 않는 죽음은, 해답 없는 질문만큼이나 무의미하다. 그러나 십자가는 부활로 이어졌고, 이 부활은 현재 우리 삶의 본래 정황이 된다.

우리가 바라는 것은 바로 "생명의 새로움"롬6:4, 곧 "영의 새로움"롬7:6이다. 이 새로운 능력을 체험하며 드러내는 것이 "주의 죽으심을 그가 오실 때까지 전하는"고전11:26 참된 성찬의 방식이다. 갈보리 언덕의 슬픔은 빈 무덤 앞에서의 놀라움으로, 그 놀라움은 엠마오로 가는 길 위의 뜨거움으로 이어져야 한다.

이 부활의 생명을 누리지 못한다면, 모든 것들이 다 무슨 소용인가? 성도들이 부활의 능력을 깨닫도록 기도했던 바울의 간절함이 우리의 간절함이 되기를 소망한다엡1:19~22.[68]

> 19그의 힘의 위력으로 역사하심을 따라 믿는 우리에게 베푸신 능력의 지극히 크심이 어떠한 것을 너희로 알게 하시기를 구하노라 20그의 능력이 그리스도 안에서 역사하사 죽은 자들 가운데서 다시 살리시고 하늘에서 자기의 오른편에 앉히사 21모든 통치와 권세와 능력과 주권과 이 세상뿐 아니라 오는 세상에 일컫는 모든 이름 위에 뛰어나게 하시고 22또 만물을 그의 발 아래에 복종하게 하시고 그를 만물 위에 교회의 머리로 삼으셨느니라

“

바울의 가르침을 읽으면서
우리가 기억해야 할 것은
바울이 고린도 성도들에게 권고한
공동체적 의미의 '자기 성찰'을 실천하는 일이다.
어떤 방식을 취하건, 성찬은 우리가
다 "한 몸"에 참여하기에 모두가 '하나'라는
깊은 진리를 새롭게 하는 계기가 되어야 한다.
고린도 성도들은 이 진리를 망각하고
분열적 행태를 일삼았고,
바울은 그들이 "주의 만찬"이 아닌
"자기 심판"을 먹는다고 경고하였다.

”

에필로그

나의 말이야 상상의 날개를 타고 언제든 높은 하늘로 비상할 수 있지만, 내 발을 하늘로 띄우기엔 나의 언어는 너무 가볍다. 내 생각은 거침없이 험한 길을 질주해 가도, 내 삶의 근육은 서툰 몇 걸음에도 벌써 지친다. 지금까지 내가 퍼덕여 온 말의 날개들은 내가 지고 있는 이 삶을 얼마나 하늘로 띄워 놓았을까? 나는 오늘도 '오래 참음'에 관한 멋진 설교를 늘어놓지만, 꾸물거리는 아내를 향해선 익숙한 짜증을 부린다. 내가 뱉어내는 말들이 내 삶에 무슨 의미가 있기나 한 것일까?

그렇더라도 나의 말이 약간의 위선만 감수한다면 타인을 위한 봉사가 될 수는 있지 않을까? 내 삶이야 그렇더라도, 그저 내 말 자체에 약간의 아름다움이라도 있다면, 그 아름다움에 힘을 얻을 사람들이 어딘가에 있지는 않을까? 하지만 오늘 아침 들려오는 친구들의 소식은 나의 이런 희망도 손쉽게 분해해 버린다. 한 친구는 이혼을 결심하고 집을 나갔고, 사업에 실패한 한 친구의 남편은 구치소로 몸을 옮겼다. 시간의 흐름과 함께 실패의 기록은 쌓여가지만, 성공의 소식은 자주 들리지 않는다. 하긴 내 언어의 날개가 나 자신도 지탱하지 못해 허덕이는 것이라면, 그 날개로 다른 사람을 날게 할 수 있으리란 기대는 애당초 모자란 지능의 꿈에 불과할 것이다. 거침없는 삶의 전횡 앞에서, 내 언어가 도대체 무슨 힘을 발휘할 수 있다는 것일까?

내 언어에 믿음의 채색옷을 입힌다고 사정이 달라질까? 김현승이 노래한 것처럼, 지금도 "믿음이 많은 사람들은 가벼운 날개를 달고 / 하늘 나라로 사라져 가는"<病>지 모르지만, 그들의 가벼운 믿음은 납처럼 무거운 삶을 살아가는 사람들에겐 무슨 소용일까? 오히려 우리 '믿음'의 화려함은 화려하지 못한 이 땅의 삶을 그만큼 더 어둡게 만드는 배반의 놀이는 아닐까? 내 믿음의 언어가 이 세상을 조금이라도 끌어올릴 수 있을 것인가? 아니면 내 신앙의 언어는 이 세상의 불신앙을 먹으며 생존하는 또 다른 불신의 한 몸짓에 불과한 것일까? 때때로 나는 할 말이 없다. 아니, 말할 내용이 없다기보다는 말할 기력이 없다고 해야 맞을 것이다.

키르케고르는 아름다운 말, 멋진 웅변을 만드는 시인을 "행위의 불행한 연인"이라고 불렀다. 시인이 그토록 아름다운 행위를 꿈꾸고 그 행위를 묘사하는 능변가가 되는 것은 그에겐 바로 그 행위가 없기 때문이다. 그래서 시인은 '행위의 행복한 연인'인 영웅과 다르다. 키르케고르는 성경 말씀의 언어로 웅변을 토하는 설교자 역시 이 시인과 같은 자리에 두었다. 복음이 설교자의 삶을 관통하지 않고 복음에 관한 객관적이고 심미적인 강연에 머무는 한, 설교자는 복음 자체의 불행한 연인 이상도 이하도 아닐 것이다. 위대한 철학자의 이런 불평은 오늘날처럼 성경적인 설교가 많은 강단에서 울려 퍼진 적이 없음에도 불구하고, 오늘날처럼 설교가 무기력한 적도 없었다고 말했던 워치만 니의 말을 생각나게 한다. 워치만 니의 진단은 "선포하는 사람이 십자가의 생명력에서 떠나 있기 때문"이라는 것이었다. 설교자의 삶과 그의 설교가 일치해야 한다고 생각했던 키르케고르의 생각과 그리 거리가 멀지 않다.

들의 백합화에 관한 주님의 가르침을 설명하면서, 키르케고르는 "사람은 스스로 순종함으로써 다른 사람에게 순종을 가르쳐 줄 수 있다"고 말한다. 그런 점에서 들의 백합화는 우리들의 교사가 될 수 있다. 들의 백합화나 공중의 새들에게는 배우는 자를 강요하는 아무런 힘도 갖고 있지 않다. 그들이 가진 유일한 강제력이란 그들 자신의 순종뿐이다. 그러니까 백합화와 새는 '순종하는 교사들'이다. 순종을 말하는 자들이 아니라 실제로 순종하는 자들, 그러기에 멋진 언어로 순종을 꿈꾸는 시인보다, 화려한 수사로 순종을 역설하는 설교자보다 더 훌륭한 교사다. 들의 백합을 내려다보고 공중의 새를 올려다보면서, 우리는 순종에 관한 말이 아니라 순종 자체를 배운다.

조금이라도 더 아름다운 말을 준비해야 하는 설교자나 목회자와는 달리, 매일 현실을 붙들고 살아가는 교인들이 갖는 가장 큰 질문은 말의 아름다움이 아니라 그 말의 사실성, 그 말의 현실적인 힘이다. 그래서 그들은 한편의 설교를 들을 때마다 어떤 방식으로든 그 선포가 우리의 구체적인 삶에서 효과를 발휘하고 있음을 확인하려 한다. 간증집이 잘 팔리는 이유가 무엇이겠는가? 여기서 우리 설교자들은 교인들의 저급한 취향을 비난할 것인가? 신학자들은 더 정확하고 정통적인 신학이 필요하다고 목소리를 높이겠지만, 성도들에게는 현실 앞에서의 무기력이 더 무서운 적이다. 나는 나를 포장해 줄 말이 아니라 나를 지탱해 줄 힘이 필요하다.

말할 것도 없이, 선포되는 복음의 실제적 능력을 확인하는 가장 가까운 방법은 복음을 먼저 이해하고 선포하는 설교자 자신을 관찰하는 것이다. 그래서 우리는 복음을 먼저 알고 선포하는 이의 삶이 얼마나 그 복음에 영향을 받고 있는가를 살핀다. 죄된 현실의 위력을 알고, 따라서 절망, 한계, 무력함 등의 낱말에 익숙해져 있는 성도들로서는 절망의 현실을 복음의 힘으로 극복할 수 있음을 확인코자 하는 간절함이다. 복음을 가장 잘 이해하고 선포하는 설교자조차 자신이 전하는 복음에 움직이지 않는다면, 더 큰 현실의 무게를 견뎌야 하는 성도들이 그에게서 무엇을 기대할 수 있을까? 우리들이 기다리는 것은 말이 아니라 그 말이 가리키는 현실이고, 복음의 언어가 아니라 복음의 능력이기 때문이다.

교회 안이건 밖이건, 우리들의 갈증은 분명 언어의 갈증은 아니다. 오히려 그 말들이 담아내었어야 할 몸짓을 찾을 수 없는 공허함이다. 무성한 잎 속에 열매가 없는 무화과처럼, 토실토실한 껍데기 속에 정작 알맹이를 찾을 수 없는 땅콩처럼, 알맹이는 사라지고 껍데기만 즐비한 신동엽 시인의 4월처럼껍데기는 가라 / 사월도 알맹이만 남고 껍데기는 가라, 우리의 목마름을 배반하는 부도수표로 인한 좌절감이다. 성경의 표현을 빌리자면, 만물을 생성케 하는 능력을 가졌던 그 "여호와의 말씀을 듣지 못한 기갈"이다암8:11.

밖에서는 수많은 사상가들이 시대의 문제를 사상의 결여, 혹은 잘못된 사상이라 정의한다. 그리고 자신의 사상이 그 문제를 해결할 수 있는 것처럼 큰소리친다. 안에서는 수많은 설교자가 오늘도 멋진 복음적 설교를 베풀며 스스로 만족해한다. 하지만, 나는 종종 "저렇게 똑똑한 사람들이 저렇게 무감각하고 무식할 수 있을까?" 하는 불경한 생각에 사로잡힌다. 진정 우리의 문제가 사상의 빈곤이며, 정말 우리 교회의 문제가 신학의 빈곤이었던가? 정작 중요한 것은 말이 아니라 삶이다. 사상의 빈곤이 아니라 구체적 상황에서 우리를 지배하는 죄의 전횡을 극복해 내는 능력이다. 하나님 나라를 여는 열쇠는 "말에 있지 아니하고 오직 능력에 있다"고전4:20는 바울의 말은 오늘도 여전히 진리가 아닌가?

복음의 선포자 바울에게 있어서 가장 효과적인 설교는 바로 "나를 본받으라"는 것이었다고전11:1; 4:16; 살전1:6. 물론 이런 호소는 궁극적으로 "그리스도를 본받으라"는 호소에 근거한 것이었다. 그래서 그의 가르침은 항상 "내가 그리스도를 본받은 것처럼"이라는 토를 달고 나타난다. 본받음으로써 본받음을 가르치는 교사, 들의 백합이나 공중의 새처럼 순종함으로써 순종을 가르치는 교사였다. 바울이 기회 있을 때마다 자신의 속내를 털어놓고 최선을 다했던 자기 모습을 상기시키는 것은 공허한 자부심의 산물이 아니라 가르쳐야 할 순종 자체를 더 생생히 보이려는 실물교육의 한 방식이었다. 이처럼 처음부터 교회의 역사는 언어의 고리가 아니라 삶의 고리로 엮어져 왔다.

믿음의 언어는 무력한 세상의 언어에 천상의 색을 입힌 재생품이 아니다. '말이 아니라 능력'이라는 바울의 인식처럼, 인간의 말과 하나님의 말씀 사이에는 텅 빔과 가득참이라는 본질적 차이가 놓여 있다. 복음의 놀라움은 그 철학적이고 예술적인 아름다움에 있지 않았다. 오히려 복음의 놀라움은 현실 자체를 직면하고, 그 직면한 현실을 향해 '시비를 거는' 직설적 투박함에 있었다. 아름답지만 공허한 지혜가 아니라, 투박하지만 변화를 일으키는 말씀이었다. 바로 그것이 우리에게 절실한 말씀이 아니었든가.

싫건 좋건, 복음은 선포에서 시작된다. 물론 선포는 말의 작용이다. 말에서 끝나지는 않겠지만, 어쨌든 우리는 말로 세상을 만난다. 세상은 말로 우리를 만나며, 그 말을 들으며 우리와 관계한다. 혹은 그 말의 조야함에 실망할 것이고, 혹은 그 말의 투박함에 신경이 거슬릴 것이다. 하지만 이런 느낌은 피상적이며, 진지한 관심은 이런 첫 쓴맛을 견디고 그 후의 참맛을 기다릴 것이다. 클래식 음악의 맛을 배워보려고 노력할 때나 녹차의 맛을 느껴보려고 애쓸 때처럼 말이다. 혹은 복음의 투박함 속에 담긴 참맛을 발견하거나, 혹은 그 맛을 알지 못하고 내칠 것이다. 여기엔 두 가지 가능성이 있다. 우리가 가진 참맛을 아는 데 실패한 것일 수도 있고, 우리가 내민 녹차가 맛없는 것일 수도 있다. 투박한 껍데기 속의 절묘한 속살을 못 본 탓일 수도 있고, 우리가 내민 복음이 알맹이가 없는 빈껍데기여서일 수도 있다. 오늘의 우리는 어디에 가까울까?

대학 시절 나름 즐겨 글을 쓰다가 아예 그만두어 버렸다. 대학 이후 긴 유학 시절 동안에도 숙제를 내거나 안부 편지를 쓰거나 하는 기능적인 글 외에는 도통 글을 써 본 기억이 없다. 말의 허망함에 대한 실망이 컸던 탓이다. 아름다운 말이 아름다운 삶을 산출하지 못한다는 실망감, 혹은 오히려 아름다운 언어가 우리의 추한 삶을 위장하는 수단으로 쓰일 수 있다는 좌절감은 생각보다 극복하기 어려운 경험이었다. 말로 먹고사는 사람들, 그러면서도 언어의 정치에 빠지고 싶지 않은 이들에게는 한없는 괴로움일 것이다. 김현승 시인의 말처럼,

> 단 한 마디를
> 열 마디와 백 마디로 이윤利潤을 남기면서,
> 오십五十도 넘도록
> 나는 천국의 노래를 불렀다

는 괴로움,

> 보석과 눈물과

하얀 치아가 반짝이는
이방異邦의 시詩를 썼다 <신년송(新年頌)>

는 괴로움 말이다. 이런 괴로움이 때로는 침묵을 강요할 것이다.

꿈으로 고이 안을 받친
내 언어의 날개들을
내 손끝에서 이제는 티끌처럼 날려 보내고 만다

고 말하면서, 이렇게 선언하고 싶을 것이다.

더 나아갈 수 없는 나의 손끝에서
드디어 입을 다문다 - 나의 시와 함께 <절대(絶對) 고독>

하지만 언어 자체가 해답이 아닌 것처럼, 그 언어의 상실 또한 해답은 아니다. 언어가 영원의 체온을 막을 때, 우리는 언어를 잃고 영원을 얻고 싶지만, 언어의 잃음 자체가 영원을 보장하는 것은 아니다. 그래서 우리는 잠시 우리를 추스르는 침묵의 시간을 지나, 또다시 조심스레 우리의 언어를 고른다. 그래도 우리는 우리의 언어로 영원을 말할 수밖에 없다는 사실을 느끼면서 말이다. 우리는 여전히 시인이지만, 언어의 화려함에 속지도 않고, 그 화려함을 이용하지도 않을 것이다. 오히려,

그 백 마디를
이제는 열 마디와
한 마디로
겸손을 배우면서,
모든 언어의 재산을 팔아
나의 마지막 침묵을 지키는
내 언어의 과부寡婦가 되고저 <신년송(新年頌)>

애를 쓸 것이다.

개인적으로 「복음과 상황」과의 만남은, 말하자면 언어의 재산을 팔고 칩거하던 나에게 다시금 입을 열도록 만든 계기로 작용하였다. 연재를 끝내고, 이를 다시 책으로 엮으면서, 성경말씀과 말씀의 해석을 두고 뱉어 온 내 천국의 노래들이 한 마디의 진리를 열 마디, 백 마디로 부풀린 이방의 시가 아니었기를, 나의 글을 통해 한 사람이라도 진리 자체에 더 가까워져 있기를, 하는 바람을 가져본다. 「복음과 상황」을 통해, 그리고 이 책을 통해 재미없는 글을 읽어주신 이들에게, 그리고 이런 소통의 자리를 만들기 위해 여러모로 애쓰신 분들에게 다시금 감사의 마음을 전한다. 이 글을 읽고 조금이나마 말씀의 맛에 흥미를 느끼게 될 분들에게 하나님의 은총이 함께하기를….

주(註)

Chapter 1. 성경, 해석과 만나다

1. 여기서 우리는 해석과 관련된 인식론적 문제를 다루는 것이 아니라, 성경해석과 관련한 교회의 실상을 관찰하고 있다. 하나님에 관한 절대 진리를 인식할 수 있다는 신념과 우리의 실제 인식은 곧잘 왜곡된다는 진술 사이에는 아무런 모순도 없다. 여기서 우리는 후자의 사실을 강조한다. 성경해석과 관련한 문맥에서 절대 진리의 인식 문제에 관한 논의로는 딘 메카트니, 찰스 클레이튼, 김동수 역, 『성경해석학』(서울: IVP, 2000), 23-95를 참고하라.
2. 성육신의 관점에서 성경의 영감 문제를 다룬 좋은 책이 번역되어 나왔다. Peter Enns, 김구원 역, 『성육신의 관점에서 본 성경영감설』(서울: 기독교문서선교회, 2007). 이 책에 대한 소개와 평가를 읽고 싶은 분들은 아래에 실린 김근주 교수의 서평을 참고하라. *Canon and Culture* 1/1 (2007), 293-303. 엔즈 박사는 이 책으로 인해 올해 3월 웨스트민스터신학교에서 정직을 당했다고 한다. 전통을 수호하려는 열정에는 공감하지만 서글픈 현상이 아닐 수 없다.
3. 글리슨 아처, 황영철 역, 『성경난제 백과사전』(서울: 생명의말씀사, 1990); Noel Weeks, *The Sufficiency of Scripture* (Edinburgh: Banner of Truth, 1998).
4. 아처는 성경과 고고학적 자료를 조화시키기 위해 아담 이전에 상당한 지능을 소유한 유인원들이 있었다고 가정한다. 또 가인 이야기의 경우, 성경에 기록되지는 않았지만, 아담 계통 아닌 다른 인간의 창조가 있어 그들을 통해 많은 사람이 태어났으며, 가인도 그중 하나와 결혼했다고 생각한다. 물론 가능한 일이겠지만, 문제는 성경의 이야기 자체가 그런 흔적을 전혀 보이지 않는다는 것이다(창4:25-26). 제시된 해법이 맞을 수도 있지만, 기억할 것은 이런 해결책들이 성경의 본문으로는 증명할 수 없는 상상력의 도움을 필요로 한다는 것이다.
5. 많은 교인이 기계적 영감설 수준의 생각에 고착되어 있는데, 이는 교인들의 책임이라기보다는

설교자들이 실제 그런 수준에서 성경 본문을 다루고 있기 때문이다.

6. Du Toit, 권성수 역, 『신약정경론』(서울: 엠마오, 1988); Lee M. McDonald, *The Formation of the Christian Biblical Canon* (Peabody, MA: Hendrickson, 1995). 이 책은 신구약을 모두 다루고 있다.
7. G. N. Stanton, "신약비평에서의 전제." 『성경해석학』(고양: 크리스챤다이제스트, 1995); 불트만, "해석학의 과제." 허혁 역, 『성서의 실존론적 이해』(서울: 기독교문서선교회, 1993), 69-98에 실린 논문도 참고하라.
8. 설교자들의 선포는 무조건적 '아멘'의 대상이 아니라, 신중한 분별의 대상이다(행17:11; 4:1).
9. 이는 영적 은사로서의 '계시'를 말하는 것이 아니다(고전14:26).
10. 개혁주의 교단에서는 소위 구속사적 읽기와 모범적 읽기가 대조되곤 한다. 화란개혁교회의 문맥에서 구속사적 읽기를 옹호한 것으로는 시드니 흐레이다누스, 권수경 역, 『구속사적 설교의 원리』(서울: SFC, 2003)가 있다. 하지만 설교가 신학적 지식 전달에 그치는 것이 아니라 청중들의 삶에 연결되는 것이라면 모범적 읽기를 피할 수 있는 길은 없다.
11. 이런 문제에 관해서는 I. Howard Marshall, *Biblical Inspiration* (Grand Rapids: Eerdmans, 1982), 19-30.
12. Kevin Vanhoozer는 이해와 군림의 차이에 관해 말한다. 김재영 역, 『이 텍스트에 의미가 있는가?』(서울: IVP, 2003), 645-649.
13. 딘 메카트니, 찰스 클레이튼, 김동수 역, 『성경해석학』(서울: IVP, 2000), 25-44.
14. Sidney Greidanus, 김영철 역, 『성경해석과 성경적 설교』(서울: 여수룬, 1995).
15. 이 점을 강조하고 있는 최근의 글로는 N. T. Wright, 김재영 옮김, 『톰 라이트와 함께 하는 기독교 여행』(서울: IVP, 2006) 277-280을 보라. 또한 Marshall, *Biblical Inspiration*, 49-73.
16. 이 부분에 관해서는 D. A. Carson, "Recent Developments in the Doctrine of Scripture" in D. A. Carson & John D. Woodbridge 편, *Hermeneutics, Authority, and Canon* (Grand Rapids: Zondervan, 1986), 46을 보라.
17. Victor P. Furnish, *The Moral Teaching of Paul: Selected Issues* (Nashville: Abingdon, 1985), 11-28을 참고하라.
18. 다소 어렵게 우리는 이를 "체험적 구체성"이라 부를 수 있다. 이 점에 대해서는 Leland Ryken, 곽철호 역, 『문학으로 성경을 어떻게 읽을 것인가?』(서울: 은성, 1996), 11-48이나 *Words of Life: A Literary Introduction to the New Testament* (Grand Rapids: Baker, 1987), 13-27을 참고하라.
19. 존 팀머, 류호준 역, 『하나님 나라 방정식』 (서울: 크리스챤다이제스트, 1991), 11-23. R yken은 이를 "비현실성"(unreality)과 "과장"(exaggeration)으로 이루어진 "사실성 속의 갈라진 틈"(a crack in the reality)이라고 부른다. 문학적으로는 풍자(satire)와 역전(subversion)으로 나타난다.
20. Jeremias는 잃은 염소를 찾다가 뜻밖에 사해문서가 담긴 쿰란의 첫 번째 동굴을 발견한 목동

무하마드가 사라진 염소를 찾으러 나서기 전 자신의 두 동료에게 양들을 맡기고 갔었다는 이야기를 인용한다. *The Parables of Jesus* (London: SCM, 1963), 133-134. 이런 지혜로운 목동에 비해 비유 속 목자의 행동은 비상식적이다.

21. 별로 비용이 들지 않는 소박한 잔치였으리라고 생각하는 주석가들도 많다. J. Jeremias, *The Parables of Jesus*, 135.
22. 이들의 변명은 모두 말도 안 되는 것들이었다. 따라서 비유의 핵심은 이들이 주인을 무시하고 있다는 것이다. 위에 적은 존 팀머의 책을 보라.
23. 이 점을 염두에 둔 저술로서는 Wayne Meeks, 황화자 역, 『바울의 목회와 도시사회』(서울: 대한예수교장로회출판국, 1992)가 대표적이다.
24. 약간의 역사적 왜곡이 있기는 하지만 〈글레디에이터〉(Gladiator) 같은 영화는 신약시대의 시대상을 이해하는 데 좋은 자료 역할을 한다. 최근에 HBO에서 출시한 시리즈 〈Rome〉은 철저한 고증을 거친 작품으로, 신약의 배경 이해를 위한 탁월한 자료라 할 수 있다.
25. Tom Smail, 정옥배 역, 『잊혀진 아버지』(서울 IVP, 2005) 참고. 바울의 양자 개념은 구약-유대교적 배경에서 나온 것일 수도 있다. 이에 대한 간략한 설명은 데스몬드 알렉산더 외 편, 권연경 외 역, 『IVP 성경신학사전』(서울: IVP, 2004)의 '입양/양자됨' 항목을 보라. 하지만 바울이 유대적 배경을 생각하고 말했더라도, 로마제국의 문화에서 자란 독자들은 그들 문화 속의 입양을 떠올리지 않을 수 없었을 것이다.
26. 성경의 배경에 대한 풍부한 설명을 담고 있는 『IVP 성경신학사전』은 성경을 제대로 이해할 수 있도록 돕는 유용한 참고서의 하나다.
27. 옷 로비 사건 당시 두 기독교인 증인들의 상반된 증언에 대해 인터넷의 위키백과는 이렇게 기록하고 있다. "두 사람의 증언에 공통점은 성경에 손을 얹고 맹세할 수 있다고 진실을 주장한 점이 유일했다." http://enc.daum.net/dic 100/contents.do?query 1= 1OXX 113844.
28. 이러한 '해석적 폭력'에 관해 보다 해석학적 논의를 제시하는 글로는 Kevin Vanhoozer, 『이 텍스트에 의미가 있는가?』(서울: IVP, 2008), 258 이하를 참고하라.
29. Bart D. Ehrman, 민경식 역, 『성경 왜곡의 역사』(서울: 청림, 2006). 한글 번역의 제목은 책의 내용보다 훨씬 더 도발적이다. 저자의 입장을 따를 필요야 없겠지만, 그가 제시하는 많은 역사적 정보들은 유익한 것들이다.
30. '분노하셨다'라는 독법이 원문이라는 주장은 신현우, 『마가복음의 원문을 찾아서』(서울: 웨스트민스터출판부, 2006), 50-57을 보라.
31. F. F. Bruce, *The Gospel of John* (Grand Rapids: Eerdmans, 1983)에서는 이 구절을 제일 마지막에 부록으로 다루고 있다.
32. Richard Hays, 『신약의 윤리적 비전』(서울: IVP, 2005), 96-102에 이에 대한 간략한 설명이 있다.
33. 박창환, 『성경의 형성사』(서울: 대한기독교서회, 1969).
34. 신현우, 『사본학 이야기』(서울: 웨스트민스터출판부, 2004), 265-266.

35. Vanhoozer, 『이 텍스트에 의미가 있는가?』, 611-630.

36. Dietrich Bonhoeffer, *The Cost of Discipleship* (New York: Macmillan, 1966).

37. 필자의 『행위 없는 구원?』(서울: 야다북스, 2024), 308-314 참조.

38. 성경해석 방법으로서의 번역 비교에 관해서는 G. D. Fee & D. Stuart, 김진선 역, 『어떻게 성경을 읽을 것인가?』(서울: 성서유니온, 2003), 제2장 참조.

Chapter 2. 해석자, 자리를 찾다

39. C. S. Lewis, *Reflections on the Psalms* (New York: Harcourt Brace, 1968/1986), 58-59.

40. Leland Ryken, 『문학으로 성경을 어떻게 읽을 것인가?』, 32-44.

41. 앞에서 우리는 '해석학적 폭력'에 관해 언급한 적이 있다. 미주 28번을 보라.

42. Peter Berger & Thomas Luckman, *Social Construction of Reality* (New York: Doubleday, 1967). 또한 R. Ornstein, *The Psychology of Consciousness* (New York: Penguin Books, 1986)도 참고하라.

43. 가끔 이 산을 예루살렘으로 해석하려는 시도가 있다. 가령, R. Guelich, *The Sermon on the Mount* (Waco, TX: Word, 1982), 122. 하지만 이 보편적 유비는 그런 의도를 전혀 드러내지 않는다.

44. 조셉 캠벨, 빌 모이어스 대담, 『신화의 힘』(서울: 이끌리오, 2002), 15(빌 모이어스의 서문 중).

45. 동성애에다 성경적 근거를 부여하려는 노력이 없는 것은 아니지만, 이에 대한 성경의 가르침은 분명하다. Richard Hays, 유승원 역, 『신약의 윤리적 비전』(서울: IVP, 2002), 575-614.

46. 이 구절에 대한 간략한 설명이 Hays, 『신약의 윤리적 비전』, 96-102에 있다. 문화적 상대성의 문제에 관해서는 Gordon D. Fee & Douglas Stuart, 오광만 역, 『성경을 어떻게 읽을 것인가?』(서울: 성서유니온, 2001), 제4장 "서신서 - 해석학적 문제" 부분을 참고하라.

47. 교회 내에서의 여성에 역할에 관한 전반적 논의로는 다음을 참고하라. Stanley Grenz & Denise Kjesbo, 이은순 역, 『교회와 여성』(서울: 기독교문서선교회, 1997); Mary J. Evans, *Woman in the Bible* (Downers Grove: IVP, 1983).

48. F. F. Bruce, *Philippians* (Peabody: Hendrickson, 1983), 48.

49. Gerald F. Hawthorne, *Philippians* (Dallas: Word, 1983), 40.

50. F. F. Bruce, *The Book of the Acts: Revised* (Grand Rapids: Eerdmans, 1988), 487, 491.

51. 물론 해석에서 성령의 역할은 간단히 대답할 성질의 물음은 아니다. 다음의 논의를 참고하라. Dan McCartney & Charles Clayton, 김동수 역, 『성경해석학』(서울: IVP, 2000), 89-95; John M. Frame, "The Spirit and the Scriptures" in D. A. Carson 외 편, *Hermeneutics, Authority and Canon* (Grand Rapids: Zondervan, 1986), 213-235.

52. 고대의 서신 양식에 대한 개론서를 하나 소개한다. Stanley K. Stowers, Philadelphia: Westminster, 1987. 이 책은 총 8권으로 된 *Library of Early Christianity* 시리즈의 하나

다. 같은 시리즈에 속한 David. E. Aune, *The New Testament in Its Literary Environment* (Philadelphia: Westminster, 1987)도 보라.

Chapter 3. 해석, 삶으로 침투하다

53. 갈라디아서의 논증에 대한 보다 자세한 논의는 필자의 『행위 없는 구원?』, 149-194를 참고하라.
54. 이는 개혁주의적 주석에서 자주 나타나는 경향이다. 가령, 안토니 후크마, *Saved by Grace* (Grand Rapids: Eerdmans, 1989), 250-253. 이 구절에서 우리는 저자가 결국 진정한 믿음이 아닌 것을 묘사하자고 그렇게 멋진 표현들을 층층이 쌓았겠는가 하고 물을 수 있다. 적어도 히브리서 저자의 관점에서 이들은 믿음을 가진 듯했지만 그렇지 못해서 결국 떨어지고 마는 사람들이 아니라 믿음을 가졌다가 핍박으로 인해 뒤로 물러서려는 사람들이다(히10:35-39). 하나님의 신실하심에 근거한 성도의 견인 교리는 진정한 의미에서 배교란 있을 수 없다는 식의 논리와는 다르다. 성령을 받았던 갈라디아 성도들을 향해 '하나님을 버리고 다른 복음에로' 배교하고 있다고 질책하는 바울을 어떻게 이해해야 할 것인가(갈1:6; 3:2, 5)?
55. 『행위 없는 구원?』이라는 필자의 책 제목을 문제 삼는 사람들이 있지만, 그런 이들은 칼뱅이 "우리가 행위 없이 의롭다 하심을 얻는 것은 아니지만, 행위를 통해 의롭다 하심을 얻는 것도 아니다"라고 말했다는 사실을 기억하면 좋을 것이다(3.16.1).
56. 이것은 Herman Ridderbos, *Matthew* (Grand Rapids: Zondervan, 1987), 132에서 인용했다.
57. 근거 없는 희망이라도 있어야 한다는 메시지를 전하는 것으로 보이는 김은국의 『순교자』 같은 소설은 인간의 삶에서 미래를 향한 희망이 얼마나 절대적인가를 잘 말해준다.
58. 이 점에 대해 관심이 가는 이들은 John Piper, *Desiring God: Meditations of a Christian Hedonist* (Multinomah, 1995)를 읽어도 좋을 것이다. 이 책은 http://www.desiringgod.org에서도 읽을 수 있다.
59. 가령, 김상봉, 『호모 에티쿠스』(서울: 한길사, 2000)가 그런 관점을 드러내는 것처럼 보인다.
60. 보다 상세한 내용을 읽고 싶은 이들은 『성서마당』(2007 겨울, 신창간 제15호), 55-66에 실린 "주의 만찬과 자기를 살핌"이라는 필자의 글을 보라.

Chapter 4. 묵상, 세계를 일깨우다

61. 물론 이런 태도의 바탕에는 성찬을 일종의 '제사'로 간주하려는 전통이 자리하고 있다. 우리를 위한 그리스도의 제사가 하나님을 위한 우리들의 제사로 둔갑한 것이다. 교회사적으로 비교적 이른 시기에 이런 경향이 나타나긴 하지만, 신약의 가르침에서는 아무런 근거를 찾을 수 없는 발상이라 할 수 있다.
62. 다행스럽게도, 보다 최근의 한 주석은 이 부분을 정확하게 풀이하고 있다. Anthony C. Thiselton, *The First Epistle to the Corinthians* (Grand Rapids: Eerdmans, 2000) 891.

63. R. Banks, *Paul's Idea of Community* (Peabody, MA: Hendrickson, 1994), 82; W. A. Meeks, *The First Urban Christians: the Social World of the Apostle Paul* (New Haven: Yale, 1983), 106. 말하자면, 바울 당시의 성찬은 거룩한 의식이라는 이유로 불신자를 배제할 만큼 의식화된 것은 아니었다는 것이다.

64. I. H. Marshall, *Last Supper and Lord's Supper* (Carlisle: Paternoster, 1997), 153.

65. L. T. Johnson, *The Writings of the New Testament* (Philadelphia: Fortress, 1986), 87-113.

66. 졸저, 『행위 없는 구원?』, 제7장 "믿음: 하나님의 부활의 능력"을 보라.

67. 유진 피터슨, 권연경 역, 『부활』(서울: 청림, 2007)은 복음서의 부활 이야기를 풀어가면서 부활의 실제적 의미를 재미있게 설명하고 있다. 끝에 필자가 역자 후기 형태로 부활에 관한 단상을 적어 두었다.